"Com brasileiro, não
há quem possa!"

FUNDAÇÃO EDITORA DA UNESP

Presidente do Conselho Curador
Herman Jacobus Cornelis Voorwald

Diretor-Presidente
José Castilho Marques Neto

Editor-Executivo
Jézio Hernani Bomfim Gutierre

Conselho Editorial Acadêmico
Alberto Tsuyoshi Ikeda
Áureo Busetto
Célia Aparecida Ferreira Tolentino
Eda Maria Góes
Elisabete Maniglia
Elisabeth Criscuolo Urbinati
Ildeberto Muniz de Almeida
Maria de Lourdes Ortiz Gandini Baldan
Nilson Ghirardello
Vicente Pleitez

Editores-Assistentes
Anderson Nobara
Fabiana Mioto
Jorge Pereira Filho

Fatima M. R. Ferreira Antunes

"Com brasileiro, não há quem possa!"
Futebol e identidade nacional em
José Lins do Rego, Mário Filho
e Nelson Rodrigues

2ª reimpressão

© 2004 Editora Unesp

Direitos de publicação reservados à:
Fundação Editora da Unesp (FEU)
Praça da Sé, 108
01001-900 – São Paulo – SP
Tel.: (0xx11) 3242-7171
Fax: (0xx11) 3242-7172
www.editoraunesp.com.br
www.livrariaunesp.com.br
feu@editora.unesp.br

Dados Internacionais de Catalogação na Publicação (CIP)
(Câmara Brasileira do Livro, SP, Brasil)

Antunes, Fatima Martin Rodrigues Ferreira
"Com brasileiro, não há quem possa!": futebol e identidade nacional em José Lins do Rego, Mário Filho e Nelson Rodrigues/Fatima Martin Rodrigues Ferreira Antunes. – São Paulo: Editora Unesp, 2004.
Bibliografia.
ISBN 85-7139-523-3
1. Características nacionais brasileiras 2. Filho, Mário, 1908-1966 – Crítica e interpretação 3. Futebol – Brasil – História 4. Jornalismo esportivo – Brasil 5. Rego, José Lins do, 1901-1957 – Crítica e interpretação 6. Rodrigues, Nelson, 1912-1980 – Crítica e interpretação
I. Título. II. Título: Futebol e identidade nacional em José Lins do Rego, Mário Filho e Nelson Rodrigues.

04-1926   CDD-306.4830981

Índice para catálogo sistemático:
1. Brasil: Futebol e identidade nacional: Sociologia   306.4830981

Editora afiliada:

À memória de
Faustino Rodrigues Ferreira, meu pai.

Agradecimentos

Partilharam a confecção deste trabalho, de diferentes formas, Edilberto Coutinho (em memória), Maurício Murad, Fábio Franzini, Isabel do Céu C. Matias, Sônia Reis, Carmem Lúcia Jaquinta e Carmem Sílvia Martins Oliveira (Biblioteca Municipal Mário de Andrade), Rubens Ribeiro (Museu "Paulo Machado de Carvalho" da Federação Paulista de Futebol), Clara Correia D'Alambert, Joaquim Vieira de Campos Neto, Maria Candelária Volponi de Moraes, Paula Ester Janovitch, Pedro Sales, Rui Alexandre Correia da Costa, Sênia Regina Bastos, Sílvia Haskel Pereira do Nascimento, Walter Pires, Tokiko Akamine, Regina Magalhães de Souza e Márcia Regina Alessandri.

Minha gratidão a Olga Rodrigues de Moraes von Simson, Francisco Foot Hardman, Elias Thomé Saliba e José Carlos Bruni, membros da banca examinadora da tese de doutorado apresentada ao Departamento de Sociologia da FFLCH-USP, e a Maria Helena Oliva Augusto, que me orientou na realização deste estudo e me acompanhou de perto, por longos anos, em minha trajetória acadêmica.

José Leopoldo Ferreira Antunes e Rafaela Martin Ferreira, meus bastiões. Ana Luísa Ferreira Antunes, minha fadinha.

Finalmente, agradeço ao CNPq a bolsa de estudos que me concedeu.

Sumário

Prefácio   11

Introdução   15

1 José Lins do Rego e o futebol brasileiro: *retrato psicológico de um povo*   47

2 Mário Filho: *levantando o véu* da alma brasileira   123

3 Nelson Rodrigues e o dilema do *homem brasileiro*: *vira-latas* ou *moleque genial*?   207

4 Com brasileiro, não há quem possa?   277

Referências bibliográficas   293

Prefácio

Tendo acompanhado, embora a certa distância, o processo de formação da pesquisadora que é a autora desta obra, desde a fase de iniciação à pesquisa até o doutorado, foi com grande prazer que aceitei o convite para apresentar o resultado de sua tese de doutoramento defendida na Universidade de São Paulo em 1999, agora sob a forma de um belo livro intitulado: *"Com brasileiro, não há quem possa!"*.

Entre a farta literatura sobre o tema futebol que mais recentemente tem chegado às livrarias brasileiras, esta obra certamente se destacará por duas características que lhe são muito próprias: tomar por base uma produção literária de alto nível sobre o tema futebol e ter sido elaborada por uma mulher que, apaixonada desde a infância pelo futebol, revela sutilezas e *insights* raros de serem encontrados entre a maioria masculina que geralmente enfoca esse fenômeno.

Tomando como baliza a produção de crônicas publicadas por jornais cariocas entre os anos 1950 e 1970 do século passado, período áureo dessa atividade literária que coincidiu também com uma fase muito favorável do futebol brasileiro, encontramos aqui um dos principais acertos da autora ao selecionar as bases empíricas para desenvolver o seu projeto de discutir o binômio futebol e identidade nacional.

Outra qualidade inegável deste trabalho está na escolha dos três cronistas que foram exaustivamente estudados, com base numa vasta gama de literatos e jornalistas que se dedicaram à crônica futebolística no período enfocado. Tendo como critérios para a escolha a constância no enfoque da temática futebol pelos três cronistas, a própria qualidade literária do material produzido e a repercussão junto ao público leitor, Fatima Antunes elege a produção de José Lins do Rego, Mário Filho e Nelson Rodrigues como foco de seu estudo. Todos os três cronistas selecionados foram grandes apaixonados pelo tema e incentivadores da prática futebolística no Rio de Janeiro e na sociedade brasileira.

Foram contemporâneos, vivendo na mesma cidade, além de amigos que frequentavam a tribuna de imprensa dos estádios e iam assiduamente à Livraria José Olympio, desde a época em que ela se situava na Rua do Ouvidor e se caracterizava como ponto de encontro da intelectualidade carioca. Possuíam, portanto, uma vasta gama de amigos comuns que certamente liam e comentavam sua produção literária, principalmente aquela voltada ao futebol.

A autora não os avalia comparativamente, mas, na qualidade de leitora envolvida pela temática, reservo-me o direito, tomando como norte os objetivos por ela propostos de realizar "uma reflexão sobre a sociedade brasileira, na tentativa de compreender como ela se via e quais ideologias criou a respeito de si própria, tendo o futebol como paradigma da identidade nacional", e não titubeio em reconhecer Mário Filho como o mais significativo dos três cronistas estudados. Ele, por sua atividade jornalística e literária, conquistou um lugar privilegiado para o futebol no âmbito da imprensa brasileira. Colaborou também, com o prestígio de que gozava no espaço futebolístico carioca, para desenvolver iniciativas que tornaram o futebol um espetáculo de massa. Além disso, realizou pesquisas consistentes e constantes para a elaboração de uma visão histórico-sociológica sobre o desenvolvimento do futebol no Brasil, consubstanciada na publicação do livro *O negro no futebol brasileiro*, prefaciado por Gilberto Freyre e publicado em 1947.

Nesse processo, utilizou intuitivamente a metodologia da historia oral de maneira correta e inovadora para a época, ao demonstrar o valor documental da oralidade, ao propugnar a necessidade da crítica documental para a incorporação dos dados fornecidos pela oralidade e ao utilizar os enfoques do presente no processo de reconstrução do passado do futebol brasileiro.

Chegou assim à consciência de que o futebol tinha características de um verdadeiro ritual, ressaltando a força simbólica desse esporte que se consolidava, à época de seus estudos, como esporte de massa.

Quanto aos dois outros cronistas estudados, ambos tiveram um papel importante no período enfocado, mas não a mesma significação de Mário Filho. José Lins do Rego, com a relevância como literato e romancista que já gozava na época, trouxe um maior prestígio para a crônica futebolística, mas, tendo sido dirigente do Flamengo (embora não um cartola), não conseguiu o necessário afastamento para analisar o fenômeno futebol.

Nelson Rodrigues foi o mais ambíguo dos três, pois sua faceta de dramaturgo sobrepujou a de analista do fenômeno futebolístico na elaboração de suas crônicas, até hoje muito lidas e citadas. Percebe-se nele uma forte influência das visões do irmão, Mário Filho, sobre o papel do futebol na sociedade brasileira, mas expressas em linguagem e expressões próprias da dramaturgia, o que lhes fornecia impacto muito maior.

Sua criação literária, baseada na fruição futebolística, foi tão relevante que ainda hoje vem permitindo a elaboração de roteiros televisivos e cinematográficos que enfocam a onipresença desse esporte na vida da população brasileira.

Como os comentários aqui expressos permitem perceber, o texto de Fatima Antunes não só nos envolve, como nos faz refletir sobre o binômio por ela proposto – futebol e identidade nacional –, incitando-nos também a muitas e interessantes reflexões que envolvem esporte, espetáculo, ideologia e literatura.

Boa leitura a todos!

Olga Rodrigues de Moraes von Simson
Diretora do Centro de Memória da Unicamp

Introdução

O que leva uma pesquisadora a se interessar pelo futebol, espaço de sociabilidade considerado masculino por excelência? Quando era adolescente, as pessoas se espantavam com o fato de uma menina gostar de ver partidas de futebol e de dar palpites a respeito de táticas e escalações de jogadores. Quando me tornei pesquisadora, tive de responder inúmeras vezes à mesma pergunta, de natureza preconceituosa: – Por que uma mulher quer estudar o futebol como fenômeno social?

A resposta estava sempre na ponta da língua, e eu a devolvia em forma de pergunta: – Ora, e por que uma mulher não poderia tomá-lo por objeto de análise? Acaso haveria uma divisão sexual do trabalho intelectual? É certo que a visão de quem não pratica o esporte pode ser diferente daquela de quem o faz, mas isso não a invalida.

Quanto à pergunta inicial – de onde teria nascido meu interesse pelo futebol –, sempre encontrei dificuldades em responder a ela. Teria ele um marco, uma data fundadora?

A lembrança mais antiga que tenho, relacionada ao futebol, é de 21 de junho de 1970, quando Brasil e Itália se enfrentaram na final da Copa do Mundo. Aquele domingo amanheceu agitado. Os homens confeccionavam bandeiras de papel verde e amarelo e armavam uma fogueira. As crianças escolhiam pôsteres com fotos de jogadores da seleção e os colavam nas janelas de suas casas. Qual seria o meu preferido? Pelé? Naquela época, Pelé já era homem feito, enquanto Tostão tinha ares de menino crescido. Talvez, por isso, me identificasse mais com ele: Tostão era o craque da minha janela!

Depois do almoço, expectativa e euforia se misturavam em frente à TV de minha casa, onde se reuniram mulheres e crianças da vizinhança. Os homens gritavam demais e poderiam acordar os bebês. Eles que vissem o jogo, juntos, em outra casa!

Quando tudo acabou, o barulho dos fogos de artifício me dava medo. Mas o céu foi ficando forrado de balões, e a *festa do tri*, como diziam os adultos, foi a maior e mais bonita festa junina que já vi. Até Luigi, nosso vizinho italiano, não aguentou ficar do lado de fora e veio, ainda um pouco amargurado, propor um brinde ao Brasil, trazendo um garrafão de vinho preparado por ele. Em minha ingenuidade, perguntava-me: – Será que em todas as copas teremos uma festa como esta?

A paixão pelo futebol, no entanto, começou a ser cultivada, de fato, desde a manhã de domingo de 1977, em que fui ao estádio do Morumbi, com meu pai e meu irmão, assistir a um chocho São Paulo e Portuguesa. O placar não saiu do 0 x 0. Mesmo assim, encantei-me com o time de Pedro Rocha, Muricy, Serginho e outros. Mas o que mais me fascinou foi a força que vinha das arquibancadas. Pessoas estranhas pareciam ser minhas antigas conhecidas. Nos momentos de iminência de gol, a explosão de alegria era contagiante. Sentia-me impelida à confraternização, à troca de abraços e sorrisos, como todos os outros. A experiência de união, de compartilhar o amor por uma mesma camisa, pelas mesmas cores, de respeitar uma mesma tradição de glórias passadas e presentes permitia que cada um de nós se reconhecesse na multidão de são-paulinos. Uma partida de futebol cumpria um papel importante na formação de uma consciência, entre os torcedores, de um *nós* contra *os outros* (cf. Lever, 1985; Toledo, 1996). Essa *identidade* comum, que ultrapassava os limites familiares e alcançava o espaço público, fornecia as bases de um padrão de sociabilidade específico. Tratava-se, na verdade, de um código de integração a um determinado *sistema social* (Habermas, 1983, p.54).

Ao partilhar esse universo predominantemente masculino, pude entrar em contato com uma dimensão da cultura brasileira construída no dia a dia, nas conversas de segunda-feira entre colegas de escola e trabalho, nos desafios e nas apostas anteriores aos jogos, no reconhecimento do outro, que veste a camisa do clube do coração, um irmão na dor ou na alegria.

Talvez as incontáveis vezes em que voltei ao Morumbi, depois daquela primeira manhã, tenham me levado, inconscientemente, a procurar a sociologia como ferramenta para compreender as envolventes e apaixonantes interações sociais. E foi o conhecimento simultâneo do interior e do exterior de duas culturas (Morin, 1997, p.19), adquirido nas arquibancadas e nos bancos da Universidade, que me levou a estudar a introdução do futebol no Brasil e seus desdobramentos nas fábricas de São Paulo – tema que desenvolvi como dissertação de mestrado (Antunes, 1992). Mas esse conhecimento continuou a me atormentar, como os *demônios* de Morin, e me levou a formular novas questões. Por que o futebol é chamado a explicar o brasileiro, seja na vitória seja na derrota? Por quais caminhos esse esporte se tornou um dos ícones da brasilidade?

Desde o final do século XIX, com a organização dos primeiros campeonatos internacionais, os esportes, de modo geral, têm constituído um meio de identificação nacional e de criação de uma comunidade artificial (Hobsbawm, 1984, p.309). Essa ascensão do esporte também deu margem ao surgimento de novas expressões de nacionalismo, combinadas à escolha ou *invenção* de modalidades tipicamente nacionais, como o futebol inglês e o basquete americano.

Nas sociedades contemporâneas, a importância do esporte – um *modelo global*, segundo Hobsbawm (1996, p.197) – é cada vez maior. Nelas, os espetáculos esportivos têm-se revelado lugares propícios à constituição de identidades coletivas, sejam elas de grupos sejam mesmo nacionais, uma vez que permitem a conformação de diferentes arranjos e experiências de integração social. Atentando para a importância do fenômeno, estudos como os de Norbert Elias & Eric Dunning (1992) e Pierre Bourdieu (1983; 1990) vêm contribuindo para a abertura de um campo de pesquisa bastante promissor, recolocando antigas questões relativas a certos problemas sociais, porém sob novo ângulo. Confirmando a tendência, José Sérgio Leite Lopes (1995) assinala a contribuição dos vários trabalhos surgidos no campo das ciências humanas nos anos 1990, que tomaram o esporte e o futebol, mais especificamente, como fenômeno social revelador de variados aspectos da sociedade brasileira. Afinal, seria impossível continuar ignorando a irresistível atração que o futebol exerce sobre os brasileiros. Ele é tema preferido de conversa, seja entre amigos seja entre estranhos em situações fortuitas. O futebol é uma espécie de língua franca: são pequenas as possibilidades de encontrar um interlocutor que não saiba falar minimamente sobre ele ou sobre as questões do dia, revelando-se, também, por seu intermédio, afinidades e discordâncias.

Pode-se dizer que o brasileiro, em grande parte, é um aficionado, no sentido pleno da palavra. Não satisfeito com o que viu ou ouviu, pelo rádio ou pela TV, o torcedor ainda quer ler as opiniões dos cronistas nos jornais do dia seguinte, opinião de quem entende do assunto, que acompanhou a partida no estádio e que também sabe o que se passa nos bastidores. Corre todas as resenhas esportivas nos jornais, a fim de conferir se o que viu ou ouviu, na véspera, era mesmo verdade. Como diria Mário Filho, numa de suas crônicas, "No fundo não está seguro de si mesmo e realmente tem razão para não estar. Viu com os olhos da paixão e sabe que esses olhos torcem as coisas".

"Com brasileiro, não há quem possa!"

Hoje, com a TV popularizada e as transmissões de jogos de futebol ao vivo, o torcedor pode tirar suas próprias conclusões sobre os acontecimentos de uma partida. Ainda assim, ouve e assiste aos programas de debates e comentários, nos quais jornalistas discutem os lances polêmicos dos jogos da rodada. São vários os títulos de jornais e revistas especializados, e os jornais de grande circulação reservam espaço considerável aos assuntos do futebol. Se, com todos os recursos visuais disponíveis nos dias de hoje, o torcedor ainda busca a opinião do jornalista, qual não seria a situação numa época em que só se podia ver um jogador atuando caso se presenciasse uma partida num estádio?

Décio de Almeida Prado (1997, p.205), em *Seres, coisas, lugares*, afirma que torcia pelo Clube Atlético Paulistano em seus tempos de menino, nos anos 1920, "sem jamais ter frequentado um estádio de futebol". Isso porque o jornal transformava um jogo de futebol em notícia, ampliando sua repercussão e sua importância na vida da cidade. Os comentários boca a boca faziam correr os feitos dos esportistas, enquanto a garotada tentava reproduzir, nas várzeas e nos descampados, as jogadas dos craques, cartesianamente traçadas e publicadas pelo jornal.

Posteriormente, o locutor de rádio entrou em cena para aguçar a imaginação do ouvinte, e o jornal, com sua suposta imparcialidade, dava mais elementos para serem trabalhados por ela. O público que surgia para o futebol era o mesmo que surgia para o rádio e para o jornal. O rádio fez sua estreia no Brasil em 1922 e logo passou a informar sobre os jogos de futebol dos campeonatos oficiais. Nos anos 1930, passou a transmiti-los. Seu papel foi fundamental para a consolidação do processo de transformação do futebol em espetáculo, assunto de domínio público e elemento da cultura brasileira. O rádio também fez, de jogadores de futebol, ídolos adorados e reverenciados, que arrastavam massas cada vez maiores aos estádios: "Cem pessoas iam à Chácara Dulley ver o Charles Miller chutar uma bola de capotão. 18 mil assistiram o velho Fried na sua glória. 70 mil pessoas disputavam, aí por 1935, um ingresso para ver Leônidas" (Santos, 1981, p.49).

Durante muitos anos, o rádio e o jornal cumpriram o papel de informar e, por que não, formar a opinião pública. A televisão, que entrara em operação no Brasil em 1950, só se popularizou a partir de meados dos anos 1960. Enquanto isso, os cronistas de futebol, em tom de conversa, emitiam suas opiniões pessoais sobre os acontecimentos e, talvez sem perceber, iam eternizando certos lances e partidas, como também suas interpretações sobre eles.

Atentos à emoção que caracterizava o envolvimento dos torcedores por seus clubes de futebol preferidos, esses cronistas teciam suas considerações inclusive sobre esse fato, tentando desvendar suas razões, provavelmente inspirados ou influenciados pelo desejo de conhecer a *realidade nacional* que, de certa forma, virara moda e mania entre os intelectuais brasileiros a partir dos anos 1930.

E quem seriam esses cronistas? Numa época em que a indústria cultural apenas começava a ser gerada, quando ainda não havia uma delimitação precisa entre diferentes campos de atuação profissional, o jovem que quisesse ascender à carreira política, literária ou acadêmica começava sua trajetória, invariavelmente, publicando pequenos artigos, críticas ou ensaios em jornais. O mesmo cronista que escrevia sobre futebol poderia escrever em outras seções do jornal e, na maioria das vezes, aplicava-se a outras atividades intelectuais não relacionadas ao jornalismo.

Por sua forte vinculação com o cotidiano, e justamente por tematizar o sentido comum, a crônica – gênero literário[1] –, pôde

---

1 Enquanto o jornalismo tem por objetivo a notícia e a informação, na crônica, a notícia é tomada como pretexto para um discurso que transcende a própria notícia e o objetivo de informar. O autor expõe seus argumentos,

se constituir como um espaço de formulação de opiniões largamente partilhadas. Seria, então, possível, nesse sentido, resgatar de antigas crônicas, esquecidas nas páginas amareladas dos jornais, o ideal de nacionalidade de uma época? Quais explicações sobre o Brasil e os brasileiros formularam os cronistas? Seria possível esquadrinhar seu pensamento e defini-lo como ensaios sobre o caráter nacional? Quais eram os assuntos e os temas mais frequentes? Quais atividades desenvolviam além da crônica? Quais seriam suas filiações intelectuais e seus vínculos com instituições ou órgãos do poder? Qual teria sido o papel dos cronistas, observadores atentos, mas nem sempre isentos, das partidas de futebol? Teriam sido responsáveis pela formulação de certas opiniões sobre a nacionalidade ou capta-

---

interpretando fatos e acontecimentos; dirige-se diretamente ao leitor, em seu próprio nome, expondo seus pontos de vista. Trata-se, na verdade, de um *ensaio*, ou uma "dissertação curta e não metódica, sem acabamento, sobre assuntos variados" (Coutinho, 1984, p.292).

Por ser o jornal seu veículo de circulação, a crônica é capaz de atingir um número maior de leitores potenciais que qualquer outro gênero literário.

Mas justamente pela fugacidade do jornal, trata de assuntos do dia a dia de forma ligeira, sem nenhuma pretensão à durabilidade. Sendo assim, a crônica se ajusta à sensibilidade de todo dia e assume um "ar de coisa sem necessidade" (Candido, 1992, p.13ss.), escrita à toa, quase sempre com humor e em linguagem coloquial.

O fato de estar tão próxima do dia a dia funciona como uma *quebra do monumental e da ênfase*. Nesse sentido, a postura do cronista poderia ser comparada à do *flâneur* – "narrador do vagar sem destino e da atenção flutuante da experiência" (Cardoso, 1992, p.155). No entanto, ao enfocar o detalhe, o aparentemente *inexpressivo*, a crônica pode desvendar nele toda uma riqueza de significados. Mantendo uma atitude despreocupada e como quem escreve sem compromisso, o cronista pode enveredar pelo sentido mais profundo dos fatos, atos ou sentimentos e, dessa forma, chegar à crítica social.

A crônica (do grego *chronos*: tempo) guarda uma profunda relação com o tempo vivido. Nesse sentido, pode ser analisada como uma *escrita do tempo* (Neves, 1992, p.82) e, no limite, como um documento de interesse histórico.

dores de representações inconscientes, no sentido proposto por Durkheim (1978) em *As regras do método sociológico*, e que estariam dispersas pela sociedade brasileira? Acompanhando uma certa tradição da literatura no Brasil, a crônica de futebol mostrou-se afeita ao questionamento com relação à construção da nacionalidade. Do mesmo modo, seus autores se entregaram à formulação de concepções sobre o caráter nacional, fazendo *eco* às ideias e aos ensaios que circularam num determinado período da história brasileira.

Desde o final do século XIX, escritores e intelectuais brasileiros estiveram atentos à importância e à repercussão social do futebol não apenas como atividade física e universo lúdico, mas também como espaço de sociabilidade e meio mobilizador de pessoas e massas populares. Literatura e futebol davam início a um relacionamento que oscilaria entre o amor e o ódio.

Nos primeiros anos da República, o futebol integrou um *movimento modernizador,* cultivado pelas elites, que atingiu sobremaneira as cidades em processo de industrialização e de grande crescimento populacional, alvos de projetos de reformulação urbanística com fins higienistas e *civilizadores*. À época, o futebol era encarado como mais que um simples jogo: era um *esporte*, atividade cuja atribuição principal era salvar e preservar a saúde do corpo pelo exercício físico, proporcionando-lhe o vigor necessário ao trabalho e às exigências da sociedade moderna e industrial. A princípio, praticado apenas por jovens das camadas sociais mais elevadas e técnicos de companhias inglesas atuantes no Brasil, o futebol, em pouco tempo, atraiu a atenção das camadas populares. A moda dos esportes, sobretudo o rápido e crescente interesse popular pelo futebol, provocou reações adversas e debates acalorados quanto à sua aceitação em nosso meio.

Para intelectuais como Olavo Bilac, um dos líderes dessa tão desejada modernização, o futebol permitia a utilização positiva do corpo, saudável e higiênica, capaz de colocá-lo a serviço da pátria e do futuro. Bilac defendia o serviço militar obrigatório, os esportes e a educação física como hábitos a serem nacionalmente difundidos – "medidas fundamentais de 'higiene social' destinadas a 'limpar a raça' mestiça do Brasil" (Da Matta, 1994, p.12).

Em 1905, em artigo publicado em um jornal de Caçapava, interior de São Paulo, Monteiro Lobato – então um escritor em início de carreira – exaltava os valores eugênicos do esporte bretão, incorporando o discurso médico do fim do século XIX que pregava a prática da educação física e esportiva como fundamentais para o *adestramento social do indivíduo*. Para Lobato, a revitalização física que o futebol proporcionava seria um componente essencial na cura de diversos *males nacionais* de outra natureza, tais como a estagnação social, política e econômica. Ou seja, além do domínio físico do corpo, o que estaria em jogo era o desenvolvimento e o aperfeiçoamento moral de um povo (Bertolli Filho & Meihy, 1982, p.108).

Nos anos 1920, o sociólogo Fernando de Azevedo (1953, p.293), ainda na mesma linha de raciocínio, enfatizava a função educativa do futebol: "A mocidade parece que teve a intuição de ser esse esporte 'o mais completo do ponto de vista social educativo e psicodinâmico' e o recebeu, como se por ele, havia muito tempo, estivesse de braços e corações abertos...".

Por sua vez, Lima Barreto (1953) – escritor de postura nacionalista, preocupado com a adoção de práticas culturais estrangeiras e com a defesa das tradições brasileiras – posicionou-se contra o esporte importado da Inglaterra e o encarava como uma "atividade de marmanjos que se dispunham seminus a dar pontapés, soltar palavrões, envolverem-se em brigas". Para ele, o futebol era um "estrangeirismo que pouco expressava os valores nacionais autênticos".

Graciliano Ramos (1990, p.26), que partilhava das mesmas preocupações de Lima Barreto, perguntava:

Mas por que o *football*?

Não seria, porventura, melhor exercitar a mocidade em jogos nacionais, sem mescla de estrangeirismo, o murro, o cacete, a faca de ponta, por exemplo?

Não é que me repugne a introdução de coisas exóticas entre nós. Mas gosto de indagar se elas serão assimiláveis ou não.

Ora, parece-me que o *football* não se adapta a estas boas paragens do cangaço. É roupa de empréstimo, que não nos serve.

...

Temos esportes em quantidade. Para que metermos o bedelho em coisas estrangeiras?

O *football* não pega, tenham certeza.

Apesar das opiniões contrárias, o esporte praticado pela colônia inglesa e pelas elites carioca e paulistana se popularizou. O êxito do futebol entre as camadas menos favorecidas da população seria inevitável pelas próprias características do jogo. De fácil assimilação, o futebol pode ser praticado de improviso, com qualquer número de jogadores, mesmo com desnível de idades; pode ser jogado ao ar livre e com qualquer tempo, com bola de meia, de papel, de borracha. Por essas razões, como afirma Eric Hobsbawm (1996, p.197), o futebol "abriu caminho no mundo inteiramente por seus próprios méritos".

À medida que o futebol se integrava plenamente à vida e à cultura do povo brasileiro, a postura negativa em relação ao esporte bretão foi se transformando e a discussão ultrapassou a mera questão da *assimilação* de um bem cultural estrangeiro. Devidamente *deglutido* e ressignificado, bem ao estilo do modernismo antropofágico, o futebol passou a ser visto como elemento definidor de brasilidade, algo que lhe resumia a *alma* e o *jeito de ser*.

António de Alcântara Machado (1988, p.103 e 105) retratou o futebol popular em inúmeras cenas e personagens urbanos: as *peladas* dos meninos nas ruas, os torcedores dos grandes clubes, em sua maioria, trabalhadores de origem estrangeira. Em sua obra, o esporte é tratado como parte integrante da cultura operária da industrial cidade de São Paulo. Seus textos, carregados de imagens, movimentos e sons, que nos impulsionam a lê-los de um estirão e em voz alta, são como um prenúncio do discurso frenético e apaixonado do locutor esportivo de rádio, profissão que passaria a existir tempos depois. Com certeza, ele foi uma das primeiras pessoas a compreender o papel decisivo dos modernos meios de comunicação para efeitos de mobilização e arregimentação social, sobretudo pelo futebol (Sevcenko, 1994).

Camisas verdes e calções negros corriam, pulavam, chocavam-se, embaralhavam-se, caíam, contorcionavam-se, esfalfavam-se, brigavam. Por causa da bola de couro amarelo que não parava não parava um minuto, um segundo. Não parava.
...
Biagio alcançou a bola. Aí, Biagio! Foi levando, foi levando. Assim, Biagio! Driblou um. Isso! Avançava para a vitória. Salame nele, Biagio! Arremeteu. Chute agora! Parou. Disparou. Parou. Aí! Reparou. Hesitou. Biagio! Biagio! Calculou. Agora! Preparou-se. Olha o Rocco! É agora. Aí! Olha o Rocco! Caiu.

Essa forma de encarar o futebol, ou seja, como elemento catalisador e mobilizador das massas populares fez muitos adeptos entre intelectuais, escritores e jornalistas simpáticos ao esporte. No conto "O Esperança Football Club", de Orígenes Lessa (1990, p.42), o futebol é concebido como fator de aglutinação e de identificação de toda uma comunidade:

Era o orgulho de Buritizal. Resumia-lhe a vida e as aspirações. Marcava o seu lugar entre as povoações e vilas da zona. E na vila, desde o garoto engatinhante aos mais velhos e respeitáveis personagens, toda a gente sentia o peito cheio ao pensar no Esperança Football Club.

Paulo Mendes Campos (1990, p.55) se colocou na posição do torcedor que vive intensamente cada partida, cada jogada em sua singularidade, absolutamente identificado com a massa das arquibancadas: "Conheço bem a experiência calorosa de sentir-me uno e soldado à alma da multidão, como conheço o sentimento dramático e animador de estar em confronto com a maioria ululante".

A polêmica que se travou, nas primeiras décadas do século, por causa da aceitação ou não do jogo bretão, deu origem a discussões de cunho nacionalista, ou seja, tomava-se o esporte para, por meio dele, definir o caráter e o comportamento do povo brasileiro. Algumas dessas discussões apontavam o futebol como um elemento positivo e unificador de um país miscigenado, que ainda estava por fazer o seu povo e sua raça. Outras viam o futebol como expressão do atraso e do subdesenvolvimento.

Escritores modernistas reconheceram-no, desde cedo, como parte da cultura brasileira e, portanto, parcela representativa da identidade nacional. Posteriormente, essa associação seria exaltada e fixada pelo Estado no governo de Getúlio Vargas (Sevcenko, 1996, p.5). A empolgação, então, seria de tal ordem que, nos anos 1940, o futebol já poderia ser considerado "uma segunda natureza para toda a nação", como afirma Ruy Castro (1995, p.30): "Qualquer menino tinha uma bola de couro, de meia e papel, de bexiga de boi – e colecionava figurinhas das balas *Futebol*".

Entre os detratores desse esporte, estavam também anarquistas e comunistas, que, nos primeiros decênios do século, identificaram no futebol um poderoso *ópio do povo*, capaz de minar a união da classe operária e desvirtuá-la de sua luta fundamental. Posteriormente, nos anos 1960 e 1970, intelectuais parecem ter renovado essa concepção sobre o futebol, quando o acusaram de contribuir para o processo de alienação do povo em relação às atrocidades que o regime militar vinha cometendo. Também denunciavam as aparições do presidente Médici nos jogos da seleção brasileira, pois consideravam que, agindo assim, estaria tentando construir uma imagem popular e temiam que capitalizasse a conquista do Tricampeonato Mundial de Futebol em benefício de seu governo. Na verdade, o que tentavam sublinhar era a manipulação de uma manifestação da cultura popular pelo poder institucional, pois, como recorda Sérgio Cabral (1995, p.16), esse discurso não resistia às emoções de uma partida:

> Não pode ser alienante um esporte que faz parte da nossa cultura ... Na época áurea de *O Pasquim*, decidimos ver os jogos da Copa de 70 na redação, mas todos torcendo contra o Brasil, porque achávamos que a ditadura militar não tinha o direito de faturar uma conquista do nosso futebol.
>
> Tudo mentira. Aos cinco minutos do primeiro jogo já havíamos esquecido da política e estávamos vibrando com Pelé, Tostão, Gérson, Rivelino & Cia.

O esforço de tomar o futebol como manifestação da cultura brasileira e, por conseguinte, como fator de identidade nacional resultou de uma construção elaborada ao longo do tempo – uma vez que o gosto pelo futebol não é inerente ao brasileiro – e acompanhou o processo de popularização do esporte.

Na verdade, esse esforço poderia ser interpretado como parte de uma tradição intelectual brasileira, um traço distintivo do itinerário intelectual coletivo (Ortiz, 1988, p.14; Pereira de Queiroz, 1980). Por meio dessa tradição, configuraram-se as contradições e a tentativa de compreender a formação da nacionalidade brasileira à margem da cultura e da civilização europeias. Na busca do típico e do característico, a discussão da identidade passava pela cultura popular e também pelo papel do Estado. Daí a questão da cultura brasileira estar sempre associada à política e aos destinos do país. Historicamente, nacionalidade e política são assuntos que têm mobilizado as atenções de intelectuais brasileiros, além de ser fonte inesgotável de inspiração a artistas, sobretudo literatos.

Mais que qualquer outra forma de produção de conhecimento, a literatura, tradicionalmente, cumpriu um papel destacado na formação de uma consciência nacional no Brasil. Por meio dela, sondou-se a realidade do país, seus problemas e o modo de vida de seu povo.

Teria sido após a independência política, no início do século XIX, que as manifestações literárias procuraram destacar as particularidades do novo país e da nascente nação, em seus aspectos culturais, sociais e também linguísticos. Em termos políticos, havia uma preocupação com a unificação do território e a constituição de um poder central. À época, os homens de letras eram também políticos e, em grande parte, levavam à literatura suas bandeiras de luta. Nesse sentido, a literatura cumpria uma *função cívica*: era expressão de nacionalismo.

Com a proclamação da República, renova-se o interesse pelas peculiaridades nacionais. *Os sertões*, de Euclides da Cunha, publicado em 1902, causou impacto entre a intelectualidade: por seu intermédio, ampliou-se o desconhecimento que se tinha do mestiço brasileiro e da situação de abandono em que se encontrava. Mesmo antes de Euclides da Cunha, ainda no século XIX, intelectuais brasileiros debatiam a questão racial apoiados nas ideias de Gobineau, Lapouge, Buckle e Chamberlain (Nogueira, 1981, p.188; Schwarcz, 1993), segundo os quais a superioridade racial explicaria o domínio exercido pelo europeu sobre outros povos, enquanto a mistura de raças fragilizava o produto dela resultante. Associado ao determinismo racial, estava também o determinismo geográfico, que aumentava ainda mais a dúvida dos intelectuais brasileiros quanto à viabilidade da sociedade nacional. Os debates sobre a possível inferioridade racial do brasileiro geravam polêmicas e controvérsias.

Nesses debates, no entanto, havia vozes dissonantes. Para Alberto Torres, por exemplo, as teorias raciais não teriam fundamento científico, uma vez que a suposta inferioridade brasileira se devia a fatores históricos e não a leis da natureza. Isso porque, em vez de trabalhar pelo bem-estar de todos, o Estado se deixava mover por interesses particularistas: a prosperidade de uns se fundava na ruína de outros. A *falta de consciência nacional* seria, talvez, a principal causa da fragilidade brasileira (Garcia Júnior, 1993, p.26).

A partir de meados dos anos 1920, a obra de Euclides da Cunha foi *redescoberta* e ganhou maior repercussão, integrada a um contexto de grandes transformações e mudanças. O sentimento nacionalista de que se cercou a Revolução de 1930 deflagrou um *interesse renovado pelo Brasil*, responsável pela formação de um *movimento de unificação cultural* (Pontes, 1989, p.360) nunca visto anteriormente, cujo terreno, é possível, tivesse sido preparado pelos questionamentos do movimento modernista, até aquela data já bastante difundidos. A partir de 1930, verificou-se também outro fenômeno novo, qual seja, a expansão do mercado editorial que possibilitou a criação de coleções especializadas em títulos sobre a realidade nacional, grande parte deles inspirados no *modelo euclidiano* de interpretação, combinando estudos de aspectos físicos (como em "A terra"), sociais e culturais ("O homem"), tensões e conflitos ("A luta").

As análises historiográficas tornaram-se paradigma do pensamento social do período (Pontes, 1989, p.392), que se caracterizou por um desejo incontido de esquadrinhar, desvendar, revelar aspectos da *realidade nacional* – uma espécie de conceito--chave. No limite, recolocaram as questões sobre a identidade nacional sobre outras bases.

Diferindo um pouco dessas análises, porém inspiradas no mesmo Euclides da Cunha, os chamados *estudos brasileiros* surgiram como um novo gênero literário. Tratava-se, na realidade, de ensaios de interpretação histórica, combinando, por vezes, a abordagem sociológica que, naquele período, ainda era concebida mais como um *ponto de vista* do que como uma pesquisa objetiva da realidade social (Candido, 1976, p.130). Por meio de uma reinterpretação do passado, propunham um diagnóstico do presente. Pelo detalhamento da análise e pelo desejo de buscar as origens do país, costumou-se chamar esses estudos de arqueologia do nacional (Esteves, 1998).

O paulista Paulo Prado decepcionou muitos ufanistas ao publicar, em 1928, o livro *Retrato do Brasil*, com o subtítulo de *ensaio da tristeza brasileira*. Voltando-se à interpretação de quatro séculos de história do Brasil, Paulo Prado arrolou defeitos que identificava no brasileiro e que, segundo ele, seriam frutos da exploração, do conformismo e da arbitrariedade do poder: a luxúria, a cobiça e a tristeza.

"Numa terra radiosa, vive um povo triste." Com essa frase, Paulo Prado abria seu ensaio, por meio do qual queria mostrar que a luxúria, ou seja, a sensualidade extremada à qual se haviam habituado colonizadores portugueses, índios e negros, associada à cobiça insaciável pelas riquezas como ouro e pedras preciosas, que se acreditava existirem em abundância no Novo Continente, dera origem a um povo extremamente triste, amuado, de poucas palavras e ações:

> No Brasil, o véu da tristeza se estende por todo o país, em todas as latitudes, apesar do esplendor da Natureza, desde o caboclo, tão mestiçado de índio da bacia amazônica e dos sertões calcinados do Nordeste, até a impossibilidade soturna e amuada do paulista e do mineiro. (Prado, 1997, p.143)

Na tentativa de caracterizar o brasileiro, Paulo Prado o compara a representantes de outras nacionalidades, conhecidas por seu jeito reservado e contido. No confronto, no entanto, a tristeza brasileira parecia insuperável.

> Há povos tristes e povos alegres. Ao lado da taciturnidade indiferente ou submissa do brasileiro, o inglês é alegre, apesar da falta de vivacidade e da aparência; o alemão é jovial dentro da disciplina imperialista que o estandardizou num só tipo; todos os nórdicos da Europa respiram saúde e equilíbrio satisfeito. O nosso próprio antepassado de Portugal, cantador de fados saudosos,

enamorado e positivo, é um ser alegre quando comparado com o descendente tropical, vítima da doença, da pálida indiferença e do vício da cachaça... A poesia popular, as lendas, a música, as danças, revelam a obsessão melancólica que só desaparece com a preocupação amorosa ou lasciva. (ibidem 143-4)

Ainda sob influência das teorias raciais do século XIX, bem como da preocupação eugênica amplamente difundida por médicos e educadores, esse paulista apaixonado pela história objetivava denunciar os males da política nacional; política que, em sua visão, seria movida apenas por oportunismo e por um discurso esvaziado de sentido, incapaz de enfrentar a questão social. Prado queria a modernização do país. Guiado por esse propósito, procurava desvendar e conhecer as dificuldades enfrentadas pelo brasileiro, pois acreditava que o primeiro passo no sentido de uma ação reparadora seria o conhecimento da natureza dos problemas e sua extensão. Caso contrário, o brasileiro continuaria entregue à própria sorte.

> Para o revoltado o estado de cousas presente é intolerável, e o esforço de sua ação possível irá até a destruição violenta de tudo que ele condena. O revolucionário, porém, como construtor de uma nova ordem é por sua vez um otimista que ainda acredita, pelo progresso natural do homem, numa melhoria em relação ao presente. É o que me faz encerrar estas páginas com um pensamento de reconforto: a confiança no futuro, que não pode ser pior do que o passado. (ibidem, p.211ss.)

Retrato do Brasil, de certa forma, incorporava e interpretava a fundo a imagem de Jeca Tatu, o caboclo doente, incapaz de agir, vivendo à beira da miséria e à margem dos acontecimentos que decidiam os destinos do país, assim batizado e definido pelo também paulista Monteiro Lobato. O Jeca, tipo humano posteriormente transformado em garoto-propaganda de um popular fortificante – o Biotônico Fontoura –, fora apresentado em 1918 em *Urupês*, livro que reunia contos e pequenos ensaios.

Com ele, o nacionalista Monteiro Lobato pretendia procurar as verdadeiras causas da miséria brasileira e os instrumentos para saná-la.

A tese da tristeza brasileira, tal como exposta por Paulo Prado, foi amplamente utilizada na produção de várias interpretações na literatura, ora apresentada de forma lírica e bucólica ora ajudando a compor a visão trágica e pessimista do romance regionalista.

Em 1933, é a vez de Gilberto Freyre publicar *Casa-grande & senzala*. Nessa obra, o jovem intelectual pernambucano esforçava-se por explicar a formação da família patriarcal brasileira do ponto de vista do relativismo cultural, lutando pela superação dos mitos negativos do racismo e do determinismo geográfico. Graças à convivência com Frans Boas, Freyre afirmava ter aprendido a considerar como fundamental a diferença entre *raça* e *cultura*, a separar as questões de ordem genética daquelas de ordem social e cultural e, dessa forma, contrapor-se ao discurso eugênico. Com essa perspectiva, traçou todo o plano de análise de seu ensaio, recorrendo aos métodos sincrônicos comumente usados pela antropologia.

Gilberto Freyre (1950, p.750) também apontava a tristeza do caboclo como uma das facetas do comportamento brasileiro, mas conseguia vislumbrar-lhe um lado mais alegre, fato que atribuía à participação do elemento negro na composição da cultura brasileira:

> Foi ainda o negro quem animou a vida doméstica do brasileiro de sua maior alegria. O português, já de si melancólico, deu no Brasil para sorumbático, tristonho; e do caboclo nem se fala: calado, desconfiado, quase um doente na sua tristeza. Seu contato só fez acentuar a melancolia portuguesa. A risada do negro é que quebrou toda essa "apagada e vil tristeza" em que se foi abafando a vida nas casas-grandes. Ele que deu alegria aos são-joões de engenho; que animou os bumbas-meu-boi, os cavalos-marinhos, os carnavais, as festas de Reis.

Com base em vasto material documental, Gilberto Freyre reconsidera os males ou problemas resultantes da mestiçagem sociocultural e conclui que a mistura racial contribuiu de forma marcante para a construção de uma democracia racial no país. Expurgando-a de todo o negativismo que a cercava, Freyre alçou a mestiçagem ao posto de símbolo máximo da cultura brasileira, uma espécie de autoimagem, e que seria adotada como ideologia do regime político instaurado com a Revolução de 1930.

Três anos depois da publicação de *Casa-grande & senzala*, Sérgio Buarque de Holanda (1995) mostrava que não se deixara seduzir, como muitos de seus contemporâneos, pelas explicações de natureza biológica e racial. Sua análise, em *Raízes do Brasil*, aproximava-se da psicologia e da história social. Seu objetivo era, de fato, conhecer as *raízes* para poder arrancá-las, único caminho para alcançar o desenvolvimento histórico. Segundo ele, somente com a perda paulatina da herança ibérica, em favor do cosmopolitismo e da civilização urbana, o Brasil poderia conhecer o sentido moderno de sua evolução.

Seu método de interpretação baseava-se no critério dos tipos ideais de Weber (1982), mas, ao contrário deste, enfocava pares (rural/urbano; trabalho/aventura) e não uma variedade de tipos, recurso que lhe permitia ressaltar sua interação no processo histórico de forma dinâmica. Por meio desses pares, Sérgio Buarque de Holanda procurou analisar e compreender o brasileiro, buscando as raízes do destino histórico do Brasil.

Muitos dos comportamentos típicos do brasileiro teriam derivado de costumes de seus antepassados ibéricos, como o personalismo exagerado que resultava na fragilidade da organização social e na falta de coesão da vida em sociedade. Mas o traço que melhor definia o brasileiro seria a cordialidade, um padrão de convívio humano, cujo paradigma seriam as relações pessoais, típicas do mundo rural e patriarcal:

> Já se disse, numa expressão feliz, que a contribuição brasileira para a civilização será de cordialidade – daremos ao mundo

o "homem cordial". A lhaneza no trato, a hospitalidade, a generosidade, virtudes tão gabadas por estrangeiros que nos visitam, representam, com efeito, um traço definido do caráter brasileiro, na medida, ao menos, em que permanece ativa e fecunda a influência ancestral dos padrões de convívio humano, informados no meio rural e patriarcal. Seria engano supor que essas virtudes possam significar "boas maneiras", civilidade. São antes de tudo expressões legítimas de um fundo emotivo extremamente rico e transbordante. Na civilidade há qualquer coisa de coercitivo – ela pode exprimir-se em mandamentos e em sentenças ...
Nenhum povo está mais distante dessa noção ritualista da vida do que o brasileiro. Nossa forma ordinária de convívio social é, no fundo, justamente o contrário da polidez. Ela pode iludir na aparência – e isso se explica pelo fato de a atitude polida consistir precisamente em uma espécie de mímica deliberada de manifestações que são espontâneas no "homem cordial": é a forma natural e viva que se converteu em fórmula. Além disso a polidez é, de algum modo, organização de defesa ante a sociedade. Detém-se na parte exterior, epidérmica do indivíduo, podendo mesmo servir, quando necessário, de peça de resistência. Equivale a um disfarce que permitirá a cada qual preservar intatas sua sensibilidade e suas emoções. (Holanda, 1995, p.146-7)

Nesse sentido, portanto, a cordialidade, em vez de ser exaltada como um valor, deveria ser entendida como um obstáculo à conquista da civilidade característica do mundo moderno. No sul do país, mais urbanizado e cosmopolita em virtude da integração do imigrante europeu, a cordialidade estaria enfraquecida, o que não significava, no entanto, que predominasse a civilidade.

Os estudos de Paulo Prado, Gilberto Freyre e Sérgio Buarque de Holanda são bastante representativos da produção intelectual dos anos 1930. Cada um a seu modo e na defesa de sua visão particular das coisas buscava chegar à origem da sociedade e do temperamento brasileiro, desvendar sua lógica interna de funcionamento, para melhor compreendê-lo e agir para sua melhoria. Com esse objetivo, produziram descrições extremamente ricas e, naquele momento, inovadoras sobre a cultura e o povo brasileiros, as quais se consolidaram como interpretações da realidade do país, impossíveis de serem ignoradas. Eram intelectuais orgulhosos de sua postura nacionalista, para os quais o nacionalismo seria um processo de tomada de consciência das fronteiras e das virtudes do *corpo social*.

Por terem se transformado em marcos na avaliação do Brasil e dos brasileiros, as ideias que sistematizaram suplantaram os limites do ensaio e adentraram as artes plásticas, as ciências sociais, bem como outros gêneros literários. Cativaram intelectuais, estudantes, jornalistas e artistas, que, no desempenho de suas atividades, foram construindo suas próprias interpretações sobre a matéria, fazendo novas ligações, tentando extrair dela significados novos, que não haviam sido notados em leituras anteriores. O resultado da revisão que promoveram do Brasil e de seu povo também chegou à imprensa diária e, consequentemente, às crônicas literárias, ligadas ao jornal de forma visceral. Espelhos de um tempo social, porta-vozes de desejos comunitários, as crônicas guardaram reflexos dos estudos brasileiros em suas especulações sobre a mestiçagem fundadora da identidade nacional, inclusive as crônicas de futebol escritas nos anos 1950 e 1960.

José Lins do Rego e os irmãos Nelson Rodrigues e Mário Filho podem ser considerados os maiores expoentes da crônica de futebol pela constância na temática, pela qualidade literária de seus escritos e, também, por sua repercussão entre o público leitor. Suas trajetórias pessoais confundem-se com a história da crônica de futebol no Brasil. Foram grandes incentivadores do esporte e extremamente apaixonados pelo futebol. Dedicaram-se à crônica de futebol e ao jornalismo esportivo, mas também se aplicaram a outras atividades, nas quais se notabilizaram. José Lins do Rego, dirigente do Flamengo e membro de entidades esportivas, alcançou a fama como escritor e romancista. Mário Filho era jornalista e dono de um jornal especializado em esportes, atividade que lhe permitia manter inúmeros relacionamentos com pessoas ligadas ao meio, além de políticos e intelectuais. Nelson Rodrigues não era ligado ao futebol profissional nem ao poder instituído, mas, como dramaturgo, cultivava amizades nos meios artístico e intelectual. Todos eram amigos e tinham amizades comuns. Frequentavam as tribunas de imprensa dos estádios e os mesmos pontos de encontro de intelectuais. No caso, eram assíduos frequentadores da Livraria José Olympio, desde os tempos em que a loja ficava na Rua do Ouvidor, no centro do Rio de Janeiro.

A José Olympio era a terceira maior editora da época, cujo sucesso se devia ao investimento no gênero literário mais rentável – o romance. Mas a notoriedade viera mesmo com o lançamento da coleção Documentos Brasileiros, que incluía *Casa-grande & senzala* e *Raízes do Brasil* entre seus títulos.

José Olympio era simpático ao getulismo, fator que, certamente, teria influído na escolha e na formação do corpo de autores de sua editora, como Azevedo Amaral, Alceu Amoroso Lima, Pontes de Miranda, Oliveira Viana e Octavio Tarquínio de Souza, "intelectuais orgânicos do regime", cooptados pelo governo central durante o período do Estado Novo. Além desses, os romancistas de maior prestígio literário também pertenciam à editora – Graciliano Ramos, José Lins do Rego, Rachel de Queiroz, Cyro dos Anjos, Lúcio Cardoso, Jorge Amado –, "sem esquecer toda uma categoria de escritores que obtinham a chancela da casa pelo fato de pertencerem aos anéis burocráticos em operação junto aos aparelhos do Estado" (Miceli, 1979, p.89). Isso porque, durante o governo de Getúlio Vargas, inúmeros intelectuais ligados ao movimento modernista ocuparam cargos em órgãos públicos (Cavalcanti, 1993). Em resumo, a editora e livraria reunia uma parcela dos intelectuais cariocas e dos literatos ligados à vanguarda do romance regionalista do Nordeste.

Como outros intelectuais de sua época, José Lins do Rego, Mário Filho e Nelson Rodrigues viveram no contexto do intenso movimento de interesse renovado pelo Brasil. Como frequentadores da José Olympio, pode-se ter uma noção de quais seriam seus colegas de conversas e quais os assuntos e ideias partilhados. Homens afinados com seu tempo, levaram algo das concepções dos *estudos brasileiros*, que insistiam na definição do caráter nacional, às suas reflexões cotidianas. Os cronistas também tentavam explicar o Brasil e seu povo, porém baseados nos fatos do futebol. Gilberto Freyre era considerado o grande mestre, cultuado e reverenciado por todos eles. O convívio entre os cronistas e o ensaísta coincidiu com a fase de produção mais importante deste último. Nelson Rodrigues (1995, p.145), em *O reacionário*, dizia que, caso um estadista brasileiro quisesse conhecer o Brasil, teria de ler, inevitavelmente, toda a obra de Gilberto Freyre, um "injustiçado pelas esquerdas". O próprio Freyre assinava a introdução do livro de Nelson Rodrigues em sua primeira edição, de 1977. Além de *Casa-grande & senzala*, destacam-se, nas crônicas, a influência de Sérgio Buarque de Holanda com *Raízes do Brasil* e sua tese do brasileiro cordial, bem como de Paulo Prado com *Retrato do Brasil*. Notam-se, também, menções à malandragem ao estilo *Macunaíma* e à passividade *à la* Jeca Tatu. Os três cronistas, mesmo que não tivessem por objetivo claro formular definições sobre o caráter nacional brasileiro, estão quase sempre às voltas com essa temática. Inspirados ou influenciados pelos *estudos* dos anos 1930, que tratavam da formação da sociedade e da cultura brasileiras, também esses cronistas teceram suas próprias interpretações sobre o caráter nacional, com base nos saborosos e apaixonantes acontecimentos do mundo do futebol, tidos por eles como símbolo máximo da brasilidade. Não o fizeram conforme os parâmetros formais da análise sociológica, mas segundo os moldes permitidos pela crônica como gênero literário.

O Brasil do início dos anos 1950 passava por um processo de modernização (conservadora) com a instalação de grandes indústrias e o crescimento das cidades. O pensamento nacionalista procurava destacar as especificidades do brasileiro, valorizando-as. A Copa do Mundo de 1950, realizada no Brasil, era divulgada como o grande momento de afirmação internacional da nação brasileira. Porém, o revés sofrido naquele ano tornou-se um marco na história e no imaginário do futebol brasileiro.

A brilhante atuação da seleção brasileira foi o destaque dessa Copa. Sem inovar em termos de padrão de jogo, tampouco de esquemas táticos, o Brasil mostrava ao mundo, definitivamente – conforme apregoavam os organismos esportivos e a imprensa –, que desenvolvera um *estilo* próprio, alegre e malicioso de jogar futebol, estilo que já havia encantado os europeus, em 1925, por ocasião de uma excursão do Clube Atlético Paulistano (Patusca, 1976; Costa, 1999). A ideologia da miscigenação, que se firmou nos anos 1930, valorizou a fusão das raças e das culturas que deram origem ao povo brasileiro. A partir da ideia da *síntese* racial e cultural, chegou-se à definição de uma *identidade nacional*, ou de traços de personalidade que definiam o caráter nacional brasileiro. Atributos como brejeirice, ginga, astúcia, simplicidade e outros foram também reconhecidos na maneira ou no *estilo* brasileiro de jogar futebol. Contudo, não se deve confundir *estilo* com *padrão* de jogo. Historicamente, o futebol brasileiro sempre adotou o esquema tático mais comum à época. Assim foi com o 2-3-5, com o 4-2-4 e suas variações. O Brasil nunca inovou em padrão de jogo como fez a Holanda, por exemplo, na Copa do Mundo de 1974. Em contrapartida, os brasileiros foram reconhecidos como *artistas* pelos inúmeros truques que encantaram multidões em todo o mundo, o que ajudou ainda mais a consolidar a ideia do *futebol-arte*: o *charles* de Miller, a *bicicleta* de Leônidas, a *folha seca* de Didi, a *paradinha* de Pelé nas cobranças de pênaltis etc.

Da Copa de 1950 se esperava, naquela ocasião, não apenas o coroamento desse estilo brasileiro, mas, sobretudo, da *raça brasileira*, que teria se originado da fusão de várias nacionalidades e culturas, e fruto da democracia racial que se estabelecera no país, intensamente debatida por ideólogos desde a década de 1930. Nesse contexto, o futebol expressava a síntese racial e cultural representativa da nacionalidade brasileira. No entanto, a euforia do povo pela certeza da vitória na partida final, grandemente insuflada pela imprensa, potencializou o choque pela inesperada derrota para os uruguaios, no dia 16 de julho, que ficaria guardado na memória do futebol brasileiro como uma data de tristes lembranças.

João Lyra Filho, à época presidente do Conselho Nacional de Desportos (CND), atribuía o fracasso da seleção à instabilidade emocional dos jogadores e, por extensão, do próprio povo, da nação brasileira. Para ele, a fusão de raças, ou seja, a mestiçagem nacional estaria na base dessa instabilidade emocional, que, nesse caso, faria os instintos sobrepujarem a razão. Mas é curioso notar que, tanto na vitória quanto na derrota, se reconhecia o futebol como capaz de expressar a alma e o caráter do povo brasileiro.

A derrota se revestiu de um forte sabor de fracasso e produziu uma posterior reverberação do racismo, cujos reflexos ainda se fariam sentir no *branqueamento* da seleção brasileira formada em 1958 (Vogel, 1982; Nogueira et al., 1990; Moura, 1998).

O tratamento dispensado ao acontecimento histórico de 1950, em muitas crônicas, chega a transformá-lo em fato mítico, favorecido, inclusive, pelo próprio caráter cíclico e ritualístico do futebol. Ao que parece, não importava mais saber sob quais condições emocionais transcorrera a partida, se Obdulio Varela, o capitão da equipe uruguaia, dera ou não um bofetão no brasileiro Bigode, se o técnico Flávio Costa falhara no comando da equipe após o primeiro gol uruguaio etc. A partir de então,

> O mito era o que contava a verdade: a história verdadeira não passava de mentira. O mito não era, por outro lado, correto; no entanto, proporcionava à história um tom mais profundo e mais rico: revelava um destino trágico. (Eliade, 1982, p.50)

O mito mostra ao homem que sua vida tem uma *origem* e uma *história sobrenaturais*. Ele também mostra que essa história é plena de sentido, preciosa e, sobretudo, *exemplar* (Eliade, 1972, p.22). Próprio de sociedades chamadas tradicionais, ainda assim o mito pode explicar fenômenos e comportamentos de uma sociedade histórica e integrada ao mundo moderno, como a brasileira. Aplicando essa discussão ao caso da derrota na Copa de 1950, o acontecimento histórico transformado em fato mítico teria a função de exemplificar aquilo que não se deve fazer, ou seja, a derrota de 1950 teria se transformado numa espécie de mito às avessas. É nesse sentido que a rememoração da história mítica, que acontece a cada nova Copa do Mundo, devia lembrar a todos que o exemplo de 1950 não deveria ser seguido, pois esperava-se que o mito do fracasso jamais fosse reatualizado.

Dante Moreira Leite (1969, p.325) afirma que

> as ideias sobre caráter nacional surgem nos momentos de crise, e acompanham os movimentos nacionalistas. Em alguns casos, é depois das derrotas militares que o grupo intelectual tenta revelar características permanentes, capazes de garantir a unidade de um povo.

É certo que o nacionalismo era um sentimento fortemente insuflado nos anos 1950, em que se insistia, de forma contínua, na necessidade de acreditar no Brasil e nos brasileiros para alcançar o desenvolvimento econômico e social. Mas, inspirando-se em Dante Moreira Leite, seria possível associar a derrota na Copa de 1950 a uma derrota militar, desencadeadora de uma crise de identidade?

Na verdade, depois de 1950, essa crise de identidade tornava-se recidiva a cada Copa. O grande ritual do mundo do futebol foi tomado pelos cronistas como momento privilegiado para observar e debater o *estilo emocional* dos brasileiros sobre o *ethos* nacional (Bateson, 1971). Nessa ocasião, pensavam sua comunidade nacional pelo futebol e interpretavam as diversas reações do brasileiro diante do sucesso e do fracasso no esporte.

A Copa do Mundo é um torneio realizado a cada quatro anos entre selecionados nacionais de vários países, que obtiveram a classificação após a disputa de uma fase preliminar. Teoricamente, o evento reúne as melhores equipes do mundo. Nesse sentido, conquistar o título de campeão mundial de futebol significa deter um título honorífico durante quatro anos, até que se realize outro campeonato. O objetivo da competição é estabelecer uma hierarquia de posições no universo esportivo.

Para aqueles países que fizeram do futebol seu esporte nacional, a Copa do Mundo, no entanto, significa, no nível simbólico, o momento em que se estabelece uma hierarquia entre as próprias identidades nacionais. É uma questão de vida ou morte, e o que acaba sendo colocado em jogo, por vezes, é a própria honra. Para os latino-americanos, em especial argentinos, brasileiros e uruguaios, que aprenderam a jogar futebol com os ingleses, esse esporte serviu, em tempos passados, de instrumento de afirmação de suas identidades nacionais ante os europeus (Vogel, 1982, p.82).

Atualmente, a importância internacional de eventos como a Copa do Mundo e as Olimpíadas é inegável. Em 1950, a Copa não tinha as mesmas dimensões de hoje, quanto à cobertura pelos meios de comunicação de massa, aos interesses por patrocínio e muitos outros aspectos. Mas o futebol já era uma paixão do brasileiro e já havia sido aceito e decantado como parte de sua identidade nacional. Segundo Caldas (1994, p.45), os fatores que contribuíram definitivamente para o estabelecimento dessa situação foram a oficialização da prática do profissionalismo em 1933, as primeiras transmissões radiofônicas também nos anos 1930 – responsáveis pela divulgação e pela propagação do futebol até os dias de hoje – e, ainda, o início de um processo de incorporação e de catalisação do futebol pelo Estado. As primeiras investidas governamentais para institucionalizar o futebol ocorreram nos anos 1940, na gestão de Getúlio Vargas, pela criação do Conselho Nacional de Desportos, pela organização e hierarquização das ligas, federações e confederações de futebol.

O que se tem, nas crônicas de futebol, são autores tecendo suas opiniões e especulando sobre o caráter nacional. Na opinião de Dante Moreira Leite (1969), os anos 1950 teriam assistido, na literatura, ao fim da preocupação com o caráter nacional. Porém, o que se observa é que, mesmo após a conquista de duas Copas do Mundo, a crônica de futebol registra *recaídas* pessimistas nos anos 1960, insistindo nos defeitos do brasileiro, mas esquecendo-se deles a cada apresentação gloriosa no futebol. Oscila entre um otimismo ufanista e um pessimismo avassalador. É nesse sentido que Moreira Leite interpreta as ideologias sobre o caráter nacional brasileiro não como "uma autêntica tomada de consciência de um povo, mas apenas como um obstáculo no processo pelo qual um povo livre surge na História".

O Brasil dos anos 1950, no entanto, não era mais o mesmo dos anos 1930, época em que começaram a surgir os *estudos brasileiros*. A industrialização baseada em gêneros alimentícios, vestuário e bens de consumo não duráveis, das primeiras décadas do século, fora ampliada para bens de produção e bens de consumo duráveis. Nos anos 1940, o Brasil entrava no mercado internacional não apenas com produtos agrícolas, mas também com matérias-primas semielaboradas, como ferro gusa e outros minérios, em decorrência das medidas de proteção à economia interna e aos recursos energéticos adotadas por Vargas (Fonseca, 1987). Posteriormente, o país se abriu a empresas de capital estrangeiro, ampliando e diversificando ainda mais seu parque industrial. A revista *O Cruzeiro*, em sua edição de 7.6.1958, estampava o retrato de um Brasil pujante, crescendo em ritmo acelerado: "São Paulo forja o progresso do Brasil. Concentrado em Piratininga cerca de 50% do potencial econômico nacional. Índices eloquentes da produção bandeirante. Indústrias que se firmam, indústrias que se fundam". Atentos a essas mudanças, os intelectuais buscavam novas explicações para esse novo Brasil. E era nesse contexto que se inseria o discurso nacionalista dos cronistas de futebol, que, incansáveis, repetiam a seus leitores que o sucesso do país seria apenas uma questão de tempo.

Entre 1950 e 1970, o Brasil sofreu sua maior decepção e conquistou seus maiores títulos no futebol. Coincidentemente, foi invadido por uma onda de otimismo e uma crença no país como nunca se vira antes. A crônica, escrita no calor dos acontecimentos e em dia com os fatos, tornou-se depositária das ideologias nacionalistas que tentavam explicar os dilemas do homem brasileiro num processo de aquisição de autoconfiança e de busca de reconhecimento internacional. Com esse intento é que se acompanha a constituição da crônica de futebol, mostrando-a como um espaço de reflexão sobre a identidade e o caráter nacional brasileiros. Nela, brilhavam José Lins do Rego, Mário Filho e Nelson Rodrigues, cuja produção é analisada neste estudo.

À medida que avançava a leitura dos textos produzidos pelos três cronistas, pôde-se perceber a repetição das ideias, até atingir um ponto de saturação. Essa percepção indicava que seria melhor proceder a uma seleção de trechos e textos mais representativos que se aplicar à leitura exaustiva do conjunto de crônicas escritas por eles.

A mesma atividade de leitura mostrou que as crônicas, por tratarem de assuntos do dia, discutiam as questões relativas à identidade e ao caráter nacionais geralmente em razão de atuações da seleção brasileira, o que ocorria por ocasião de amistosos internacionais, de torneios classificatórios para a Copa do Mundo e, sobretudo, nos próprios anos de realização das Copas. Assim sendo, as crônicas que integram o estudo não cobrem todos os anos do período de forma exaustiva, mas alguns momentos especiais, de conjuntura mais favorável ao afloramento de discussões sobre a identidade e o caráter nacionais.

Procurou-se identificar as categorias empregadas no discurso dos cronistas, bem como suas transformações ao longo do tempo. A partir desse trabalho, verificaram-se afinidades e/ou discordâncias entre os discursos dos cronistas e os discursos correntes à época, sugerindo, assim, suas filiações políticas e intelectuais.

Como cada um deles, de personalidade forte e estilo pessoal marcante, produziu suas próprias categorias explicativas para o brasileiro, optou-se por apresentá-los separadamente, respeitando a individualidade de suas ideias e de seus discursos.

Por serem portadoras de um *espírito do tempo*, de imagens de um tempo social, tomam-se as crônicas, aqui, como *construções* e não como *dados*. É preciso ter em mente que, embora a literatura revele muito de seu tempo, ela oferece uma perspectiva do vir-a-ser, ao contrário das ciências humanas, que buscam o *ser* das estruturas sociais. Nesse sentido, o alerta de Sevcenko (1989, p.20) poderia ser estendido ao uso da literatura na análise sociológica:

> O estudo da literatura conduzido no interior de uma pesquisa historiográfica, todavia, preenche-se de significados muito peculiares. Se a literatura moderna é uma fronteira extrema do discurso e o proscênio dos desajustados, mais do que o testemunho da sociedade, ela deve trazer em si a revelação dos seus focos mais candentes de tensão e a mágoa dos aflitos. Deve traduzir no seu âmago mais um anseio de mudança do que os mecanismos da permanência. Sendo um produto do desejo, seu compromisso é maior com a fantasia, do que com a realidade. Preocupa-se com aquilo que poderia ou deveria ser a ordem das coisas, mais do que com o seu estado real.

Nos capítulos que seguem, reconstituem-se as ideias que José Lins do Rego, Mário Filho e Nelson Rodrigues, respectivamente, veicularam em suas crônicas, por meio das quais tentaram desvendar as relações entre o brasileiro e o futebol.

"Com brasileiro, não há quem possa!"

Mostra-se como, nesse processo, produziram interpretações sobre a identidade e o caráter nacional brasileiros. Nisso consistiria a originalidade das crônicas de futebol dos anos 1950 e 1960. Acompanhando as discussões e as concepções que os cronistas expunham em seus textos, foi possível observar quais ideologias a sociedade brasileira criou a respeito de si própria, pela óptica do universo lúdico.

FIGURA 1 – Na década de 1940, a charge de Hilde Weber satirizava a *febre* do brasileiro pelo futebol (Acervo de *O Estado de S. Paulo*).

1
José Lins do Rego e o futebol brasileiro:
retrato psicológico de um povo

Em 1923, o então estudante de direito e jornalista iniciante José Lins do Rego conheceu Gilberto Freyre, apenas um ano mais velho que ele, mas que provocaria uma verdadeira *revolução* em sua carreira intelectual. Freyre regressava dos estudos nos Estados Unidos e, a princípio, introduziu o já quase bacharel, que até aquele momento conhecia apenas autores portugueses e franceses, além dos brasileiros, na leitura dos grandes romancistas de língua inglesa.

Gilberto Freyre encantava José Lins do Rego com sua *nova filosofia ou sistemática*, que buscava interpretar a vida brasileira e o *homem do Trópico* (cf. Freyre, 1991, p.93), posteriormente sistematizada ou esboçada no ensaio *Casa-grande & senzala*, publicado em 1933.

O primeiro romance de Lins do Rego, *Menino de engenho*, foi publicado em 1932. Para escrevê-lo, baseou-se em suas reminiscências de infância, passada no engenho do avô, no sertão da Paraíba, onde também nascera. Seguindo sempre a mesma lógica de ambientação nos engenhos de açúcar, escreveu ainda *Doidinho*, *Banguê*, *Usina* e *Fogo morto*, este último de 1943. José

Lins do Rego retratou o apogeu e a decadência de uma sociedade ancorada na produção e na exportação de açúcar, no latifúndio e na família patriarcal. Havia uma preocupação em analisar as condições de vida do brasileiro do Nordeste, como numa protossociologia, recriando a cultura regional em suas diversas formas de manifestação: a língua, os hábitos alimentares, as superstições. Em razão da temática comum, os críticos literários convencionaram chamá-los de romances do Ciclo da Cana-de-Açúcar.

Freyre (1991, p.93) afirma que José Lins do Rego teria captado tão bem sua proposta que a recriou em forma de romances, proposta que, desde então, teria sido tão de José Lins quanto sua. Essa, no entanto, não era a visão de Lins, que confessara em inúmeras cartas a Gilberto Freyre sua posição de *escravo mental*, reconhecendo com grande humildade a ascendência de Gilberto Freyre em sua formação literária e intelectual. Em razão dessa subserviência intelectual, a obra de José Lins do Rego foi julgada e interpretada por parcela dos críticos como uma redução passiva das ideias do renomado sociólogo. Oswald de Andrade (1972, p.19), extremamente mordaz, dizia que os romances de Lins do Rego, sobretudo aqueles do chamado Ciclo da Cana-de-Açúcar, seriam uma *homeopatia gatafunhada* de *Casa-grande & senzala*.

Nos anos 1920, Recife era a capital regional do Nordeste e acolheu um intenso movimento de ideias, grandemente influenciado por Gilberto Freyre, do qual os romances de José Lins do Rego seriam, talvez, os maiores representantes. Ao contrário da vanguarda modernista de São Paulo, que debatia questões como a modernização e o progresso da sociedade por meio de uma estética de certa forma agressiva, o grupo de intelectuais que se reuniu no Congresso Regionalista do Recife, em 1926, voltava sua atenção à sociedade e à cultura regionais, tentando preservá-las das influências externas. Muitas obras desse período tentavam mostrar uma sociedade desagregada pela quebra da tradição com a introdução de modernos meios de produção, vorazes e impessoais. Os antigos engenhos de açúcar eram substituídos pelas usinas. As mudanças econômicas e sociais que simbolizavam o progresso nem sempre eram vistas com otimismo. Essas diferentes visões de progresso e de modernidade causaram uma certa tensão entre os grupos de São Paulo e do Recife. Mas, com o tempo, os paulistas, sobretudo Mário de Andrade e Sérgio Milliet, reconheceram o valor e a contribuição dos regionalistas para o conhecimento de aspectos da cultura brasileira, bem diferentes daqueles das cidades do sul do país, cujas economias giravam em torno do cultivo do café e da industrialização, enquanto seus intelectuais acompanhavam as vanguardas europeias e voltavam as costas para o interior do país. Os romances que vinham do Nordeste mostravam um Brasil que resistia à seca, ao analfabetismo, ao banditismo – na imagem do cangaço – e a um sistema de produção obsoleto, substituído por um capitalismo incipiente. Nada, enfim, que lembrasse o idealismo exótico e paradisíaco dos romances regionalistas do século XIX. Trabalhando com uma concepção ligeiramente diferente de *nacionalismo*, modernistas nordestinos e sulistas se distanciaram durante alguns anos, até que sobreveio um melhor conhecimento e a dissipação dos preconceitos. Sérgio Milliet (1991, p.413) garantia que a obra dos regionalistas curara a cegueira dos paulistas em relação a seu próprio caboclo e ao *denominador comum angustioso* do caboclo brasileiro; dessa forma, teria colaborado mais para a concretização da *unidade nacional* que por meio de discursos patrióticos.

Flamengo até morrer

Após breves passagens por Minas Gerais e Alagoas, José Lins do Rego transferiu-se definitivamente para o Rio de Janeiro em 1935, graças a uma nomeação para exercer o cargo de fiscal do imposto de consumo.

Aos poucos foi se integrando à nova cidade e estabelecendo vínculos emocionais extremamente fortes. De personalidade simples e espontânea, como garantiam seus amigos, o escritor paraibano era um homem em sintonia com seu tempo e com um gosto especial pelos assuntos populares, fossem eles ligados ao rádio, ao cinema ou mesmo aos esportes.

Zé Lins, como passara a ser carinhosamente chamado por seus amigos cariocas, fora indiferente ao futebol até 1938, quando acompanhou entusiasmado a primeira transmissão radiofônica de uma Copa do Mundo. Teria ficado absolutamente encantado com a genialidade e o carisma de Leônidas da Silva, aclamado o herói brasileiro da Copa da França. À época, Leônidas jogava no Flamengo, e, admirando-o, tornou-se flamengo também. Com o tempo, ficaria conhecido como um dos maiores torcedores da história do clube.

Edilberto Coutinho (1991, p.119) encontrou a primeira referência a José Lins do Rego nos arquivos do Flamengo datada de 1939. Naquele ano, o escritor inscrevera-se como sócio-contribuinte. Em 30 de junho de 1948, passou a sócio-proprietário, título que lhe foi doado por amigos. Antes disso, porém, Zé Lins começou a trabalhar no clube: em 1942, tornou-se seu secretário-geral.

Integrando-se ao meio esportivo, Zé Lins passou a ocupar cargos em entidades esportivas, desenvolvendo, em certo sentido, uma militância na política desportiva. De 21 de março de 1944 a 21 de setembro de 1946, integrou o Conselho Nacional de Desportos, durante a presidência do ministro da Educação Gustavo Capanema, de quem se aproximara por intermédio de seu chefe de gabinete, Carlos Drummond de Andrade. Foi eleito e empossado secretário da Confederação Brasileira de Desportos (CBD) em 28 de janeiro de 1943, em pleno Estado Novo. Posteriormente, seria nomeado para o cargo de secretário-geral por três vezes: em 14 de março de 1946, em 18 de janeiro de 1949 e em 17 de janeiro de 1952. Em 1950, foi presidente da

CBD, substituindo interinamente o presidente Mário Polo. Nesse mesmo ano, presidiu a comissão, formada pela Federação Internacional de Futebol Associado (Fila), encarregada de escolher os melhores trabalhos de publicidade da Copa do Mundo.

O envolvimento de Lins do Rego com o futebol tornou-se sério. Segundo seus amigos, Zé Lins teria sido o anticartola, ou seja, nunca teria usado de sua posição de destaque para obter vantagens eleitoreiras ou executar negócios escusos.

Recebeu convites de vários jornais para escrever sobre futebol, o que fez esporadicamente. Mas passou a fazê-lo com regularidade nas páginas cor-de-rosa do *Jornal dos Sports*, onde publicava pequenas crônicas, diariamente, na coluna "Esporte e vida". Foi por meio delas que o envolvimento de Lins do Rego com o universo esportivo ganhou notoriedade, além das críticas de certa parcela da intelectualidade, que não via com bons olhos seu envolvimento com o esporte.

Um intelectual nas arquibancadas?

Investido do papel de escritor e de *observador social*, Lins do Rego transpôs sua experiência como dirigente esportivo para a literatura, aprofundando-se nas sutilezas do universo do futebol profissional para criar o romance *Água-mãe*, publicado pela editora José Olympio em 1941. Nele, o escritor paraibano narrou a trajetória fulminante e efêmera de Joca, um garoto pobre que fez fama como jogador de futebol profissional e morreu ainda jovem, doente e no anonimato. Mas suas reflexões sobre o futebol não se esgotaram aí. Elas estavam apenas começando.

O entusiasmo pelo rubro-negro aproximara-o das massas: "Aí está minha paixão incontida, meu maior arrebatamento de homem confundido na multidão" (*Jornal dos Sports*, 15.11.1951). Zé Lins deixava-se levar pela emoção, mas tentava entender o fascínio que o futebol exerce sobre as pessoas. Nesse afã, chegou a fazer interpretações antagônicas sobre o papel do futebol em relação às massas populares. Certa vez, apresentou-o como uma *válvula de escape*, uma espécie de pão e circo ou panaceia para a alma sofrida do povo, leitura comum a muitos intelectuais. Contudo, conhecendo de perto a emoção das arquibancadas, o *arrebatamento de homem confundido na multidão*, Zé Lins assumia a postura metodológica de um *observador participante* que, depois de *ver, escutar* e *observar* uma manifestação cultural, concluía que o futebol seria um *agente de confraternidade*, como o carnaval, capaz de congregar pessoas de diferentes condições sociais:

> Há no Flamengo esta predestinação para ser, em certos momentos, uma válvula de escape às nossas tristezas. Quando nos apertam as dificuldades, lá vem o Flamengo e agita nas massas sofridas um pedaço de ânimo que tem a força de um remédio heroico. Ele não nos enche a barriga, mas nos inunda a alma de um vigor de prodígio. (*Jornal dos Sports* apud Coutinho, 1991, p.2)

> ... mais do que os homens que lutam no gramado, há o espetáculo dos que trepam nas arquibancadas, dos que se apinham nas gerais, dos que se acomodam nas cadeiras de pistas. Nunca vi tantas semelhanças entre tanta gente. Todas as 70 mil pessoas que enchem um Fla x Flu se parecem, sofrem as mesmas reações, jogam os mesmos insultos, dão os mesmos gritos. Fico no meio de todos e os sinto como irmãos, nas vitórias e nas derrotas. As conversas que escuto, as brigas que assisto, os ditos, as graças, os doestos que largam são como se saíssem de homens e mulheres da mesma classe. Neste sentido o futebol é como o carnaval, um agente de confraternidade. Liga os homens no amor e no ódio. Faz com que eles gritem as mesmas palavras, e admirem e exaltem os mesmos heróis. Quando me jogo numa arquibancada, nos portões de um estádio cheio, ponho-me a observar, a ver, a escutar. E vejo e escuto muita coisa viva, vejo e escuto o povo em plena criação. (Lins do Rego, 1945)

Tratava-se, sem dúvida, de um intelectual atento às manifestações populares.

"Com brasileiro, não há quem possa!"

Por ocasião da conquista do Campeonato Pan-Americano de Futebol pela seleção brasileira em 1952, Zé Lins aproveitava para falar, mais uma vez, da paixão popular pelo futebol e de sua importância como fenômeno de massa, apesar do desprezo de muitos por ele, sobretudo *céticos* intelectuais – como dizia –, que viam a festa dos torcedores nas ruas como *manifestações fúteis*. Para o cronista, a identificação entre o povo e o futebol assumiria, no Brasil, uma dimensão tão grande que, quando a seleção vencia, tinha-se a impressão de que o povo brasileiro vencia com ela. Zé Lins registrava a apropriação do espaço público pelo povo para suas manifestações de alegria: por meio do futebol, podia-se exercer a cidadania. Com isso, talvez quisesse mostrar a certos estudiosos da sociedade que as impressões deles sobre o futebol não seriam adequadas. Ouvir e observar a sabedoria do *bom povo* seria a receita de Zé Lins nesta crônica:

> Mais uma vez o povo brasileiro veio às ruas para aclamar os heróis do football. As massas vibraram, com entusiasmo, sem limites.
>
> Muita gente não tolera football e considera estes entusiasmos como manifestações fúteis. Mas com o espetáculo de anteontem, estes céticos deverão mudar de opinião. O povo tem a sua paixão, e esta paixão não é um desvario. É uma exaltação dos bons instintos, na grandeza de alma.
>
> Anteontem vi o bom povo, nas suas exuberâncias de coração. E os rapazes que tanto fizeram em Santiago bem mereceram as aclamações das massas generosas. (*Jornal dos Sports*, 27.4.1952)

O entusiasmo exagerado do cronista e literato pelo futebol levava-o a naturalizar a relação entre o brasileiro e esse esporte. Para Zé Lins, o Flamengo, sua paixão máxima, resumia a própria identidade brasileira tanto em seus aspectos positivos como negativos: "O Flamengo começou como uma brincadeira de rapazes para se transformar na grandeza dos nossos dias, no clube que é a soma de todas as qualidades e defeitos do brasileiro" (*Jornal dos Sports*, 15.11.1947).

Zé Lins escrevia suas crônicas de futebol de forma apaixonada e inflamada, assumindo a postura de torcedor do Flamengo. O comum dos torcedores automaticamente se identificava com esse discurso, como se o cronista fosse um porta-voz de seus desejos e opiniões. Atento a esse fato, refletiu sobre o alcance da crônica esportiva e sua importância como veículo de difusão de opiniões. Certa vez, Zé Lins, que era flamengo declarado e totalmente parcial na defesa de seu clube, chamara Ondino Vieira, técnico do Vasco da Gama, de *caviloso*. O escritor explicava que o termo era empregado no sentido de manhoso, em sua terra natal. A torcida do Vasco, no entanto, entendeu que Zé Lins o estaria chamando de capcioso, fraudulento e, até mesmo, de maricas. No confronto que se seguiu entre Vasco e Flamengo, a torcida vascaína, identificando Zé Lins na tribuna de honra do estádio, investiu contra ele, vaiando-o e arremessando objetos em sua direção. O episódio rendeu mais uma crônica:

> A um escritor vale o aplauso, a crítica de elogios, mas a vaia, com a gritaria, as laranjas ... os palavrões, deu-me a sensação da notoriedade verdadeira. Verifiquei que a crônica esportiva era maior agente de paixão que a crítica literária ou o jornalismo político. Tinha mais de vinte anos de exercício de imprensa e só com uma palavra arrancava, de uma multidão enfurecida, uma descarga de raiva como nunca sentira. (ibidem, 7.3.1945)

A posição de Zé Lins era curiosa. Escrevia como um homem de arquibancadas, porém, por seus cargos na CBD, no Flamengo e no CND, e também por sua atuação como cronista no *Jornal dos Sports*, frequentava a tribuna de honra. É que, mesmo daquele local privilegiado – justificava-se –, vivia as emoções do jogo como qualquer torcedor. No entanto, por maior que fosse seu amor ao Flamengo e sua identificação com o clube, o cronista jamais seria um simples torcedor. Sua posição social e intelectual estaria sempre presente em seus julgamentos. O fato é que Zé Lins vivia um conflito insolúvel. Tratava-se, efetivamente, de um intelectual nas arquibancadas.

> O amigo Vargas Netto tem toda a razão, quando me pôs nas arquibancadas, embora se encontre quase sempre comigo, nas tribunas de honra. Legitimamente não passo de um torcedor. Somente um torcedor do meu clube, vibrando por ele, às vezes, até dando-me ao desplante de derramar as minhas sinceras lágrimas de emoção. Nada de cátedras, nada de cortes de presidente, nada de postos de comando. Sou apenas um flamengo que gosta de dizer que é flamengo, que sofre e se rejubila com o meu clube. E que pronto, sempre está para prestar-lhe tudo que estiver ao meu alcance.
> Flamengo seja ele o maior, Flamengo seja ele o menor. (9.11.1952)

Muitos literatos não viam com bons olhos a dedicação de Lins do Rego ao futebol e ao Flamengo, em especial. Como poderia um homem da sua condição se deixar levar pelas paixões das massas? Estaria o escritor buscando simplesmente exibir-se ou estaria visando a outros fins, como uma carreira política, por exemplo? Afinal, as crônicas de futebol deixaram-no mais famoso e popular que sua obra literária. A torcida do Flamengo certamente o elegeria para uma vaga como vereador ou deputado. Mas Zé Lins parecia não estar interessado em fazer de seu engajamento na política desportiva um trampolim para a política institucional e confessava os motivos pelos quais frequentava estádios: além de diversão e emoção, o futebol lhe oferecia farto material à reflexão:

> Muita gente me pergunta: mas o que você vai fazer no football? Divertir-me, digo a uns. Viver, digo a outros. E sofrer, diriam os meus correligionários flamengos. Na verdade uma partida de football é mais alguma coisa que um bater de bola, que uma disputa de pontapés. (Lins do Rego, 1945)

Em 1943, Oswald de Andrade (1972) publicava a crônica "Carta a um torcida", num jornal paulista, em tom bastante agressivo, na qual acusava José Lins do Rego de deixar-se levar pelo encanto do espetáculo futebolístico, sem se valer de sua posição para denunciar a exploração de jogadores que, com o fim da carreira, caíam no esquecimento das massas e retornavam, na maioria das vezes, à mesma situação de miséria na qual haviam nascido. Oswald reconhecia a postura de esquerda de Zé Lins, referendada pela série de *romances úteis* que produzira e que haviam mostrado aos brasileiros um Brasil decadente e sofrido, dependente da exploração dos engenhos e, posteriormente, das usinas de açúcar. Mas não aceitava o entusiasmo de Zé Lins pelo futebol, pois o via como ópio do povo, como mero pão e circo. Oswald condenava o que considerava o envolvimento acrítico do romancista paraibano com o futebol, porque, assim, estaria colaborando na manutenção de um sistema de exploração e, por extensão, com o governo ditatorial de Getúlio Vargas: "O que interessa sua alma tosca e primária é o espetáculo, o movimento e o aleguai [um grito de guerra das torcidas], nunca o sentido e a essência". Em seu discurso ofensivo, Oswald desconsiderava totalmente a crítica social que Zé Lins registrara em relação ao futebol profissional pelo personagem Joca no romance *Água-mãe*.

Extremamente irônico e confirmando a popularidade que Zé Lins conquistara pelo meio esportivo, Oswald declarara certa vez ao jornalista Mário Filho, na porta da Livraria José Olympio, que estava pensando em tornar-se sócio do Flamengo e explicou suas razões: "Quem escreve e quer aparecer tem que ir para o Flamengo. Senão os críticos o ignoram" (Rodrigues Filho, 1964).

Em 1944, o escritor de origem sergipana Genolino Amado ficara indignado quando Zé Lins declarara que a conquista do tricampeonato carioca pelo Flamengo lhe dava a mesma alegria que a vitória da batalha de Stalingrado. Como seria possível alguém fazer tal comparação? Atento ao desenrolar da Segunda Guerra Mundial e à sorte da humanidade, o escritor não dava atenção aos assuntos que mobilizavam a população da sua cidade, como a verdadeira guerra travada entre os torcedores do Vasco e os do Flamengo, ante a expectativa da partida final do campeonato carioca. Sem mencionar o nome de Zé Lins, Genolino Amado (1946) atacava-o por sua postura esnobe. Dizia que o bacharel acompanhava "alguns rapazes batendo bola num campo de gramado", comodamente instalado, "num tempo marcado pela História para a decisão do maior conflito dos povos!".

Apesar das críticas e das manifestações contrárias ao seu envolvimento com o futebol por parte de seus detratores, que relutavam em reconhecer a importância desse esporte como fenômeno social, Zé Lins contava com o apoio de muitos amigos. No Rio de Janeiro, cidade à qual se ligara profissional e emocionalmente, mantinha uma agitada vida social. Era frequentador assíduo da Livraria José Olympio, ponto de encontro de inúmeros intelectuais e onde eram presenças constantes Graciliano Ramos, Aurélio Buarque de Holanda, Otto Maria Carpeaux, Mário Filho, Valdemar Cavalcanti, Jorge Amado, Gilberto Freyre, entre outros.

Reunia-se regularmente para o almoço com um grupo de amigos flamengos na tradicional Confeitaria Colombo, na Rua Gonçalves Dias, onde discutiam sobre a vida do clube. Aos encontros do *Dragão Negro*, como era conhecido o grupo da Colombo, compareciam, às vezes, amigos de Zé Lins ligados às letras, como Rubem Braga, Marques Rebelo, João Condé, Thiago de Melo e Odilon Ribeiro Coutinho.

Por ocasião da posse de José Lins do Rego a uma cadeira na Academia Brasileira de Letras, Carlos Drummond de Andrade publicou uma crônica bem-humorada no *Correio da Manhã* de 18.12.1956, saudando a irreverência do colega ao criticar seu antecessor em pleno discurso de posse. E isso se justificava.

Para Zé Lins, o Flamengo seria muito mais importante que a Academia. Dizia Drummond:

> Seu clube de futebol dá-lhe maiores estímulos. Mantém nele o ímpeto vital, leva-o a sofrer e a ser feliz, funciona em suma. À Academia não se deplora o que ela é, mas precisamente o que não é: sua falta de funcionalidade num meio cultural ainda pobre, onde os fatos não justificam as instituições; sua mesmice entre enfática e bonachona, que se gaba de haver incorporado o Modernismo, quando o Modernismo já é peça de museu.

Zé Lins também tinha o apoio e a amizade do poeta Manuel Bandeira. Questionado por um jornalista, ele apontou as razões que o teriam levado a torcer pelo Flamengo: "Porque acho o nome bonito e porque é o clube do Zelins" (*Jornal dos Sports*, 17.1.1957).

Cariocas *versus* paulistas em "Esporte e vida"

Entre 1945 e 1953, e entre janeiro e junho de 1957, José Lins do Rego escreveu pequenas crônicas diariamente para o *Jornal dos Sports*, com exceção de segunda-feira, dia em que o periódico não circulava. Seu estilo informal, em tom de conversa, e a postura declarada de torcedor do Flamengo cativavam o público leitor, fazendo-o figurar entre os cronistas mais populares de sua época. Zé Lins abandonara totalmente a imparcialidade de jornalistas e cronistas. Ao se referir a uma vitória do Flamengo, dizia *nossa vitória*. Ainda usava muitos termos em inglês, como *football*, *scratch*, *match*, *team*, *crack*, que aos poucos foi abandonando ou procurando abrasileirar. Zé Lins escrevia de forma clara, objetiva, sem nenhum tipo de sofisticação pedante. Fazia-se entender facilmente, mantendo certa sobriedade e sem apelar à vulgaridade.

"Com brasileiro, não há quem possa!"

As crônicas de "Esporte e vida" tomavam os assuntos do dia – o jogo passado ou futuro, as polêmicas na política esportiva, os sucessos e insucessos da seleção brasileira – como ponto de partida para reflexões que transcendiam o mundo dos esportes. Zé Lins procurava observar o comportamento das pessoas e, não raro, dava lições de moral, defendendo de modo aguerrido aquilo que considerava certo. Por vezes, podia-se encontrá-lo emocionado, em textos de rara beleza; outras vezes, mostrava-se exaltado, irritado com o descaso de dirigentes esportivos, em prejuízo das coisas do esporte.

Julgando-se comprometido com a *observação social*, provavelmente em virtude de sua ligação com Gilberto Freyre, Zé Lins abordou em suas crônicas, em períodos diferentes, questões relativas ao caráter nacional, promovendo comparações entre brasileiros e estrangeiros, apontando virtuais *defeitos* e *qualidades*. O assunto preferido era o Flamengo e tudo aquilo que se referisse a ele, mas não era só isso. Quando a rivalidade, no futebol, entre Rio de Janeiro e São Paulo, vinha à tona, Zé Lins deixava transparecer toda sua parcialidade carioca.

Em crônica de 1949, alertava os cariocas com relação à força do futebol de São Paulo. Enquanto as equipes do Rio de Janeiro viviam preocupadas apenas com seus problemas internos e se julgando donas do melhor futebol do Brasil, São Paulo trabalhava em silêncio: "As últimas derrotas de quadros cariocas em São Paulo vieram mostrar que nós, aqui do Rio, estávamos contando com uma decadência do football paulista que não existe" (ibidem, 4.2.1949). De fato, o futebol paulista começava a incomodar mais aos cariocas e, ao longo dos anos 1950, daria várias demonstrações de superioridade.

Zé Lins constatava que São Paulo vinha ganhando do Rio em matéria de público e demonstrava uma ponta de inveja por isso. Convocava, então, o torcedor carioca a derrotar o que chamava de *orgulho paulista*, comparecendo em massa ao jogo daquele dia. No entanto, além do empenho e interesse dos paulistas por seus clubes, contribuía para os recordes de público o fato de São Paulo ter o Pacaembu, estádio construído pela Prefeitura, com capacidade estimada, à época, para 62.898 pessoas (Antunes, 1998, p.94). A verdade é que São Januário, então o maior estádio do Distrito Federal, cuja capacidade seria para um público de cerca de 35 mil pessoas, já não conseguia comportar a massa que para lá se dirigia em dias de jogos. Muitos ficavam do lado de fora, e aqueles que conseguiam entrar comprimiam-se nas arquibancadas. O Rio de Janeiro precisava, e com urgência, de um estádio maior:

> São Paulo se gaba de bater todos os recordes de renda. A grande cidade bandeirante sabe aplaudir sem medir sacrifícios. É preciso que o público carioca bata São Paulo no seu justo orgulho de maior de todos. São Januário precisa dar uma boa resposta ao Pacaembu ... É por isto que desta coluna eu convoco o povo carioca para o match de hoje. (*Jornal dos Sports*, 8.5.1949)

Tempos depois, Zé Lins fazia novo alerta aos clubes cariocas em razão das vitórias dos paulistas. Dessa vez, considerava que o futebol carioca não seria mais tão bom quanto se imaginava, e, para promover mudanças, seria necessário deixar os *delírios de grandeza* de lado e trabalhar.

> Os PAULISTAS devem andar eufóricos com as últimas vitórias de seus teams de football. Se houve a derrota do bicampeão para o Fluminense, por outro lado o Corinthians lavou o peito da torcida bandeirante, com a sua vitória sobre o Vasco, o invicto, e incontestavelmente, o maior quadro do Brasil.
> Por outro lado, a Portuguesa venceu o Botafogo em números convincentes, com um Pinga I que assombrou. Afinal, vitórias paulistas, em todos os terrenos. Até o Bonsucesso entrou na dança, com duas derrotas.
> Pelos números, pelas vitórias, uma demonstração de que o football carioca não é a tal maravilha do nosso entusiasmo. Precisamos fugir dos delírios de grandeza e cuidar da nossa vida, como vida de quem muito precisa de juízo. (ibidem, 24.1.1950)

Em 1949, o Brasil sediou o Campeonato Sul-Americano, com jogos no Rio de Janeiro (São Januário) e em São Paulo (Pacaembu). Durante o torneio, viu-se acirrar ainda mais a antiga rivalidade entre as duas cidades, considerando-se, também, a proximidade da Copa do Mundo e o caráter preparatório que tinham os jogos do Sul-Americano.

A imprensa reivindicava convocações de jogadores de ambos os lados, já com vistas ao mundial. A CBD não conseguia resolver essa dissensão no futebol brasileiro. Tentava sempre *pôr panos quentes* nas reivindicações dos paulistas, sem dar uma solução definitiva à escalação básica da seleção brasileira. Para agradar imprensa e torcida, o técnico Flávio Costa fez escalações diferentes quando a seleção jogou no Rio e em São Paulo, procurando aproveitar mais os talentos da região. Apesar das divergências, o Brasil venceu o Sul-Americano, título muito festejado, pois, desde 1922, o país não conquistava esse campeonato. Mas a imprensa paulista não se deu por rogada. Acreditava que, com esse tipo de postura e organização, que buscava ocultar os conflitos regionais com soluções provisórias, seria difícil conquistar a Copa do Mundo. O futebol paulista vinha demonstrando sua superioridade nos gramados, mas a administração do futebol brasileiro continuava atrelada aos desmandos da cartolagem carioca. Insatisfeita, a imprensa paulista se empenhou numa quase campanha pela convocação de Leônidas para a Copa de 1950, que fora dispensado, sem justificativas, da relação definitiva dos 22 jogadores.

Zé Lins, assumindo o papel de conciliador, rebatia as críticas que se faziam às *seleções* de Flávio Costa, sobretudo da imprensa paulista. Antes de criticá-lo, dizia, seria obrigatório alegrar-se, pois o que as diferentes escalações mostravam era, na verdade, uma grande possibilidade de escolha, prova da qualidade do futebol brasileiro e da *abundância* de craques. Zé Lins tentava mudar o rumo da discussão, apelando para o valor do futebol nacional, que, segundo ele, estaria acima das divergências regionais:

Flávio Costa pode sempre variar de gente, e esta variação não lhe causa tropeços ... se joga no Rio, à base de gente daqui, joga para vencer e convencer. Se joga em São Paulo, à base paulista, joga com a mesma categoria ... O que existe de fato, mais do que o luxo de uma Seleção carioca e outra paulista, é a magnífica qualidade de nosso football... (ibidem, 14.4.1949)

Os jogadores cariocas da seleção não haviam sido bem recebidos em São Paulo, sobretudo Zizinho. A imprensa paulista, liderada pelo jornal *A Gazeta*, defendia uma *base* paulista para a seleção brasileira. Zé Lins respondia à má acolhida paulista afirmando que a torcida carioca estava acima dessas disputas regionais: "Aqui o nosso técnico poderá repor os homens que melhor lhe parecerem, aqui o público não faz questão de *base* paulista ou *base* carioca. Aqui jogará o Brasil. E isto é tudo" (ibidem, 19.4.1949).

Zé Lins – carioca por afinidade – mostrava-se preocupado com a manutenção da unidade nacional e com a superação das divergências regionais. Em sua opinião, para obter o respeito e o reconhecimento das grandes nações, o país deveria afirmar a brasilidade, ser autêntico, sem copiar ou imitar ninguém. Em outras palavras, para ser cidadão do mundo, o brasileiro deveria saber, antes de mais nada, qual a sua verdadeira identidade.

Desde a Revolução de 1930, o Estado tomara a si a tarefa de *construir a nação*. Mas o nacionalismo ganhou força e se firmou, sobretudo com o Estado Novo que, logo após sua implantação, lançou mão de inúmeros recursos simbólicos para insistir na ideia da unidade nacional, como na cerimônia de queima das bandeiras estaduais, na Esplanada do Russell, no Rio de Janeiro (Oliven, 1986, p.73), abolidas em nome de uma única bandeira: a brasileira.

Ao fim do Estado Novo e da Segunda Guerra Mundial, o país perdia paulatinamente sua feição agrária. A indústria nacional já era responsável por 20% do Produto Interno Bruto. As cidades cresciam, assim como sua população, fornecendo as bases para uma política populista. São Paulo firmava a imagem de terra do trabalho e do progresso e, ancorada nessas características, tentava desqualificar a falta de seriedade do carioca e seu apego à malandragem e às festas (Velloso, 1996, p.13). A guerra simbólica travada entre Rio de Janeiro e São Paulo poderia ser vista como um duelo entre Apolo e Dioniso, animada sempre mais em virtude do fortalecimento dos paulistas, que também começaram a concorrer com o Rio no campo cultural. Entre fins dos anos 1940 e início dos 1950, foram criados, em São Paulo, o Museu de Arte de São Paulo (Masp), o Museu de Arte Moderna (MAM), a Bienal de Artes e a Sociedade Brasileira de Comédia – futuramente Teatro Brasileiro de Comédia (cf. *Nosso Século*, 1980). Todas essas iniciativas contavam com o amparo de mecenas das classes dirigentes. Em 1949, empresários paulistas haviam fundado a Companhia Cinematográfica Vera Cruz, com o objetivo de transformá-la na *Hollywood* brasileira, desbancando a indústria cinematográfica até então com sede no Rio. São Paulo não queria ser apenas o coração econômico do país. Almejava, também, elevar-se na cultura e nas artes.

No futebol, os paulistas continuaram trabalhando e... ganhando, alimentando a antiga rivalidade por muito tempo. O sucesso do futebol paulista seria um sinal a mais do decantado *arrojo bandeirante*, o que acirrava as disputas entre as duas capitais. Apenas clubes paulistas haviam vencido o Torneio Roberto Gomes Pedrosa, conhecido por Rio-São Paulo: o Corinthians em 1950, 1953 e 1954; o Palmeiras em 1951; a Portuguesa em 1952 e 1955. Em 1956, o torneio não foi realizado em virtude da excursão da seleção brasileira à Europa. Os cariocas só teriam vez em 1957: o Fluminense foi o campeão e o Flamengo, vice: "Venceram os cariocas o Rio-São Paulo. Não era sem tempo. Nossos amigos paulistas andavam gordos de tanto papá-lo" (*Jornal dos Sports*, 31.5.1957). E quanto a isso, o cronista tinha razão. Movidos pelo orgulho por seus clubes e pela demonstração de superioridade de seu futebol, os paulistas apelidaram o estádio do Maracanã de *Recreio dos Bandeirantes*.

José Lins do Rego falava dos paulistas como se fossem bairristas, provincianos, enquanto os cariocas, mais cosmopolitas por viverem no Distrito Federal, estariam livres desse sentimento. O Rio de Janeiro seria uma síntese do Brasil; representava-o integralmente e em sua diversidade, e o *jeito de ser* carioca resumia o caráter nacional. Era assim que Zé Lins explicava e justificava o seu *carioquismo*.

Futebol e caráter nacional mestiços

É possível que o fanatismo de Zé Lins pelo futebol tenha despertado o interesse do amigo Gilberto Freyre, que, observando o jogo e comparando-o com sua matriz europeia, concluíra que o futebol havia sido totalmente incorporado e reelaborado nos trópicos, tornando-se expressão da mestiçagem brasileira e, consequentemente, motivo de orgulho nacional. Em *Sociologia*, Freyre (1945, p.421ss.) abordou a importância do futebol como manifestação cultural reveladora da identidade nacional.

Como Gilberto Freyre, José Lins do Rego aproximava o futebol brasileiro à dança, ao samba, ritmo musical mais comumente associado à identidade nacional. Parecia esquecer completamente que o futebol viera de outras terras; mas, em sua visão, assim como o samba podia ser considerado brasileiro apesar de suas raízes africanas, também o futebol seria expressão da *novidade* brasileira, resultado de um rico amálgama cultural. Zé Lins orgulhava-se em ver jogadores brasileiros confundindo adversários estrangeiros em passes mágicos e carnavalescos, expressão de alegria e inovação do futebol praticado no Brasil. Comentando a campanha da seleção brasileira na Copa Rio Branco de 1932, Zé Lins mostrava como o futebol espelhava a *democracia social* existente no Brasil:

"Com brasileiro, não há quem possa!"

Os rapazes que nos representaram, triunfalmente, em Montevidéu, eram no fundo um retrato da nossa democracia social, onde Paulinho, filho de família importante, se uniu ao negro Leônidas, ao mulato Gradim, ao branco Martim. Tudo feito à boa moda brasileira. (*Jornal dos Sports* apud Ribeiro, 1999, p.50)

Em março de 1949, José Lins do Rego afirmava que Leônidas da Silva era um caso para o estudo da miscigenação no Brasil. O *Diamante negro* contrariava as teorias que pregavam a inferioridade e a fragilidade da raça mestiça do Brasil: era forte de corpo e sagaz. Inspirado em Gilberto Freyre, Zé Lins elogiava o dionisíaco Leônidas, encarnação suprema do futebol mestiço do Brasil, que estaria mais para arte que para esporte:

Há 18 anos que Leônidas é figura de nossa Seleção de football. Quando ele já era o melhor meia brasileiro nascia em Poços de Caldas o menino Mauro, o jovem zagueiro da seleção de 1949.

Várias gerações de cracks passaram. Foi-se Romeu, o melhor de todos. E Leônidas vai ficando, o mestre de hoje em dia, quase que um doutor, o decano, o respeitável, o eterno Leônidas que domina a posição a custa de sabedoria, de sagacidade, de energia. Velho ao lado de um Mauro, que podia ser seu filho, é ver a força de vontade aliada ao poder dominador do tempo.

O Leônidas de hoje é um caso para os estudiosos da miscigenação brasileira. (*Jornal dos Sports*, 16.5.1949)

Na Olimpíada de Helsinque, em 1952, Ademar Ferreira da Silva conquistou a medalha de ouro na prova de salto triplo. Era a segunda medalha de ouro brasileira nesses jogos. A primeira fora conquistada por Guilherme Paraense na prova de tiro, nos Jogos Olímpicos de Antuérpia, em 1920. Zé Lins exaltava o feito de Ademar – um *homem de cor* – para o esporte brasileiro. Em sua crônica, refletia sobre a capacidade do negro brasileiro, que ganhara ouro e quebrara o recorde mundial representando com dignidade *sua gente*, no grande evento esportivo. O negro Ademar dera mostras da força e da capacidade do brasileiro, *ascendendo ao primeiro lugar do mundo dos esportes*:

> Volta Ademar Ferreira da Silva com o maior título que atleta brasileiro arrebatou em competição internacional. Maior porque não foi somente um campeão olímpico, mas um campeão do mundo, um record fabuloso.
>
> Precisamos prestar a este herói brasileiro todas as homenagens. Representa ele, pela sua maravilhosa condição física, pelo seu comportamento extraordinário de atleta, uma vitória que é de todos nós.
>
> Mostramos que um homem de cor, no Brasil, pode ascender ao primeiro mundo pela energia de seus músculos, e mais ainda, pela têmpera vibrante de seus nervos.
>
> Grande Ademar, todos os brasileiros te saudam porque engrandecestes a tua terra e a tua gente! (*Jornal dos Sports*, 10.8.1952)

Com esse discurso, Zé Lins parecia manter-se firme na crença no mestiço brasileiro, embora tivesse indicado, por vezes, o lado negativo do brasileiro, que vivia exibindo fragilidade, insegurança e instabilidade. Segundo o cronista, para chegar à maturidade como nação, o brasileiro teria de superar essas disposições psicológicas.

Pouco antes da Copa de 1950, o Vasco perdera para o Corinthians por 2 gols a 1, em São Paulo, pelo Torneio Rio-São Paulo. Na primeira apresentação do clube da cruz de malta em seu estádio, após a derrota, foi vaiado pela torcida. Zé Lins interpretava o fato como demonstração da incapacidade do brasileiro em perder ou suportar a derrota, o insucesso. E, por ocasião das derrotas, também demonstrava falta de humildade:

> Ao otimismo exagerado teria de suceder um pessimismo de carpideira. A derrota de São Paulo pareceu um fim do mundo. Então nada presta. Não prestam os jogadores, não presta o técnico. Barbosa, quando apareceu em São Januário, as gerais deram-lhe uma vaia lamentável. E assim as coisas correram após a derrota do Pacaembu.

Há no brasileiro esta fraqueza generalizada diante do menor insucesso. Aqui, no Brasil, ninguém pode perder. Porque, contra o que perde, se levanta um meio mundo. Somos assim um povo de incensadores de vitória. E, no entanto, derrotas como a de sábado podem carregar na sua dura realidade, uma grande lição, uma advertência sábia.

Há derrotas que valem como vitórias. (ibidem, 9.5.1950)

Tanto nos aspectos bons quanto nos maus, o futebol praticado no Brasil, lembrando os passos da capoeira, com um gosto especial pelos *floreios* e pelo inusitado, definia o estilo emocional do brasileiro, assim como a tourada identificava a Espanha e o espanhol: ele era o *retrato psicológico* de um povo. O raciocínio de Zé Lins parecia simples: o futebol mestiço ou mulato traduzia e sintetizava a brasilidade. Essa era a tese que defendia numa crônica chamada "Fôlego e classe", publicada em 1945 no livro *Poesia e vida*. Para ele, uma partida de futebol consistiria numa *exibição da natureza humana*, reveladora da personalidade daqueles que se confrontavam no gramado. E, mais uma vez, Zé Lins aproveitava a ocasião para mostrar àqueles que não viam com bons olhos seu envolvimento com o futebol toda a riqueza da cultura popular:

> Os espanhóis fizeram de suas touradas espécie de retrato psicológico de um povo. Ligaram-se com tanta alma, com tanto corpo aos espetáculos selvagens que com eles explicam mais a Espanha que com livros e livros de sociólogos. Os que falam de barbarismo com relação às matanças de touros são os mesmos que falam de estupidez em relação a uma partida de football. E, então, generalizam ... Ironizam os que vão passar duas horas vendo as bicicletas de um Leônidas, as tiradas de um Domingos. Para esta gente tudo isto não passa de degradação. No entanto, há uma grandeza no football que escapa aos requintados. Não é ele só o espetáculo que nos absorve, que nos embriaga, que nos arrasa, muitas vezes, os nervos. Há, na batalha dos 22 homens em campo uma verdadeira exibição da natureza humana submetida a um comando, ao desejo de vitória.

Os sentimentos franco e democrático, gerados pela mestiçagem, não seriam, no entanto, soberanos. Zé Lins também registrou episódios que punham à mostra o racismo existente no universo do futebol, como nesta crônica de 1953, em que comenta a injustiça sofrida por um treinador:

> Escreve Mário Filho admirável artigo para fixar, no caso Gentil Cardoso, um caso que supera o football, para ser uma interpretação aguda do que no Brasil, muita gente afirma que não existe, mas que existe, realmente: o preconceito de cor. É Gentil Cardoso um pernambucano, lá das bandas dos engenhos da Mata. Se não me engano, o seu pai foi mestre holieiro do engenho Jendiá. É homem de cor, mas homem de capacidade para o ofício, cheio de arestas oriundas dos atributos que a sua condição racial lhe abriu na personalidade boliçosa. Vence um campeonato para o clube da chamada elite brasileira, e é posto na rua, como se a vitória não lhe desse autoridade. E agora, quando conduz outro grande ao campeonato, depois de trabalho admirável, aparece outro para comer os bolos da festa que ele engendrou. Mas Gentil é homem de cor, e não fica bem tê-lo no comando da vitória. (*Jornal dos Sports*, 9.1.1953)

Argentinos, uruguaios e brasileiros

Em 1946, a Fifa realizou seu primeiro congresso depois da Copa de 1938. Nele, nenhum país europeu se apresentou para sediar a próxima Copa do Mundo, pois a árdua tarefa de reparar os estragos materiais e morais causados pela Segunda Guerra Mundial os absorvia. Como único candidato, o Brasil obteve o mérito de acolhê-lo e organizá-lo. Gisella Moura (1998, p.22) salienta que, por essa época, os dirigentes brasileiros já haviam superado antigas desconfianças com relação ao futebol. Então diversamente, vislumbravam nele e no fato de sediar a Copa do Mundo a oportunidade de captar dividendos políticos do sentimento de união nacional que inevitavelmente nasceria dos momentos de catarse coletiva, como assinala Hobsbawm (1991, p.170ss.). Afinal, desde a Revolução de 1930 o governo vinha investindo na ideia de integração nacional. Como palco do grande evento esportivo, todas as atenções estariam voltadas para o Brasil, ocasião ímpar de divulgação de um país que, segundo as ideologias da época, tinha vocação para o progresso. Em tempos de paz, a Copa promoveria um confronto simbólico entre países, no âmbito do jogo, e, ao Brasil, terra da tolerância, como garantia Gilberto Freyre (1950), caberia a honra de presenciar o começo de uma nova era para a humanidade.

Em breve, a Copa se tornaria a pauta do dia dos jornais brasileiros e, como não poderia deixar de ser, fonte inesgotável para as especulações nacionalistas da crônica de futebol.

Como alguns ideólogos do caráter nacional (cf. Leite, 1969), também José Lins do Rego não poupou comparações entre brasileiros e estrangeiros, sobretudo entre argentinos e uruguaios, os sul-americanos que haviam se destacado mais no futebol. Acreditava que o anúncio do Brasil como anfitrião da Copa mexera com os brios dos argentinos, o que explicaria as *atitudes acintosas* que vinham tomando em relação às *coisas do Brasil*.

O cronista andava irritado com os vizinhos do Prata, por terem se recusado a participar do XVI Campeonato Sul-Americano, a ser realizado no Brasil naquele ano de 1949, apesar de todo o *empenho diplomático* de Rivadávia Correia Méier, presidente da CBD. Mas não seria de estranhar tal atitude. Afinal – garantia o cronista –, as *boas maneiras* e a *civilidade* do brasileiro contrastavam com o *caráter arrogante* e a *empáfia* do argentino:

> O que existe de concreto, de real, de absolutamente certo é uma posição inamistosa dos dirigentes de lá, em conluio com o governo de cabo de esquadra, para reduzir as coisas do Brasil a nada. Mas estão enganados. Fiquem com a sua arrogância, com o seu orgulho, com a sua empáfia, e nós ficaremos com as nossas boas maneiras, com a nossa civilidade, com a nossa vida modesta mas acima de mesquinharias e bobagens. (*Jornal dos Sports*, 27.3.1949)

Os dirigentes argentinos justificaram a ausência no Sul-Americano em razão de uma greve de jogadores. No entanto, José Lins do Rego e mais toda a imprensa esportiva brasileira acreditavam que a imprensa da Argentina estaria se empenhando numa campanha demeritória da Copa do Mundo no Brasil, por causa da falta de confiança em seus jogadores, do medo de encarar uma derrota (Moura, 1998, p.55) e da inveja que sentiam dos brasileiros:

> Meu amigo Castelo Branco, mestre em football, acha que o gesto dos argentinos não nos feriu, porque ao campeonato de Guaiaquil não comparecemos como era nossa obrigação. Mas Castelo não pode, em absoluto, colocar os dois fatos no mesmo plano. A Guaiaquil não fomos, mas desde o princípio da preparação do campeonato que tínhamos determinado não comparecer. Não enganamos, não obrigamos a entidade local a trocar de datas com a sugestão de podermos vencer dificuldades.
> Pode ficar certo o caro Castelo Branco que não magoamos os nossos amigos do Equador. O gesto dos argentinos foi coisa premeditada para nos ofender. (*Jornal dos Sports*, 7.4.1949)

No início de 1950, os argentinos desferiram uma nova *afronta* contra os brasileiros aos olhos de Zé Lins: recusaram-se a participar do mundial no Brasil, alegando problemas de relacionamento com a CBD. Zé Lins não se conformava com a ofensa e chamava os dirigentes platinos de *calhordas do Continente*. Sua *empáfia* não fazia jus às grandezas daquele país – dizia –, cuja economia, então, era maior que a brasileira:

> Afinal de contas os homens do football argentino resolveram repetir a comédia do último Sul-Americano. Não virão à Copa do Mundo. São os mais autênticos calhordas do Continente, com toda a empáfia de rastaqueras.
> É pena que um país como a Argentina, de tantas grandezas reais, entregue a direção de seu football a gente tão ínfima. As ditaduras dão nisto. (ibidem, 18.1.1950)

Naquele momento, no balanço entre brasileiros e argentinos, os primeiros saíram ganhando, considerados mais valorosos, educados e civilizados, características que – queria crer o cronista – seriam mundialmente associadas aos brasileiros após a Copa de 1950 quando o Brasil sairia, definitivamente, do anonimato.

Há um mês do início da Copa, Zé Lins parecia ter cobrado consciência da pouca humildade que expressara em suas crônicas e, identificando-a também no brasileiro, resolvia alertá-lo quanto aos perigos relacionados à adoção dessa atitude. E tomava como exemplo, ironicamente, os jogos contra o Uruguai. Brasil e Uruguai se enfrentariam numa série de dois jogos em disputa pela Copa Rio Branco. No primeiro deles, realizado no Pacaembu, a vitória foi do Uruguai por 4 a 3.

Em 19 de maio, ainda comentando o jogo contra o Uruguai, o cronista fazia uma advertência que, confirmou-se posteriormente, era profética: "A equipe uruguaia mostrou-se admirável. São os uruguaios, não há dúvida, candidatos ao título no Campeonato do Mundo" (*Jornal dos Sports*). Dias depois, o Brasil venceu o segundo jogo, em São Januário, por 3 gols a 2.

> A campanha pela "Copa do Mundo" começou muito bem. As duas "copas" que disputamos, nos serviram como a melhor advertência. Não sou dos que estão amedrontados com a nossa seleção. Sobretudo, porque não sou dos que se encontram possuídos do mais alarmante complexo de superioridade. Vencemos o team uruguaio, numa peleja onde sempre estivemos em melhor posição e esta vitória nos parece uma derrota. Ora meus caros amigos, vamos baixar um pouco a nossa crista e olhar para as coisas com mais humildade. (ibidem, 17.5.1950)

Quase um ano depois da Copa de 1950, o Vasco venceu o Peñarol por 3 a 0, em Montevidéu, no primeiro jogo de uma série de dois amistosos. Zé Lins interpretava esse resultado como um triunfo do futebol brasileiro no estrangeiro. Haveria novo jogo entre as duas equipes, e o cronista, julgando-se conhecedor do caráter uruguaio, mandava seu recado: "Nada de facilitar com os celestes. São homens que podem mudar os acontecimentos, conduzidos por um entusiasmo de bravos" (*Jornal dos Sports*, 11.4.1951).

O Vasco voltou a vencer o Peñarol, em 22.4.1951, então no Maracanã, por 2 a 0. O time do Vasco tinha Barbosa, Augusto, Danilo, Friaça e Ademir, jogadores que haviam atuado na seleção brasileira na última partida do mundial contra os uruguaios. Pelo Peñarol, jogavam Máspoli, Matías González, Obdulio Varela, Gigghia e Míguez, que voltavam pela primeira vez ao Maracanã depois da Copa de 1950 (Perdigão, 1986, p.177). Logo no primeiro tempo de jogo, Obdulio Varela foi expulso de campo por ofender o juiz. Zé Lins aproveitava a ocasião para desferir suas críticas ao *grán capitán*. Obdulio, por ser *desprovido de comportamento esportivo*, era comparado a um *arruaceiro*, cujas ações estavam em desacordo com as regras previamente estabelecidas e comprometiam a *civilidade* uruguaia. É curioso notar como Zé Lins associava constantemente a esportividade à civilidade, hábitos sociais de autocontrole das emoções nascidos de um mesmo *processo civilizador*, como mostram Elias & Dunning (1992). Afinal, que é o *fair-play* senão um acordo de não violência e de respeito às regras pactuadas entre cavalheiros?

> A direção do football oriental devia tomar providências mais certas e moralizadoras do que suspender o juiz que atuou em Montevidéu. Devia impedir que saísse de suas fronteiras o homem mais desprovido de comportamento esportivo que é este lamentável Obdulio Varela.
>
> Quem possui um tipo desta natureza, não deixa sair de casa. Fica para os serviços domésticos e não compromete a reputação de um povo civilizado. Uma terra que deu um Henrique Rodó, um Baltazar Brun, devia esconder do mundo um tipo da categoria desse Obdulio Varela.
>
> O grán capitán das histórias em quadrinhos não passa de simples arruaceiro de zona suspeita. A grande vitória do Vasco

foi manchada pelo gesto de um tipo indigno de vestir uma camisa de clube ou seleção. (*Jornal dos Sports*, 24.4.1951)

Os confrontos entre Vasco da Gama e Peñarol ofereceram elementos para Zé Lins concluir que o futebol brasileiro era imensamente superior ao decadente futebol uruguaio. Mas essa constatação não o deixava orgulhoso. Ao contrário, aumentava a dor da derrota de 1950: "Tenho a impressão de que o football uruguaio é coisa do passado. E dizer que estes fantasmas nos bateram, numa partida definitiva!" (ibidem, 25.4.1951).

O futebol brasileiro continuava dando mostras de sua qualidade, comparável aos melhores do mundo. Mas isso não deveria ser motivo de *orgulho* ou mesmo de *agressividade*, alertava Zé Lins. O brasileiro precisaria trabalhar para obter bons resultados e não simplesmente adotar os *defeitos* de argentinos e uruguaios, como se fossem valores a serem copiados. Nesse sentido, o cronista indicava mais um traço do caráter brasileiro reconhecido com unanimidade por vários ideólogos: o defeito da imitação do estrangeiro (Leite, 1959, p.175).

> Estou convencido de que o football brasileiro vale muito. Haja visto [*sic*] a derrota sem contestação do team oriental, que se compõe de quase todos os homens da Seleção Uruguaia, e os sucessos que o combinado Bangu-São Paulo vai conquistando na Europa ... Precisamos, no entanto, não ficar prosas. Continuar a trabalhar, a dar importância aos esportes como eles merecem.
>
> Nada de garganta argentina, orgulho de beócios, ou da agressividade uruguaia para cobrir os defeitos. (*Jornal dos Sports*, 27.4.1951)

Entremeando as inúmeras comparações, Zé Lins parecia ter instantes inesperados de lucidez. Punha de lado o patriotismo, a preocupação com o estrangeiro e mostrava ao leitor que uma partida de futebol era apenas um confronto esportivo, que não colocava em risco ou questão o destino de um povo. O que existia era um esporte chamado futebol e não um *football verde-amarelo*:

Nós que muito falamos de supremacia, que cuidemos de olhar os fatos como eles são, e não conforme o nosso patriotismo. Não há football verde e amarelo; há o "associaton" que os ingleses descobriram e os argentinos melhoraram. O mais é falar demais e jogar de menos. (*Jornal dos Sports*, 2.2.1952)

O brasileiro e o estádio

Em 1948, a prefeitura do Rio de Janeiro começou a se preparar para a Copa do Mundo. Deu início à construção do estádio municipal na zona norte da cidade, no terreno do antigo Derby Club, às margens do Rio Maracanã. A nova praça de esportes seria a maior do Brasil e do mundo, com capacidade para 155 mil pessoas (Moura, 1998, p.11). Enquanto se aguardava o início do torneio, o estádio em obras se transformava em símbolo do trabalho e do espírito empreendedor do brasileiro. Sempre com grande entusiasmo, Zé Lins viu erguer-se o estádio e registrou suas impressões na coluna "Esporte e vida". Para ele, a construção do Maracanã levava o brasileiro a deixar de lado o acanhamento e a acreditar mais em si próprio e em seu país, pois vinha mostrando ao mundo que tinha profissionais à altura da tarefa que se impusera: sediar a Copa do Mundo de 1950 condignamente. José Lins do Rego relatou a visita que fizera ao estádio em companhia de Carlito Rocha, presidente do Botafogo e anfitrião da delegação do Arsenal, clube inglês que fora ao Rio para uma série de amistosos. Sua crônica estampava os sentimentos de ufania e orgulho nacional que cercavam as obras de construção do estádio, tratado por *colosso*, prova definitiva da técnica e da engenharia nacionais:

> Não vi os ingleses de queixo caído, mas os vi de boca aberta ... o Estádio Municipal parece já o colosso que será. As formas de madeira, pilastras de cimento, as imensas galerias, tudo mesmo para provocar aquele espanto dos britânicos. Carlito Rocha

me dizia: *Seu* Zelins, diante disto eu me sinto mais brasileiro. Esta obra me orgulha, me faz acreditar no Brasil. As obras do Estádio demonstram de fato a capacidade dos nossos engenheiros e administradores ... E quando um inglês abre a boca de admiração, é porque a coisa é mesmo para abafar. (*Jornal dos Sports*, 2.6.1949)

Zé Lins preocupava-se com a imagem dos brasileiros que os jornalistas ingleses, que acompanharam a visita do Arsenal, divulgariam na Europa. Afinal, os convidados haviam sido recepcionados com toda a *civilidade* que caracterizava os nacionais, mas um deles teria retribuído a hospitalidade com julgamentos nada favoráveis aos brasileiros: chamara-os de antiesportivos. Isso porque após o jogo entre Arsenal e Flamengo, vencido por este último, os torcedores atearam fogo às arquibancadas. Extremamente indignado e, provavelmente, dando mais importância ao episódio do que ele de fato merecia, o cronista exagerava na interpretação dos ingleses:

> nos viu como selvagens, e nos tratou como aos seus negros da África ... esta é a atitude natural de quem está acostumado a colonizar, a ferro e fogo ... Pode ficar certo o senhor jornalista que selvagens existem por toda parte deste nosso mundo. Basta que se leia o mestre Shakespeare, para nele se encontrar os corações mais duros em peito inglês de sangue de rei. E não somos negros do Congo para acreditar em loas de papai-branco. (ibidem, 12.6.1949)

Sempre abordando a crença na capacidade do brasileiro por causa da construção do estádio, uma obra de dimensões vultosas, o discurso de Zé Lins demonstrava extremado ufanismo e muito entusiasmo. Chegava a ser um *orgasmo de verde-amarelismo*, como comenta Edilberto Coutinho (s. d., p.299). Sua empolgação, no entanto, não era cega, e o cronista sugeria pistas para o pleno desenvolvimento do brasileiro: tudo dependia do apoio e da *boa vontade* dos dirigentes. Com isso, Zé Lins queria dizer que a tão propalada aversão ao trabalho não seria inata ao brasileiro, mas fruto da omissão das autoridades e da ausência de políticas públicas adequadas:

> Aí está uma demonstração em concreto armado do que pode fazer o brasileiro desde que esteja possuído de boa vontade, de espírito público, de disposição para o trabalho.
> A obra é gigantesca, o esforço desenvolvido vem sendo espantoso. E tudo está em ferro e cimento brasileiro, e com engenheiros brasileiros. Nossa indústria e nossos técnicos estão dando uma prova do quanto valem e do quanto podem. Para os descrentes das nossas possibilidades, aconselho uma visita ao Estádio Municipal. (*Jornal dos Sports*, 11.5.1950)

> O estádio está aí, com o seu gigantismo como autêntica prova dos nove do esforço e competência da engenharia brasileira. Aí devemos cair no ufanismo e com toda a razão. O que realizou em tão limitado espaço de tempo a técnica brasileira é de espantar. Os que não acreditam no brasileiro, como homem capaz de realizações, devem ir quanto antes ao estádio, e assim submeter à revisão os seus juízos. Pode muito fazer o brasileiro, desde que lhe deem oportunidade, desde que haja boa vontade dos dirigentes. (ibidem, 11.6.1950)

José Lins do Rego insistia muito na necessidade de acreditar na capacidade de realização do brasileiro, o que leva a supor uma realidade de grande descrédito. Nesse sentido, buscava num feito *ciclópico*, como dizia o cronista a respeito das obras do estádio, uma compensação para a falta de confiança do brasileiro. O estádio, que seria batizado de Maracanã pelo povo, era tomado por ícone da pujança e do progresso brasileiros, na esperança de reverter uma situação de acentuado pessimismo, em grande parte insuflado pelas ideologias que, desde o final do século XIX, haviam identificado inúmeros defeitos no homem nacional. Como um espelho da sociedade, também a seleção brasileira carece de mais confiança, como aponta Zé Lins nesta crônica:

"Com brasileiro, não há quem possa!"

Começa a nossa seleção a tomar pé. Já os descrentes se animam, já vai desaparecendo a onda de pessimismo. A última exibição para o público, a de domingo último, não correspondeu aos "fans". E até houve o desabafo das vaias condenáveis.

Mas pelo que falam e escrevem os cronistas, anteontem, no treino com o América, os rapazes andaram muito bem. E assim os horizontes ficam mais claros, e os pessimistas perdem a cara feia.

Sempre acreditei em Flávio Costa. E sei que o nosso Flávio é homem capaz de botar as coisas nos seus lugares. Por isto vamos confiar ainda mais. E é de confiança, que precisam os homens que irão vencer a Copa do Mundo para o Brasil. (*Jornal dos Sports*, 9.6.1950)

Quando sobrevém a derrota em 16 de julho, Zé Lins, no entanto, muda radicalmente seu discurso. Dizia ser forçoso admitir a dura realidade: infelizmente, o brasileiro não estaria preparado para as grandes vitórias e para os grandes feitos.

Concluídas as obras do Maracanã – se não totalmente, ao menos o suficiente para abrigar os jogos da Copa do Mundo –, o próprio Zé Lins cometia o erro de dar a vitória como certa antes mesmo de começado o campeonato: "Aí está o Estádio Municipal no seu dia maior. De pé, a maravilha. É o orgulho de nossa cidade. E será o palco da vitória do Brasil na Copa do Mundo" (ibidem, 16.6.1950).

O jogo de inauguração do estádio aconteceu uma semana antes do início da Copa entre as seleções do Rio de Janeiro e de São Paulo. Didi marcou o gol inaugural para os cariocas, mas os paulistas venceram a partida por 2 a 1.

Em dezembro de 1950, José Lins do Rego se perguntava como ficaria o empenho do brasileiro e a demonstração de sua técnica e desenvolvimento ante os estragos sofridos pelo Estádio Municipal nas primeiras chuvas de verão após o campeonato mundial. O sentimento do cronista era de frustração, talvez do mesmo tipo de 16 de julho. Pedia, então, ao prefeito que tomasse as providências cabíveis antes que o estádio sucumbisse aos maus tratos:

As notícias sobre as devastações no Estádio Municipal me alarmam. Ouvi no rádio a notícia, depois de um dia em luta contra as águas e a lama. Pelo que ouvi, me ficou na alma uma decepção enorme. Então, constrói a cidade do Rio de Janeiro o maior Estádio do mundo e o abandona ao Deus dará, aos estragos da chuva e a todos os desgastes das intempéries? (*Jornal dos Sports*, 8.12.1950)

Dois anos depois da Copa do Mundo, o Maracanã continuava com as obras por concluir. Caminhando na mesma linha de interpretação, bem ao gosto de Zé Lins, poder-se-ia tomar a ocasião para apontar alguns outros *defeitos* do brasileiro: o *descaso* e o *abandono* do patrimônio público.

Crônicas de uma derrota anunciada

Contrariando as manifestações de entusiasmo e confiança de José Lins do Rego em suas crônicas anteriores à Copa do Mundo, os preparativos para o grande evento, na verdade, não iam bem.

A organização dos grupos para as eliminatórias fora conturbada. Além da desistência da Argentina, a França não concordou com os locais sorteados para seus jogos: Porto Alegre e Recife. Teria de fazer um longo deslocamento e expor seus jogadores a grandes mudanças de temperatura, alegavam os dirigentes franceses. Os brasileiros não se conformavam e interpretavam a negativa como uma afronta. Afinal, em 1938, na própria França, haviam percorrido de trem várias cidades para cumprir sua sequência de jogos, enquanto a seleção francesa só viajara de avião.

Em março de 1950, a seleção ainda não começara sua preparação, aguardando o término do Campeonato Brasileiro. Na Europa, a falta de informações sobre a Copa levou um jornal inglês a publicar notícia sobre um provável veto do torneio no

Brasil. O boato surgira com base no fato de que, até aquele momento, o CND não havia enviado à Fifa o dinheiro por ela solicitado para o pagamento de cotas aos países concorrentes (Moura, 1998, p.55).

Cinco semanas antes do início do torneio, o presidente da Federação Italiana, Otorino Barassi, veio ao Brasil na condição de membro do Comitê Organizador para acelerar o andamento dos trabalhos (Duarte, 1990, p.78). Além disso, as obras de construção do estádio, que haviam caminhado lentamente, ainda estavam por concluir.

Na condição de secretário-geral do Flamengo e de membro do CND e da CBD, José Lins do Rego estaria acompanhando de perto esses problemas, mas nenhum deles era mencionado em suas crônicas, que transbordavam apenas orgulho e ufania. Contudo, como membro desses órgãos, seria até certo ponto natural esperar de Zé Lins uma postura otimista e pronta a rebater as críticas que eram feitas à organização do evento. Criticava a empáfia argentina e não cabia em si de patriotismo! O cronista rebatia o que considerava serem *intrigas* contra a realização da Copa no Brasil, talvez numa tentativa de esconder os problemas ou de desviar as atenções que recaíam sobre eles:

> Procura-se sabotar o Campeonato do Mundo, através de uma publicidade toda ela conduzida de má-fé. Ora é o "cipó cheiroso", ora a precariedade da nossa educação esportiva, ora a falta de divisas para as delegações. Tudo partindo da mesma fonte, dos mesmos agentes, dos mesmos intrigantes.
>
> Ora, afinal de contas, estes instrumentos de uma propaganda safada, ainda encontram no Brasil traidores que os apoiam, elementos a serviço de uma quinta-coluna, de focinho de fora.
>
> Devemos ficar tranquilos e não nos alarmar com alaridos desta natureza.
>
> Aqui se realizará o Campeonato do Mundo, no maior estádio do mundo, na mais bela cidade do mundo. (*Jornal dos Sports*, 2.3.1950)

O governo brasileiro se empenhava na construção do estádio, mas descuidava da divulgação do torneio. Será que a Copa de 1950 estaria tendo no exterior a mesma repercussão e importância que recebia no Brasil? Zé Lins fora a Paris a convite do governo francês para um programa de intercâmbio cultural. Seu livro *Menino de engenho* seria traduzido para o francês três anos depois. Zé Lins aproveitava a viagem para observar o destaque que se dava lá ao torneio já bem próximo de seu início. E não voltou muito animado com suas observações: "Volto aos meus leitores para lhes dizer que estive em França e só uma única vez ouvi falar no Campeonato Mundial de Futebol a se realizar no Rio" (*Jornal dos Sports*, 25.4.1950).

Zé Lins estava na estação ferroviária de Cannes aguardando a composição que o levaria a Paris, quando trocou algumas palavras com o chefe da estação. O empregado lhe disse que gostaria de poder vir ao Brasil para assistir aos jogos da Copa e contou que vira o Brasil jogar em Marselha, em 1938, *o football mais bonito do mundo*. Zé Lins dizia ter sido essa conversa a única menção que ouvira na França à Copa do Mundo que se aproximava. E chegava à conclusão de que a propaganda era a alma do negócio: "Não é que na França as páginas dos jornais não estejam cheias de noticiário esportivo. O francês gosta de football. O que nos falta é propaganda. E sem propaganda nada anda neste mundo de coca-cola" (ibidem).

O Comitê Organizador deveria ter planejado a divulgação do evento muito tempo antes do seu início. Mas o pequeno interesse do francês pela Copa não se devia só à falta de propaganda. O fato de a seleção francesa ter decidido pela não participação no torneio diminuíra o interesse da imprensa e do público francês.

Dias antes da abertura da Copa, Zé Lins lançava um apelo à torcida para apoiar a seleção brasileira, que, segundo ele, precisava de crédito e confiança. Ele reconhecia que o desempenho da equipe em jogos-treino não agradara a torcida, mas admitia que somente da resposta favorável do torcedor dependia seu sucesso, pois sua luta seria de todos os brasileiros também. Com isso, Zé Lins tentava unir seus compatriotas em torno de uma causa comum: a conquista do título mundial. Era como se o torcedor brasileiro tivesse diante de si um compromisso cívico:

> Outro treino e outra vaia. Nossa Seleção não correspondeu, com falhas à vista de todo mundo. Mais uma vez me coloco na posição de bom moço, para dizer que acredito, apesar de tudo, nos rapazes do Brasil ... o homem de arquibancada sabe valorizar o que é bom, mas sofre de sofreguidão, e desespera-se com facilidade ... É para o homem da arquibancada que me volto, apelando para o seu coração e o seu patriotismo. De nossa torcida depende muito o sucesso do Brasil. (*Jornal dos Sports*, 13.6.1950)

Às vésperas da Copa, a torcida e a imprensa continuavam pouco otimistas com o desempenho da seleção brasileira nos jogos-treino. Zé Lins pressentia dificuldades para a conquista da Copa e insistia no apoio da imprensa de rádio e jornal às ações da CBD. Mas a tônica do apelo era sempre para demonstrações de patriotismo em razão de um *momento decisivo para o football* nacional:

> Estamos com a Copa do Mundo à vista. Começam a chegar as delegações, o Estádio Municipal se prepara para a grande festa. E o nosso público não está dando apoio firme aos rapazes de nossa Seleção. Há qualquer coisa perturbando a marcha para a vitória de nossas cores. É que os meus colegas de imprensa não estão vendo a gravidade dos acontecimentos com a necessária seriedade. Mais uma vez sem autoridade, é verdade, para tanto, eu convocaria os homens da imprensa e do rádio para um esforço másculo no sentido de auxiliar a C.B.D. neste momento decisivo para a vida do nosso football.
> Precisamos dar todo apoio à C.B.D. (ibidem, 15.6.1950)

A cerimônia de abertura da Copa seria em 24 de junho. Zé Lins vivia a expectativa do grande dia: "Estamos às portas do grande acontecimento" [sonhando com] "a vitória na Copa do Mundo para as cores do Brasil" (ibidem, 21.6.1950).

Dias depois, o jogo entre Brasil e Iugoslávia, decisivo para a classificação à etapa seguinte, era interpretado como mais que um simples jogo de futebol. Para o cronista, tratava-se de um confronto entre nações, uma delas comandada de forma ditatorial:

> Vamos hoje, no maior estádio do mundo, topar uma parada decisiva para o Brasil. Teremos que vencer os homens da Iugoslávia, nem que tenhamos que fazer das tripas coração. Na tarde de hoje a nossa seleção entrará em campo para vencer, para derrotar a valentia dos filhos de Tito. Vencerá o Brasil, estou certo. Vencerá porque temos jogo para tanto, e peito para o que der e vier. Nada de pessimismo, nada de histerismo.
> Vamos para a cabeça, rapazes do Brasil. Agora ou nunca. (ibidem, 1º.7.1950)

Os que haviam criticado Flávio Costa pela derrota contra o Uruguai, em partida pela Copa Rio Branco disputada em maio daquele ano no Pacaembu, teriam de aceitar a vitória *sem contestação* sobre a Iugoslávia. O resultado fora 2 a 0 para o Brasil, com apenas dois jogadores paulistas escalados: Bauer do São Paulo F. C. e Jair do Palmeiras. Zé Lins se dirigia, é óbvio, à imprensa de São Paulo, que continuava insatisfeita com a feição carioca da seleção brasileira. Zé Lins ressaltava a capacidade de Flávio Costa resistir e lutar contra as adversidades, razão de sobra para levar o torcedor a uma atitude de confiança:

> Estou com o técnico que conheço desde os tempos do Flamengo, confio no seu espírito, na sua capacidade de resistência aos fracassos e na sua capacidade de resistência às vitórias. Nunca o vi embriagado pelos triunfos, e nunca o vi sucumbido pelas derrotas. Precisamos confiar no chefe de nossa equipe, porque,

sem esta confiança, não pode haver nenhuma certeza na força e na energia de nossa gente. (ibidem, 2.7.1950)

A palavra mais utilizada por Zé Lins nesses dias de Copa do Mundo era *confiança*. Mas, afinal, a confiança seria necessária ou existia em excesso? Contrariando as demonstrações de pessimismo, a seleção brasileira classificou-se para o turno final, uma espécie de quadrangular decisivo, em que a equipe que somasse mais pontos seria a campeã. Além do Brasil, também se classificaram Suécia, Espanha e Uruguai. A passagem do Brasil para a última fase do torneio, graças aos bons resultados conquistados na primeira etapa, animara tanto a torcida que Zé Lins se sentira obrigado a inverter completamente seu discurso. Antes do jogo contra a Suécia, Zé Lins se preocupava com a *máscara* e o clima de *já ganhou* que cercavam as vésperas da partida e preferia ser precavido: "Devemos nos prevenir contra as máscaras, contra a excessiva confiança numa vitória fácil. Os suecos se apresentaram em São Paulo contra os italianos com um jogo de primeira qualidade" (ibidem, 8.7.1950). (Os suecos venceram os italianos por 3 a 2.)

No dia seguinte, o cronista insistia no respeito ao adversário. "Vamos encontrar um team que derrotou os italianos com verdadeiro football nos pés e sangue no coração" (ibidem, 9.7.1950). Mas os avisos não foram ouvidos.

A euforia da imprensa brasileira e, consequentemente, da torcida, após a vitória contra a Suécia por 7 a 1, tornou-se incontrolável. A seleção passou a ser adorada. Havia euforia demais e confiança em excesso antes do término do campeonato. Curiosamente, Zé Lins incorria no mesmo erro que identificara no brasileiro em crônicas anteriores: o interesse apenas na vitória. No dia da partida contra a Espanha, dizia ele:

> Só mesmo a vitória nos pode interessar, só a vitória e nada mais. Devemos entrar em campo com todos os fogos acesos. Devemos tomar todas as providências. O Brasil precisa desta vitória como de pão para a boca. (ibidem, 13.7.1950)

Para Zé Lins, a vitória seria uma espécie de alimento moral. Ela daria ao Brasil a *confiança* de que precisava para se firmar entre as grandes nações. Mas a estrondosa vitória sobre a Espanha por 6 gols a 1 trouxe, ao brasileiro, mais confiança do que o necessário.

Coincidentemente, a última partida do quadrangular seria também a decisiva, pois Brasil e Uruguai haviam obtido mais pontos que as outras equipes. O Brasil tinha duas vitórias, contra uma vitória e um empate do Uruguai, o que lhe dava a vantagem de jogar pelo empate.

Zé Lins previa dificuldades antes do jogo final e tentava fugir um pouco da euforia generalizada da imprensa. Mas o alerta vinha tarde demais. A euforia – dizia – era uma espécie de doença contagiosa, que paralisava a razão e impedia que se enxergassem os fatos com lucidez:

> Teremos amanhã a etapa mais difícil, a mais dura. Teremos amanhã os homens da camisa celeste. São adversários duríssimos, homens de cabelo na venta, gente disposta a tudo e já muito experimentada em disputas internacionais. Rapazes da Seleção, aos uruguaios! Os orientais são os mais perigosos. (ibidem, 14.7.1950)

A confiança ganha com o transcorrer da Copa, no entanto, desvaneceu-se como por encanto. A crônica de 18.7.1950, chamada "A derrota", registrava, com rara beleza literária, a terrível dor de um povo completamente sem esperança, que se sentia fadado ao insucesso, por obra do *destino*. Ao menos, era assim que Zé Lins interpretava Uruguai 2 x Brasil 1:

> Vi um povo de cabeça baixa, de lágrimas nos olhos, sem fala, abandonar o Estádio Municipal, como se voltasse do enterro de um pai muito amado. Vi um povo derrotado, e mais que derrotado, sem esperança. Aquilo me doeu no coração. Toda a vibração dos minutos iniciais da partida reduzidos a uma pobre cinza de fogo apagado. E, de repente, chegou-me a decepção

maior, a ideia fixa que se guardou na minha cabeça, a ideia de que éramos mesmo um povo sem sorte, um povo sem as grandes alegrias das vitórias, sempre perseguido pelo azar, pela mesquinharia do destino. A vil tristeza de Camões, a vil tristeza dos que nada têm que esperar, seria assim o alimento podre dos nossos corações. Não dormi, senti-me alta noite como que mergulhado num pesadelo. E não era pesadelo, era a terrível realidade da derrota. (ibidem, 18.7.1950)

Ainda impressionado com os acontecimentos de 16 de julho, Zé Lins escreveu a crônica "O caráter do brasileiro", incluído em seu livro póstumo *O vulcão e a fonte*, publicado pelas Edições O Cruzeiro em 1958. O cronista colocava-se na posição de um *observador social*, com capacidade de *revelar* aquilo que havia de peculiar nos povos e, nesse caso em especial, revelar o caráter do povo brasileiro. Esse povo teria dado demonstrações de seu poder de união em torno de uma causa comum, de domínio técnico, capacidade de organizar eventos como a Copa do Mundo, além de formar uma equipe de futebol *quase perfeita*. Em 16 de julho, no grande estádio municipal, Zé Lins acreditava ter-se concretizado a unidade nacional: homens e mulheres de todas as classes sociais encontravam-se envolvidos e vibrando por um único objetivo – leitura essa que seria sistematizada e difundida por Roberto Da Matta (1982) nos anos 1980. Era como se a nação, naquele momento, fosse algo real e palpável. Para Zé Lins, o brasileiro conseguira mostrar ao mundo sua capacidade de trabalho e sua ética esportiva.

O *observador social* José Lins do Rego, entretanto, também identificara *defeitos*: o brasileiro não sabia perder e, quando frustrado, crucificava os heróis do dia anterior. A seleção brasileira tombara na batalha final, era certo, mas ser a segunda melhor equipe do mundo não era o mesmo que ser a pior delas. Com esse discurso, José Lins do Rego (1958) parecia buscar consolo para uma frustração que também era sua:

A Copa do Mundo, que se acabou tão melancolicamente, deu-me uma experiência amarga, capaz de completar as minhas observações sobre o caráter do nosso povo.

Vimos, no Estádio do Maracanã, uma multidão como raramente se tem aglomerado, em manifestações coletivas, no Brasil. Vimos 200 mil pessoas comprimidas numa praça de esportes, nas reações mais diversas, ora na gritaria das ovações, no barulho das vaias ou no angustioso silêncio da expectativa de um fracasso.

Ali estava todo o povo brasileiro, numa média de homens e mulheres de todas as classes sociais. Não era o Brasil de um grupo, de uma região, de uma classe. Não. Era o Brasil em corpo inteiro.

Para o observador social, para os que têm o poder de revelar o que há de particular nos povos, o campo era o mais propício. Mas para mim as observações começaram antes do jogo sensacional.

Tive a oportunidade, como dirigente, de travar conhecimento com os que procuravam acomodações, com os que tinham parcela de mando, com os que se sentiam com o direito de crítica, e mais ainda, com a lama das sarjetas, que queria passar pela água mais lustral deste mundo.

E me perguntará o leitor: que impressão lhe deixou o brasileiro? Boa ou má?

Eu diria, sem medo de cair no exagero: uma boa impressão. Senti que havia povo na Nação. Nova gente com capacidade de se congregar para uma causa, para uma obra, para os sofrimentos de um fracasso.

Fizemos um estádio ciclópico, em menos de dois anos; organizamos um campeonato mundial, o de mais ordem já realizado; formamos uma equipe quase perfeita de football. E quando o título nos fugiu das mãos, soubemos perder, dando aos turbulentos sul-americanos uma lição de ética esportiva.

Aí está o lado positivo e bom do caráter brasileiro. Mas há os outros lados. Há os nossos defeitos, as nossas fraquezas, as nossas deficiências.

Sim, há o brasileiro que é um adorador de vitórias, o homem que não admite o fracasso. Vencesse magnificamente a nossa equipe, tudo estaria no ápice. Subia-se a montanha de um fôlego só. Nada havia de melhor do que o Brasil. Seríamos, no mínimo, os melhores do mundo. Mas se, numa hora de igual para igual, perdeu-se a batalha, como aconteceu, na última partida, então não seremos mais os maiores do mundo. Passaremos a ser os piores. Cospe-se na cara dos heróis que, três dias antes, tinha-se carregado nos ombros.

Em todo caso, passado este insulto de abissinismo, voltamos ao espírito de justiça e chegamos a reconhecer a fraqueza que cometemos.

Em 20.7.1950, Zé Lins afirmava que, aos poucos, passado o grande impacto da derrota, ia conseguindo raciocinar melhor e agradecia as palavras de consolo que encontrara numa matéria do jornalista Willy Meisl, publicada em 18 de julho no *Jornal dos Sports*: "Lendo Willy me senti como que restabelecido e pronto para sentir os fatos não com a agonia de um condenado, mas com o espírito lúcido de quem pode medir os acontecimentos e situá-los no seu devido lugar".

Eis a matéria citada de Willy Meisl, que, sob o título de "Uruguai, campeão do mundo; mas o Brasil, melhor team do mundo", exaltava o exemplo de esportividade que o povo brasileiro dera ao fim do jogo contra o Uruguai:

> Acontece então que perderam. E a multidão permaneceu e aplaudiu os vencedores. Devo confessar que estive perto das lágrimas, porque acabava de presenciar um daqueles raros momentos na vida de um homem quando um povo encontra sua verdadeira alma; quando uma Nação superou a si própria, em resumo quando o bem triunfou sobre o mal; quando o desporto provou uma revelação e uma educação. Porque o Brasil foi maior na derrota do que jamais poderia ter sido na vitória.
>
> Deus em sua sabedoria estabeleceu que nenhuma árvore crescesse até a altura do céu. Nem mesmo a maravilhosa árvore auriverde do football do Brasil. (*Jornal dos Sports*, 18.7.1950)

Durante os meses imediatamente seguintes à Copa do Mundo, José Lins do Rego não fez nenhuma menção ao grande evento esportivo em suas crônicas. Estaria amargurado com a derrota e preferia calar-se a respeito ou seria uma postura natural para um assunto ultrapassado? Ele só voltaria à questão em novembro, comentando as críticas do também cronista do *Jornal dos Sports*, Vargas Netto, sobre as possíveis falhas do jogador Bigode na partida de encerramento da Copa. Zé Lins apresentava-se bastante ponderado, tentando evitar que o transformassem no bode expiatório do 16 de julho:

> Sempre foi o mesmo homem que é hoje, com as mesmas entradas, o mesmo jogo viril. Assim criou fama e por muito tempo foi um expoente do football brasileiro. Veio o Campeonato do Mundo e, para desgraça nossa, não agiu com as mesmas características, permitindo que um extrema veloz atirasse a goal e Barbosa engolisse um frango de grande tamanho. Vargas Netto apareceu com palavras duras contra Bigode. Não me parecem palavras de quem sei ser homem de primeira qualidade, de homem generoso. (*Jornal dos Sports*, 18.11.1950)

Zé Lins saía novamente em defesa de Bigode na crônica do dia seguinte:

> Os que acusam Bigode de não ter massacrado Gigghia na última partida da "Copa do Mundo" são os mesmos que o endeusam pela sua entrada violenta no jovem Gita. Acredito que há nestes julgamentos um perigoso sistema de crítica. O que há de positivo é o que está na brilhante crônica de ontem de [Ricardo] Serran. Louvo o bom senso do jornalista que se coloca a cavaleiro de suas paixões, para ver um caso que muito vem interessando o público.
>
> Não sou apologista de violência de espécie nenhuma. Nem contra Gighia, e nem contra Gita. Mas sou um modesto admirador da crítica, posta a serviço do bom senso e da justiça. (ibidem, 19.11.1950)

O lance envolvendo Obdulio Varela e Bigode tornar-se-ia o mais polêmico da história do futebol brasileiro. Paulo Perdigão, em *Anatomia de uma derrota* (1986, p.113), relatou-o desta forma:

> Exatamente aos 27min45s do primeiro tempo, deu-se o episódio que, de acordo com muitos observadores, modificaria o panorama da partida. O lance ocorreu com o jogo paralisado, junto à lateral do lado oposto às cabines de rádio. Obdulio Varela deu um "tapinha", ou, na pior hipótese, uma bofetada no rosto de Bigode. O incidente contribuiu para insinuações de "covardia" do médio direito brasileiro e teria não apenas modificado daí para a frente o seu comportamento em campo, mas também arrefecido o domínio brasileiro no gramado. Isto de fato ocorreu ... Quanto ao famoso "tapa", seja o que for, constituiu um gesto de efeito moral, um golpe de teatro com o qual Obdulio Varela – percebendo talvez que o time uruguaio não iria suportar por muito tempo a pressão brasileira – passou a marcar sua presença no gramado, falando, gesticulando, xingando, procurando influenciar as decisões da arbitragem. Passou, enfim, a levar o Uruguai para a frente.

Logo após a derrota de 16 de julho, o tão discutido tapa de Obdulio Varela em Bigode não teria a mesma dimensão que ganhou anos depois, completamente mitificado e interpretado como uma demonstração de covardia do brasileiro e da humilhação a que se submetera. É o que afirma Gisella Moura (1998) em *O Rio corre para o Maracanã* e que poderia ser reiterado pela postura de Zé Lins nessas crônicas em que defendia o lateral-esquerdo Bigode de acusações que vinha sofrendo.

"O Brasil era o Flamengo"

No início de 1951, José Lins do Rego, então por meio do Flamengo, teve oportunidade de dar vazão, novamente, ao orgulho nacional e ao patriotismo. O Vasco da Gama, melhor equipe do país naquele momento, fora convidado a realizar uma série de jogos amistosos na Escandinávia e na Europa, mas recusou o convite, que foi, então, dirigido ao Flamengo, tido como *o clube mais querido do Brasil*.

Na condição de secretário-geral do clube da Gávea, Zé Lins foi escolhido pelo seu presidente para chefiar a delegação rubro--negra durante a excursão internacional. Imbuído de seu fervor patriótico e de sua paixão pelo Flamengo, um time de futebol brasileiro no exterior ganhava foros de uma missão de representação diplomática. Ao menos, era assim que Zé Lins a via:

> Vamos levar à Europa uma autêntica força nacional, gente de fibra e gente com a melhor classe do nosso "association". Não perderão os suecos com a substituição. O Flamengo dará, lá fora, uma demonstração capaz de orgulhar as cores do Brasil. (*Jornal dos Sports*, 11.3.1951)

> Escolheu-me Gilberto Cardoso para a chefia da delegação do Flamengo à Suécia, e o gesto me comoveu profundamente. Foi como me chamasse para chefiar uma missão de meu país, em terra estrangeira, uma honra que me encheu o coração de alegria e confortou a vida. Tenho o Flamengo no sangue (não fosse este vermelho como uma de nossas cores), e desde que me chamam para o seu serviço, não sou mais do que o seu escravo. Admirável paixão que nos arrasta aos entusiasmos mais extremos e às tristezas profundas, mas paixão que nos ajuda a viver, que nos congrega em torcidas que não temem a chuva e o sol, que se sobrepõem aos nossos interesses particulares, para ser somente um flamengo, um simples homem de arquibancada, disposto a tudo.
>
> Sou grato ao Flamengo, e por ele darei tudo o que puder. (ibidem, 14.3.1951)

Ao partir o Flamengo para a excursão que consistiria de sete jogos na Suécia, um na Dinamarca, um na França e outro em Portugal, Zé Lins estava absolutamente convencido do papel de representante do futebol brasileiro, naquilo que melhor o caracterizava, conforme sua opinião: a *fibra* e a *técnica*. Enaltecendo a dedicação e a coragem dos jogadores nacionais, o cronista acreditava distinguir-se de muitos que os tachavam de covardes e inseguros. Para Zé Lins, o Brasil, na figura do Flamengo, não poderia fazer feio, pois o povo sueco era dos mais organizados e com apurado espírito esportivo. Sem dúvida, a ocasião ofereceria ao chefe da delegação várias oportunidades para avaliar o futebolista brasileiro ao confrontá-lo com o sueco:

> Vai o Flamengo à Suécia numa viagem de camaradagem. Não vamos à procura de negócio rendoso, vamos nos encontrar com os altos representantes do verdadeiro espírito esportivo da Europa, homens que dão ao football, ou a qualquer esporte que pratiquem os valores social, eugênico e espiritual que merecem.
>
> Todos nós sabemos o que é a Suécia: uma Nação de população evoluída ao máximo, um povo com a maior capacidade de organizar-se em todos os sentidos da vida.
>
> O Flamengo leva, como disse o prefeito Vital, a responsabilidade de representar o Brasil, de ser nos campos suecos a fibra, a técnica, alma do nosso football. (ibidem, 4.5.1951)

Tempos depois, José Lins do Rego enviava sua crônica da Suécia absolutamente encantado com o caráter da torcida local, que considerava um exemplo para o mundo.

> Vinte mil pessoas espremidas em arquibancadas de madeira, ou do chão, a aplaudir o team da terra mas sem hostilidades ao team em visita. O sueco é o torcedor mais decente, menos furioso que se pode imaginar.
>
> Os rapazes do Malmöe entraram em campo com vontade de vencer. Fizeram, debaixo da chuva impertinente que caiu durante todo o jogo, uma partida dura mas sem violência. Porque não sabe o que é estupidez esse povo capaz de perder sem amargor e de vencer sem arrogância.
>
> Malmöe é um porto de mar com duas paixões: as flores e o seu quadro de football. E tem razão para gritar pelos rapazes amadores que se fizeram tricampeões da Suécia. Ao contrário de

Estocolmo, Malmöe não é uma cidade risonha, com aquele ar de metrópole da Capital. É antes uma cidade reservada, com a sua grandeza de coração escondida para se mostrar maior no momento oportuno.

O Flamengo foi recebido como um grande de Espanha na bela e florida Malmöe à beira do Báltico. (ibidem, 1º.6.1951)

O Flamengo vencera o Malmöe por 1 a 0 no dia 16 de maio e por 2 a 0 em 23.5.1951. Três dias antes, em Estocolmo, o Flamengo vencera o AIK por 6 a 1. Para Zé Lins, o Flamengo vinha representando dignamente o futebol brasileiro, que acreditava ser o primeiro do mundo. O título da crônica sintetizava bem o papel diplomático do clube na Europa: "O Brasil era o Flamengo". Mesmo após a volta da delegação rubro-negra ao Brasil, a excursão continuou na pauta do dia do cronista. Pelas demonstrações de entusiasmo das torcidas sueca e francesa com as apresentações do clube brasileiro, Zé Lins compreendia a importância do futebol para a promoção do país no exterior. Dizia ser esse esporte um produto de exportação brasileiro tanto quanto o café e estimulava outros clubes a fazerem o mesmo, divulgando ao máximo o futebol nacional:

> Chego da Suécia convencido de que o football é hoje produto tão valioso quanto o café, para as nossas exportações. Vi o nome do Brasil aclamado em cidades longínquas do norte, vi em Paris aplausos a brasileiros, com o mais vivo entusiasmo. Disse-me o meu querido Ouro Preto: "Só Santos Dumont foi tão falado pela imprensa desta terra, sempre distante de tudo que não é europeu, quanto os rapazes do Flamengo".
> E, de fato, os milhares de franceses que permaneceram, no estádio, mesmo com o término da partida, aplaudindo os nossos rapazes, queriam demonstrar uma quente admiração por essa turma de atletas que tinham feito uma exibição primorosa. E a nossa bandeira tremulava no mastro do estádio, naquela noite esplêndida de primavera. O football brasileiro deu aos mil brasileiros, que ali estavam, a sensação de que éramos os primeiros do

mundo. Para mim, mais ainda, porque ali estava o meu Flamengo, de todos os tempos. (ibidem, 26.6.1951) [Trata-se de Flamengo 5 x Racing 1, dia 13.6.1951 em Paris]

O *Jornal dos Sports* também destacou e insistiu no papel *diplomático* que o Flamengo cumpria na Europa. Publicou uma matéria assinada por Mário Júlio Rodrigues, filho do jornalista Mário Filho, intitulada "Itamarati do football", em que seu enviado especial dizia:

> Paris, acostumada a ver grandes teams, a presenciar grandes espetáculos de football, pôs o Flamengo acima de todos os teams, que já visitaram em todas as épocas, em todos os tempos ... A imprensa francesa afirma, categoricamente e sinceramente também – que depois da chegada de Lindenberg e da Exposição Internacional, nada havia abalado Paris mais do que o team do Flamengo. Do que a exibição da equipe do Flamengo! (ibidem, 26.6.1951)

Diante de tão primorosa excursão – conforme as descrições do chefe da delegação –, o Flamengo seria motivo de orgulho para o povo brasileiro pela representação promovida na Europa. Além da ética esportiva apresentada, os *rapazes rubro-negros* haviam exaltado o caráter nacional brasileiro com demonstrações de esportividade, boas maneiras e disciplina, comprovando que estavam perfeitamente aptos *para o convívio internacional*, constatação que, entenda-se assim, seria extensiva a todos os brasileiros. Esportividade e boas maneiras eram sinais de civilidade – padrão de sociabilidade em sociedades urbanas e modernas (Avelino Filho, 1990). Ao identificá-la no comportamento do brasileiro, Zé Lins queria situar o Brasil no mundo moderno e numa ordem internacional de respeito à soberania das nações:

> Não há brasileiro que não se sinta orgulhoso com as vitórias de uma delegação esportiva que, em campos da Europa, confirmou não só os méritos do nosso football, mas sobretudo as altas qualidades da nossa gente para o convívio internacional.

Fez o Flamengo uma viagem de sucesso, volta carregado de vitórias. Mas não só de vitórias vive o homem. Volta como um padrão de disciplina, de magnífica ordem, tendo dado na Europa o exemplo da melhor esportividade possível. Tudo correu admiravelmente na delegação. Os rapazes se mostraram impecavelmente em campo e fora de campo. Sentaram-se em mesas de banquete e foram os melhores convivas, queridos e estimados por todos.

Posso dizer que como brasileiro me senti orgulhoso de ter aparecido ao lado de gente tão boa. (*Jornal dos Sports*, 27.6.1951)

Depois do Flamengo, seria a vez de o Vasco promover o futebol brasileiro. O clube de São Januário vencera o Arsenal no Rio. De volta à Inglaterra, os jogadores do Arsenal declararam que haviam perdido porque o Brasil tinha o melhor futebol do mundo. Apesar do entusiasmo e do otimismo pelos recentes feitos brasileiros por meio do Vasco e do Flamengo, Zé Lins avisava que seria preciso tomar cuidado com a *máscara*, postura motivada pelo personalismo exagerado. Outra atitude perigosa seria a ufania, uma *doença* do brasileiro da qual o próprio cronista, como revelam seus textos, estivera acometido algumas vezes:

> Todos nós estamos numa maré de otimismo em relação ao football brasileiro. Temos razão para tanto, mas nada que nos faça mais mal do que a máscara. O brasileiro é muito sujeito a doença do "ufanismo". É uma doença que ataca o senso crítico e pode muito bem conduzir a um delírio de grandesa [sic] deplorável.
>
> Temos, e disto demos prova, em todo o mundo, desde o Mediterrâneo ao Báltico, um football de primeira qualidade. Nada a opor a esta conclusão.
>
> Mas aí está o Torneio dos Campeões e precisamos cuidar. Nada de pensar em passeio, em baile, dentro do campo. O Vasco e o Palmeiras carecem de nosso apoio. E os responsáveis pelos dois melhores quadros brasileiros devem estar a postos para o que der e vier. (ibidem, 28.6.1951)

"Com brasileiro, não há quem possa!"

Para Zé Lins, as apresentações de esportistas brasileiros na Europa estariam ajudando a definir melhor a imagem do Brasil lá fora, tornando-a facilmente identificável. O brasileiro já não seria tratado, indistintamente, de sul-americano, tampouco seria confundido com um argentino. Reconhecia-se, no brasileiro, *espírito esportivo*, *fibra* e *classe* – requisitos do mundo moderno e *civilizado*, ao qual o cronista e escritor gostaria de ver o Brasil integrado. Era chegada a vez do Brasil conquistar um lugar próprio no cenário internacional. Era esse o teor da crônica "Afinal, o Brasil":

> O football e o tennis deram ao Brasil, em países da Europa, exibições que nos colocaram muito bem. Tudo isto mostrou aos grandes do mundo que existe o Brasil, que não somos apenas a vaga América do Sul, com Buenos Aires como capital. A bandeira brasileira tremulou em muitos mastros suecos, austríacos, alemães, espanhóis, com a flâmula de vitória.
>
> A crítica esportiva nos viu na qualidade de brasileiros, de gente capaz de espírito esportivo, com fibra e classe para nos conduzir em equipe, e vencer.
>
> Afinal o Brasil.
>
> Eis aí uma agradável reflexão para garbo dos nossos atletas e contentamento dos dirigentes. Já podemos aparecer ao lado dos melhores e mostrar que temos o nosso recado a dar. (ibidem, 2.9.1951)

Bastava, no entanto, uma palavra da imprensa que desabonasse a pretensa falta de categoria internacional do Flamengo para que Lins do Rego mostrasse as garras. Um comentário nesse sentido fora feito por um radialista a propósito do amistoso Flamengo 5 x Independiente de Buenos Aires 5. Para o cronista, era a imprensa que, mais uma vez, dava provas de seu antigo preconceito com relação à capacidade do brasileiro e do valor de seu futebol:

> Simpático e inteligente locutor, em irradiação da partida Independiente x Flamengo, gritava para seus ouvintes, conforme me

mandou dizer um rubro-negro de Juiz de Fora: "Está perdendo a equipe do Flamengo porque não tem categoria internacional para disputar com os argentinos".

Ora, meu caro locutor, sua afirmativa não procede. Não quer dizer coisa nenhuma. O que chama o amigo de categoria internacional? Se se refere a contatos com países estrangeiros, o Flamengo já disputou mais de 50 partidas com equipes de vários países. Esteve em diversas nações da Europa, América do Sul e Central. E sempre se comportando com honra para o Brasil, com brilho para nossas cores.

Categoria internacional nós temos, meu caro locutor. Por que tanta soltura de língua para afirmar uma barbaridade? (ibidem, 8.12.1951)

O entusiasmo pelas vitórias nas excursões fazia crescer o orgulho nacional em Zé Lins. Mas, passada a euforia, o cronista voltava a interpretar os fatos com mais ponderação. Em viagem pela Europa em junho de 1952, o cronista constatava o *desconhecimento* do Brasil, a pouca ou quase nenhuma atenção dedicada a ele no exterior. O brasileiro sentia-se o *umbigo* do mundo e achava que seria natural o reconhecimento internacional. No entanto, era por intermédio do futebol que o Brasil conquistava algum espaço nos jornais. Escrevia o cronista de Paris:

> Quem viaja pelo exterior sente quanto somos desconhecidos. Um jornal francês e uma folha de Portugal quase nada registram do Brasil. Só quando cai um avião na selva ou despenca um trem da Leopoldina no abismo. Mas vitórias no football como a do Flamengo em 1951, ou o feito dos cavaleiros em Milão [referência aos jogadores de basquete do Flamengo], obrigam os civilizados da Europa a tomarem conhecimento do que há de grande là bas. (ibidem, 24.6.1952)

Zé Lins contava como tivera acesso facilitado ao Torneio de Tênis de Roland Garros, na França, ao ser apresentado ao porteiro do estádio como o chefe da delegação do Flamengo, que estivera um ano antes em Paris. Também ele, valendo-se de seu *caráter brasileiro*, fazia suas investidas como *carona*, tipo que Mário Filho descreveu em suas crônicas, como se verá no capítulo seguinte:

> Pretendi assistir a uma partida de tennis. Como não havia localidades, um jornalista amigo prontificou-se a levar-me à tribuna de imprensa do Estádio Roland-Garros. Lá chegando, um porteiro arrogante nos barrou. O amigo fez o possível para vencer aquela resistência. Lembrou-se de procurar o diretor do estádio. O homem não estava. Foi quando meu amigo deu o golpe de mestre: "Este senhor foi o presidente da delegação do Flamengo que esteve aqui no ano passado". Ao que o porteiro metido apertou-me a mão, dizendo: "Flamengo! Grande noite de football!". E me deu passe livre para a tribuna de imprensa. (ibidem, 25.6.1952)

Em sua viagem, Zé Lins observava quanto o futebol brasileiro representava o país. Mostrava seus valores e o que tinha de novidade e de peculiar: a diferença brasileira. Por essa razão – insistia Zé Lins –, os clubes deveriam promover mais excursões ao exterior. Em resumo, acreditava ser o futebol um excelente produto de exportação, como afirmara um ano antes em viagem com o Flamengo. Caso o calendário dos campeonatos internos fosse mais bem organizado, os clubes poderiam ter tempo para promover excursões ao exterior, tão importantes para a divulgação do país, segundo ele. Mas havia muito tempo que o futebol e a música tornavam o Brasil conhecido na Europa e nos Estados Unidos. Como dizia o colunista de *A Gazeta Esportiva*, que assinava "Todos nós", Leônidas e Carmem Miranda, então no auge da fama, haviam feito muito mais pela nossa divulgação que "muitos diplomatas envernizados, de cartolas e jaquetas" (6.7.1950). Ainda relembrando a viagem do Flamengo à Europa no ano anterior, considerava Zé Lins:

> Dizia-me o Primeiro-Secretário da embaixada do Brasil na França, Batista Pereira: "Por que não mandam mais teams de football ao estrangeiro? Fique certo de que sirvo há anos na diplo-

macia e nunca vi o Brasil mais prestigiado do que com a exibição do seu grande football". E não faz muito, o correspondente de A noite em Paris mandava dizer o quanto havia impressionado ao povo da cidade mais fina do mundo a equipe do Flamengo em noite memorável para os esportes de nossa terra. O valor do nosso football não pode sofrer contestação. É uma verdadeira criação brasileira no que apresenta de brilho, de beleza, de novidade. (*Jornal dos Sports*, 2.7.1952)

A revanche

Em 1952, a seleção brasileira partia rumo ao Chile para participar do Torneio Pan-Americano. Dessa vez, o técnico era Zezé Moreira. Zé Lins esperava uma vitória para curar a *chaga* de 50, como dizia. Em seu discurso, deixava transparecer uma dor profunda e não esquecida. Era como se quanto mais o tempo passava e mais aquele 16 de julho ia ficando para trás, menos se aceitava a derrota. Segundo Zé Lins, o brasileiro observava as más atuações da seleção uruguaia ou mesmo de clubes cisplatinos e não admitia ter perdido uma Copa do Mundo para um futebol decadente:

> Embarcaram os nossos rapazes para mais uma competição internacional, de football. Muito temos sofrido nestes embates, com derrotas que muito nos têm sangrado. Às vezes, tudo temos para vencer, e lá vem um impossível qualquer, e vamos ficando para trás. Esperamos que as coisas corram, neste campeonato do Chile, a nosso favor. Tudo temos para vencer. A nossa rapaziada vai com disposição para vencer. E que nos traga uma vitória para nos curar daquela chaga que foi o Campeonato do Mundo. (ibidem, 4.4.1952)

No Pan-Americano, a vitória da seleção brasileira em partida contra a uruguaia tivera um sabor de revancha, mas não fora suficiente para apagar completamente a lembrança da derrota de 1950, refletia o cronista. O brasileiro teria de trabalhar muito ainda para esquecê-la: "Aí está uma vitória para lavar a alma. Os 4 x 2, do memorável 16 de abril de 1952, dá para o primeiro resgate de uma letra que ainda não pagamos integralmente. Mas pagaremos" (ibidem, 18.4.1952). No entanto, cada novo jogo entre Brasil e Uruguai faria o brasileiro reviver a frustração de 1950, aumentando-a. A atualização daquele ritual ia transformando o 16 de julho em mito.

Superando resultados adversos, o Brasil sagrava-se campeão pan-americano no Chile, vencendo a equipe anfitriã por 3 gols a 0. O título, acreditava Lins do Rego, traria reconhecimento oficial ao já pretigiado futebol brasileiro e teria sido conquistado graças à *classe*, à coragem e à *segurança* dos jogadores brasileiros, atributos que lhes teriam faltado em outras ocasiões:

> E graças à alta classe e fibra dos nossos rapazes, aí está a vitória magnífica, de 3 x 0. Venceram muito bem, e com a segurança e com o comando valioso, chegaram a um resultado que é justo e inconfundível. Vitória que dá ao Brasil o prestígio que, de fato, merece, uma vitória que acrescenta categoria ao nosso football, e cobre de glórias a nossa C.B.D. ... (ibidem, 22.4.1952)

Zé Lins incitava a população a ir ao aeroporto recepcionar os *heróis* brasileiros que voltavam do Chile trazendo um título que resultara dos atributos viris da seleção: a disputa final fora *máscula* e *valorosa*. Enfim, coisa para homens:

> Vamos receber como merecem os heróis de Santiago. Que corram ao Galeão, para a festa aos rapazes, que se cobriram de glória, numa disputa máscula e valorosa. Vamos abraçá-los, vamos dizer com a nossa alegria e o nosso entusiasmo que eles conquistaram para o Brasil um título maior, uma das mais belas vitórias do football brasileiro, fora da Pátria. São autênticos heróis e para eles não devemos economizar sentimentos. Há muito tempo que uma seleção brasileira não volta à Pátria com o

pendão de um campeonato. Tudo o que eles fizeram faz lembrar a era fulgurante [da Copa Rio Branco] de 1932, em Montevidéu. (ibidem, 23.4.1952)

Ainda na expectativa pela chegada da seleção brasileira, Zé Lins comparava jogadores e técnico a soldados e general, respectivamente. Destacava o feito como uma vitória militar do Brasil em terras estrangeiras. A corporação atuara com *disciplina*, técnica elegante e sob comando perfeito, como um exército em luta pela defesa da pátria. Nesse ponto, Zé Lins parecia partilhar as ideias do barão de Coubertin, idealizador dos Jogos Olímpicos modernos, que acreditava ser o esporte um treinamento para a guerra e para a luta pela pátria, porém em tempos de paz (Vinnai, 1974, p.131).

> Devemos recebê-los como eles merecem. A jornada que, a princípio, parecia melancólica, transformou-se em jornada gloriosa. A força do nosso football exibiu-se em Santiago, na sua melhor forma. Classe em todos os sentidos: na disciplina exemplar, na elegância da técnica, na perfeição do comando. Soldados e general na intimidade das batalhas. Tudo feito com a mais perfeita ordem de governo. É por tudo isto que todos nós devemos procurá-los, na chegada e prestar-lhes as homenagens do nosso calor humano. (*Jornal dos Sports*, 24.4.1952)

Se na conquista houvera ordem, na festa ela se perdera. A aclamação popular aos jogadores da seleção brasileira era observada por Lins do Rego com ufania e orgulho nacional, acentuando excessivamente o valor da conquista. Dirigia-se aos *heróis das alturas andinas* na condição de secretário da CBD, como se estivesse discursando tomado de muita emoção:

> O maior, o mais vibrante, o mais sincero discurso que vocês merecem é este que está aí, na boca do povo, são estas aclamações que estrugem do coração das massas, são estes gritos, que estrondam, são estas lágrimas derramadas de alegria, é toda esta

festa que não tem ordem e nem itinerário, é festa que brota dos quatro cantos da cidade, como uma enxurrada curiosa. Sim, este é que é o discurso que diz tudo, e que só fala a verdade. Mas a Confederação me mandou para dizer a vocês, heróis das alturas andinas, que a vitória que vocês arrebataram para o Brasil, é o pendão maior de suas glórias no football, que vocês colocaram os esportes brasileiros num plano de posição excepcional. Amigos, quem melhor poderia falar nesta hora já está falando: É o povo. (ibidem, 26.4.1952)

O Sul-Americano de Lima

Para a disputa do Campeonato Sul-Americano de 1953, realizado em Lima, José Lins do Rego foi designado chefe da delegação brasileira pelo presidente da CBD. Continuou escrevendo as crônicas de "Esporte e vida" e, por meio delas, respondia às críticas da imprensa e do público à campanha da seleção. Por seu discurso, percebe-se que tentava desfazer as notícias de que haveria cisões entre os jogadores:

> Vivo na maior intimidade com colegas da delegação, com médico, sempre ao lado dos rapazes, e não deixam de aparecer os boatos com malícia. Anuncia-se que há desentendimento da chefia com os responsáveis pelo preparo da seleção. Tudo palavras a toa, erradas, soltas ao vento. Posso dizer que jamais vi melhor harmonia numa delegação esportiva. Gente mais unida, através do sucesso, sem que nos perturbem a vaidade, o despeito e tantos outros entraves naturais aos grupos de opostas tendências de espírito. Aqui em Lima só queremos uma coisa. É ver o Brasil campeão. (ibidem, 8.3.1953)

Zezé Moreira, que dirigira a seleção brasileira no Pan-Americano realizado no ano anterior, decidira afastar-se do cargo de técnico, cansado das críticas perversas da imprensa. Mas convenceu a CBD a colocar em seu lugar o irmão Aymoré, que tinha sido o técnico do São Paulo, campeão do torneio brasileiro entre seleções estaduais de 1952. Tudo parecia correr bem, até que a equipe se dividiu entre cariocas e paulistas. Era a antiga rivalidade entre Rio de Janeiro e São Paulo colocando em risco o sucesso da seleção brasileira. A imprensa de São Paulo defendia a escalação de jogadores paulistas e os apoiava na disputa contra os cariocas. Thomaz Soares da Silva (1985), o Zizinho, aponta a indefinição da equipe por parte do técnico como o motivo deflagador da ruptura da seleção: "Tudo começou errado. Aymoré Moreira não armou nunca um quadro e procurou sempre despistar a imprensa, dizendo não haver titular nem reserva". Consta que Zizinho teria assumido o comando dos cariocas e que, na verdade, a declaração de guerra partira dele. Aymoré Moreira, por sua vez, estaria do lado dos paulistas. Com uma divisão interna de tal monta, seria difícil fazer convergir os ânimos para uma causa comum. Zé Lins pedia calma: "Precisamos antes de tudo dar aos nossos cracks aqui em Lima a tranquilidade que eles necessitam" (*Jornal dos Sports*, 10.3.1953).

Em ambiente tão conturbado, Zé Lins sofria na chefia da delegação. Sua experiência como dirigente, nesse caso, vinha sendo muito dolorosa. Não se sabe ao certo qual a posição do escritor na condução dos jogadores brasileiros absolutamente divididos. Mas inconformado com as críticas da imprensa que, segundo ele, o acusava de estar fazendo turismo no Peru, usava sua crônica para desabafar. Em "Reflexões que não são de um turista", Zé Lins mostrava-se amargurado pelo peso da responsabilidade e pelas críticas severas que vinha recebendo:

> Ontem me dizia o técnico Aimoré. Veja o sr. a tabela que nos parecia tão adversa veio agora nos beneficiar, com estes dias de descanso. Aí estão quatro rapazes machucados a se recuperar, graças ao intervalo dos 11 dias.
>
> Gostei de ouvir do responsável pela direção do nosso quadro, opinião que nos liberta de responsabilidade de indiferentes

à sorte da nossa gente. Longe da pátria, com encargos pesados às costas, as críticas impiedosas nos doem com mais intensidade. Porque nos sentimos responsáveis pelo que nunca pretendemos fazer. Se nos chega a vitória, tudo estará muito bem, mas se nos acontecer um mínimo revés passaremos a bode expiatório, a pobres cabeças de turco. E há quem fale em turismo, em fazedores de vida à frente da delegação. Bem razão tinha o velho Castelo Branco, quando se negando, a vir a Lima, dizia ao querido Riva: "Precisamos de gente mais moça para sofrer". (ibidem, 13.3.1953)

Muito nervosismo acompanhou o jogo Brasil 1 x Uruguai 0, em 15.3.1953, no Estádio Nacional em Lima. O time brasileiro agiu com violência, aceitando a provocação dos uruguaios, segundo o julgamento de Zé Lins:

> O que predominou na partida foi um estado de espírito marcado pelo nervosismo que no esporte é inimigo da perfeição.
> A qualidade de nosso football merecia outra espécie de luta. Tínhamos armas para um pulso de esgrima e fomos obrigados a travar uma contenda de fim de feira. O resultado é que, contra a aspereza dos uruguaios, tivemos que opor nossa disposição para o que desse e viesse. O pau cantou porque esta era a música que os nossos adversários quiseram impor ao baile. Tivemos baixas lamentáveis, mas dansamos [sic] conforme o que tocaram. (ibidem, 21.3.1953)

O jogo seguinte seria contra o Peru. Na véspera da partida, o presidente peruano mandou um recado à delegação brasileira: não queria ver repetirem-se as cenas *vergonhosas* do jogo Brasil e Uruguai. Segundo Thomaz Soares da Silva (o Zizinho) (1985), um dos atletas em campo, aquilo teria sido uma estratégia para abalar o desempenho dos brasileiros. O técnico Aymoré Moreira, por sua vez, mandou que os jogadores brasileiros entrassem em campo exibindo letras coladas às camisas, a fim de formar a seguinte frase: *Viva el Peru*. Repetindo a *ingenuidade* de 1950 – na visão do ex-jogador –, Aymoré pediria *comportamento de cavalheiros*, enquanto os peruanos incitavam os brasileiros a todo instante, provocando uma guerra psicológica. Os jogadores brasileiros sofreram várias agressões, contundiram-se e não reagiram. O Brasil perdeu o jogo, mas, ainda assim, classificou-se para a final. Por essa época, os ânimos já estariam totalmente acirrados. Foi quando Rivadávia Correia Méier, presidente da CBD, resolveu colocar Flávio Costa e Zezé Moreira no comando da seleção ao lado de Aymoré. Mário Filho (1964), romanceando o episódio, diz que Aymoré improvisou uma barricada na porta da concentração em Lima, a fim de impedir a entrada dos enviados da CBD. Zé Lins o apoiava. Mas Zezé teria ido a Lima apenas para reiterar que o comando da seleção era só de Aymoré.

No último jogo do Sul-Americano, em 1º.4.1953, o Brasil perdeu o título em disputa para o Paraguai, por 2 a 3. Ainda segundo Mário Filho (1964), o relatório final do chefe da delegação brasileira apontou Zizinho como o responsável pela divisão da seleção e pela formação de um grupo de opositores. As críticas da imprensa à delegação brasileira e ao próprio escritor foram tantas, sua decepção foi tão grande, que, findo o campeonato, resolveu afastar-se do meio esportivo, inclusive de sua coluna no *Jornal dos Sports*, que mantinha desde 1945. Zé Lins teria pensado, inclusive, em emigrar para o Chile, conforme depoimento de sua filha (Rego, 1982). Na crônica escrita antes do jogo final do Sul-Americano, um Zé Lins amargurado registrou o que acreditava ser a incompreensão da imprensa ao seu trabalho. Para ele, a alegria pelas vitórias já não compensava a maldade dos boatos:

> Quisera que nossos amigos da imprensa fossem mais compreensivos. Em vez de procurar as notícias exóticas, se preocupassem somente em nos ajudar, valorizando com o grande poder de que dispõem o bom êxito de uma campanha tão absorvente como esta de um campeonato continental.

Às vezes fico no silêncio do meu quarto de hotel a rever os fatos do dia, e chegam-me sempre os incidentes que só servem para nos desviar do que deveriam ser nossas verdadeiras preocupações. Aí me sinto inteiramente desanimado e convencido de que a alegria de uma vitória não paga as mesquinharias de tantas deturpações da realidade.

Os agentes de informações, para satisfazerem curiosidades sádicas, nos abrem feridas profundas na sensibilidade. E apesar de tanta fúria destruidora acreditam-se a serviço do público que envenenam. (*Jornal dos Sports*, 22.3.1953)

Retornando de Lima, Zé Lins afastou-se totalmente da militância esportiva e nunca mais assumiu cargos de direção. Mas não deixou morrer a paixão pelo futebol. De suas antigas atividades, a única que chegou a retomar foi a crônica no *Jornal dos Sports*, anos depois.

Os húngaros e os defeitos dos brasileiros

O ano de 1957 anunciava grandes acontecimentos e polêmicas no Brasil, que pretendia modernizar-se e integrar-se à comunidade internacional. Em janeiro, o presidente Juscelino Kubitschek consentira que os Estados Unidos instalassem uma base de rastreamento de foguetes em Fernando de Noronha; em fevereiro, iniciava-se a construção da nova capital federal, Brasília, no então afastado e longínquo Planalto Central, a partir de um projeto urbanístico e arquitetônico arrojado, concebido por Lúcio Costa e Oscar Niemeyer; greves de trabalhadores por melhores salários paralisavam fábricas no Rio e em São Paulo, e a publicação de *Aspectos geopolíticos do Brasil*, de Golberi do Couto e Silva, indicava a força e a presença do pensamento militar no país.

No futebol, o ano começou com muitas novidades e expectativas. Zé Lins retomou a coluna "Esporte e vida" em janeiro.

Nesse mês, o futebol do Rio de Janeiro estava às voltas com a vinda do Honved ao Brasil, clube cujos jogadores compunham a base da seleção nacional da Hungria. O convite para uma série de jogos amistosos fora feito pelo Flamengo e pelo Botafogo. Todas as atenções estavam voltadas às apresentações de Puskas, Bozsik, Kocsis e Czibor, craques da seleção húngara que haviam feito fama internacional, na Olimpíada de 1952 e na Copa do Mundo de 1954, como campeões e vice, respectivamente.

O clube húngaro vinha excursionando pela Europa desde 31 de outubro de 1956, e, quando recebeu o convite do Flamengo, a Federação Húngara se interpôs, tentando, na verdade, abreviar a viagem ao estrangeiro por temer a dispersão de seus jogadores por meio de pedidos de asilo político, o que, de fato, aconteceu. Afinal, a Copa de 1958 se aproximava e a Hungria não poderia perder os *garotos-propaganda* do regime comunista. A Federação Húngara proibiu a continuação da excursão do Honved, e, por ser filiada à Fifa, sua resolução deveria ser acatada por todos os países federados a ela. A CBD decidiu autorizar a realização dos jogos amistosos mesmo sem a aprovação da Fifa. A imprensa debatia a situação política da Hungria e defendia a busca da liberdade pelos craques magiares, que adiavam a volta para casa desde os acontecimentos que sucederam o Levante Húngaro – como ficaram conhecidas as manifestações populares de repúdio ao governo stalinista, que começaram em 23 de outubro de 1956 –, quando houve um endurecimento do regime político naquele país (Taylor & Jamrich, 1998). Em virtude da questão política que envolvia a excursão do Honved, a visita da delegação recebeu larga cobertura por parte da imprensa esportiva. A revista *Manchete Esportiva* alardeava: "Chegaram (famintos de bola e liberdade) os húngaros" (19.1.1957, p.3).

Sua chegada mobilizava as atenções, sobretudo pela lembrança dos conturbados confrontos com os brasileiros. Os húngaros, desde 1952, considerados os melhores do mundo, haviam derrotado a seleção brasileira nas quartas de final da Copa do

Mundo de 1954, numa partida em que a violência fora usada por ambas as equipes. Três anos depois, os brasileiros saíam em sua defesa, em nome da democracia e da liberdade de expressão. Com o mundo dividido de forma maniqueísta entre comunistas/maus e capitalistas/bons, e com a euforia desenvolvimentista no Brasil, os comunistas húngaros eram vistos como os vilões da história e os jogadores do Honved como verdadeiros heróis da liberdade. O *Jornal dos Sports* de 17.1.1957 trazia uma matéria do poeta Manuel Bandeira defendendo a vinda do Honved. O texto havia sido publicado dias antes no *Jornal do Brasil*.

> Quem diria que haveríamos de brigar por causa dos rapazes que nos derrotaram e escarneceram em 1954? Bem diz o ditado que não há nada como um dia atrás do outro. Tivemos muita raiva dos húngaros, mas era raiva de football que pode acabar em pancadaria mas, no fundo, não tem importância e não deixa rancor. A prova é que naquele mesmo ano queríamos que os húngaros viessem cá para lhes darmos uma surra. De goals, naturalmente.
>
> Mas o caso do Honved transcende a área esportiva. Apoiando os jogadores do Honved, apoiando o Flamengo que os contratou lisamente, estamos na realidade defendendo contra um regime ditatorial os direitos de homens que preferiram o exílio e a liberdade à servidão dentro de sua pátria ocupada pela soldadesca estrangeira. Como disse com admirável propriedade o chefe do Honved, os jogadores da equipe têm o direito de ganhar a vida num mundo livre.
>
> Cerremos fileiras com o Flamengo. É indispensável já agora que os húngaros joguem conosco: vamos aplaudi-los não só como footballers incomparáveis, mas também e mais como soldados da liberdade.

Por fim, tudo terminou bem e os húngaros chegaram ao Brasil, oferecendo a José Lins do Rego mais uma oportunidade para refletir sobre o caráter nacional. No primeiro jogo dos então vice-campeões mundiais no Brasil, o Flamengo venceu por 6 a 4 em 19.1.1957. Zé Lins comentava em sua crônica as reações de desconfiança depois da partida e concordava com uma declaração de Mário Filho de que o brasileiro não sabia perder nem ganhar. O Flamengo jogara melhor e, por isso, merecera a vitória. Em sua visão, seria preciso admitir esse fato, em vez de desconfiar da autenticidade da equipe húngara. Para Zé Lins, o episódio deixara patente a insegurança e a instabilidade do brasileiro:

> Pelo que dizem os cronistas, os húngaros não corresponderam. Ouvi no entanto na televisão o depoimento de Mário Filho. Através do melhor escritor esportivo da América, tive a verdadeira interpretação da vitória do Flamengo. Mário Filho falou dos húngaros com o maior acerto. E falou do vício brasileiro de não saber ganhar e nem perder. A boa crítica é a que se alimenta de bom-senso. E não a que se dirige pela mesquinharia de alma e pela torpeza de sentimentos. (*Jornal dos Sports*, 22.1.1957)

Ainda envolvido com a recente visita dos húngaros ao Brasil, Zé Lins renovava suas críticas à imprensa que, segundo ele, também não sabia perder ou ganhar. Não tratava o público leitor com o devido respeito, emitindo opiniões instáveis e pouco consistentes, como vinha fazendo durante a cobertura do Campeonato Brasileiro de Seleções desse mesmo ano de 1957. A seleção carioca empatara com as seleções de Pernambuco e Minas Gerais. Em seguida e de forma inesperada, vencera os paulistas com uma exibição brilhante. Esperando outro resultado, a imprensa não vibrara com essa vitória, numa nova prova de que o brasileiro não teria espírito esportivo, pois não sabia perder ou ganhar. Teria Zé Lins mudado de opinião? Afinal, tempos antes, sobretudo por ocasiões de vitória, Zé Lins insistira exatamente no oposto, ou seja, na esportividade brasileira. Agora, no entanto, parecia localizar melhor a origem dos *defeitos* brasileiros. Era aos homens de imprensa que faltava espírito esportivo e não ao povo de maneira geral:

A vitória carioca veio mais uma vez dar razão a Mário Filho: não sabemos perder e não sabemos ganhar. Se houvesse na crônica esportiva mais consistência de opinião, mais segurança de avaliações, não chegaríamos a tão triste desmando de palavras. O público merece ser tratado com mais dignidade. (ibidem, 13.2.1957)

"Perder em football não é perder a vida"

O Campeonato Sul-Americano de 1957 mobilizava os trabalhos da imprensa esportiva. Depois de muita polêmica em torno da escolha do novo técnico da seleção brasileira, o eleito foi Osvaldo Brandão. Zé Lins fazia duras críticas à reação do público e da imprensa, que já temiam mais um insucesso da seleção. Declarava a necessidade de uma mudança no comportamento esportivo do brasileiro, que costumava encarar a derrota como um crime de lesa-pátria. Mas o cronista não considerava que, se o futebol era associado à identidade nacional brasileira de forma ufanista e exagerada, seria de esperar a interpretação da derrota como uma desfeita à nação:

> Vamos para o campeonato de Lima depois de lutas cruentas para a escolha de um técnico. Diante do fato consumado, temos o dever de prestigiar o rapaz chamado para tomar conta de nossa Seleção ... Isto de considerar crime de lesa-pátria perder partida de football devia desaparecer de nossa conduta esportiva. (ibidem, 1º.3.1957)

O torneio começou. A torcida brasileira e a imprensa animaram-se com os resultados obtidos pela seleção no Peru: 4 a 2 sobre o Chile, 7 a 1 contra o Equador, 9 a 1 contra a Colômbia e 1 a 0 contra o Peru. Zé Lins pedia prudência: nada de cantar vitória antes da hora. E alertava: "Perder em football não é perder a vida" (ibidem, 19.3.1957). Parecia estar antevendo as derrotas do Brasil para o Uruguai por 3 a 2 e também na final, contra a Argentina, por 3 a 0.

Zé Lins analisava com frieza a derrota em Lima. Para ele, o brasileiro deveria aprender a tirar lições das derrotas e não apenas lamentá-las. A derrota punha os *defeitos* em evidência e nisso consistia seu mérito: a possibilidade da mudança. O cronista mostrava-se atento e preocupado, esperando que o brasileiro exibisse um comportamento maduro e estável:

> Voltamos de mais um Sul-Americano de football sem o título ... Mas não é motivo para crise de histerismo patriótico. Devemos continuar a competir para atingirmos o que podemos conquistar. As derrotas não nos destroem, apenas nos advertem para corrigirmos nossos defeitos. (ibidem, 5.4.1957)

Zé Lins contestava as explicações racistas para a derrota no torneio de Lima. Para ele, os motivos do insucesso seriam de outra ordem, como as deficiências táticas da equipe:

> Tenho encontrado muita gente a atribuir à mestiçagem a derrota de nossa seleção em Lima. Contra esse racismo deplorável poderíamos apresentar duas figuras de nosso football que foram até hoje os maiores: Leônidas e Domingos. Bastam esses dois para desmentir os preconceitos de nossos arianistas. A derrota provém de outras fontes. Primeiramente, não dispomos de elementos categorizados para a seleção perfeita. Faltam-nos elementos à altura das responsabilidades. Que linha média apareceu em Lima? E aí está a razão direta do nosso fracasso. Faltam-nos um Danilo, um Bauer, um Rui, um Fausto. E sem linha média não há bom football. Acredito que a nossa dificuldade não podia ser corrigida. Pois o que não há no Brasil é elemento de construção. As nossas últimas seleções padecem dessa pobreza. Isto de falta de garra, de mestiçagem, de pobreza moral, não passa de conversa. Procurem os técnicos homens para a espinha dorsal dos teams e tudo estará resolvido. Com o que se apresenta por aí é que não é possível. Precisamos de homens que comandem as batalhas. E os verdadeiros donos dos teams são os homens da linha média. (ibidem, 11.4.1957)

Encerrado o Torneio Sul-Americano, Brasil e Peru se confrontariam, no mês de abril, em dois jogos: um em Lima e outro no Rio, pelas eliminatórias da Copa do Mundo de 1958. Segundo Zé Lins, os jornais peruanos vinham fazendo inúmeras críticas ao futebol brasileiro. Tratava-se do mais puro *despeito*, por considerarem o Brasil o *primo rico* desta porção do continente. Para o cronista, os sul-americanos de língua espanhola retribuíam a *delicadeza brasileira* com *mesquinharias*, e aproveitava a ocasião para desferir suas críticas e também seu preconceito com relação aos vizinhos. Na comparação que promovia, entre brasileiros e peruanos, em matéria de espírito esportivo, os primeiros levavam a melhor.

Zé Lins situava os peruanos bem longe da *civilidade* esperada nas competições esportivas internacionais e também no convívio entre as nações: via-os como *selvagens* dominados por *paixões violentas*. Aplicava, agora, aos peruanos o mesmo julgamento etnocêntrico que criticara nos ingleses, por ocasião da visita do Arsenal ao Rio, em 1949:

> Tenho lido críticas nos jornais de Lima com acerbas críticas ao nosso football. É assim que esses sul-americanos pagam as nossas delicadezas. Em 1953 os argentinos não apareceram em Lima, e o Uruguai mandou um team de segunda categoria ... Há por esta América de fala castelhana verdadeiro complexo com relação ao Brasil. Para eles somos o primo rico e contra nós se arregimentam e promovem mesquinharias. Em Lima se procura caracterizar o Brasil como grande de corpo e pequeno de alma ... Em 1953, como tivemos a infelicidade de perder, passamos a motivo de caricatura. Senti o quanto éramos mal vistos pelos dirigentes e pela imprensa. Na noite em que perdemos para a Seleção da casa houve invasão de campo e até armas brancas exibidas para nossos rapazes. A mentalidade de um público assanhado de paixões violentas predomina em todas as classes entre os peruanos. Agora virão ao Brasil para as eliminatórias da Copa do Mundo. Precisamos mostrar-lhes que uma partida de football não é um desabafo de primitivos. (ibidem, 12.4.1957)

A primeira partida entre Brasil e Peru, realizada em Lima, terminara empatada em 1 a 1. Aguardava-se novo jogo, então no Rio de Janeiro. Zé Lins conclamava a torcida e a imprensa a receberem os peruanos com respeito. Afinal – argumentava o cronista –, eles vinham para uma simples partida de futebol, e o brasileiro deveria mostrar que uma disputa esportiva não envolvia a honra nacional! Neste ponto, Zé Lins se contradizia, pois fizera sempre o contrário, insuflando o sentimento patriótico em virtude de vitórias e derrotas dos brasileiros no futebol. Cerca de um ano depois, a revista *Manchete Esportiva* (3.5.1985) publicaria uma entrevista em que o jurista, jornalista e dirigente esportivo João Lyra Filho condenava a associação entre pátria e seleções nacionais:

> A competição desportiva entre selecionados de países distintos só indiretamente deve influenciar o culto cívico; por isso, faz-se mister eliminar toda imagem que possa imbuir no sentimento dos jogadores a crença de que a competição inflama o amor à Pátria e de que seus resultados negativos entorpecem a expressão da soberania nacional.

Quando conseguia refletir sem deixar-se envolver pelas paixões da disputa – como se desse ouvidos às palavras de Lyra Filho –, Zé Lins emitia opiniões mais sensatas e menos inflamadas. O patriotismo exaltado também era posto de lado:

> Vão chegar os peruanos para uma partida de football. Precisamos mostrar a esses primos do Pacífico que não consideramos uma disputa esportiva uma parada onde se empenha a honra nacional. Em Lima a imprensa em geral se movimentou como se estivesse o país em batalha de vida ou de morte. Assim instruído, o público parece padecer de complexos que se relaxam em aclamações e vaias que são os mais aguerridos que conheço ... Precisamos mostrar a esses primos que nós os estimamos. E que até podemos perder uma partida de football sem que o fato nos arrase. (*Jornal dos Sports*, 16.4.1957)

"Com brasileiro, não há quem possa!"

Os atletas peruanos já haviam chegado. O dia do jogo se aproximava e Zé Lins procurava indicar o caminho do sucesso: confiança e também seriedade. Afinal – dizia –, "Em football tudo pode acontecer" (ibidem, 18.4.1957).

Os peruanos foram vencidos no Maracanã por 1 a 0. A seleção brasileira conquistara a classificação para a Copa do Mundo de 1958, mas o futebol apresentado não agradara a torcida. Zé Lins, no entanto, tentava enxergar além dos fatos. Acreditava que a seleção brasileira na Suécia não decepcionaria o torcedor em matéria de futebol. Quanto a trazer ou não o título mundial, não seria tão relevante. Em todo caso – dizia –, a seleção deveria preparar-se com muita dedicação:

> A vitória de domingo não nos contentou. Assim mesmo ficamos com a classificação para a Copa do Mundo de 1958.
> A Seleção que poderemos levar à Suécia não nos fará vergonha. Isto de contar com a vitória é outra história. No último campeonato do mundo venceu a Alemanha que não tinha condições para tanto. Devemos nos preparar com afinco. (ibidem, 23.4.1957)

É curiosa a mudança de postura de Zé Lins. O cronista voltara diferente do período de seu auto-exílio do futebol. Desde sua volta ao jornal, passara a analisar os fatos, sem deixar-se inflamar pela paixão e pelo espírito belicoso que exalava do futebol. Emitia suas opiniões e cobrava soluções para os problemas que apontava. Dava sinais de apreensão quanto aos recursos financeiros que estariam disponíveis para a seleção brasileira preparar-se adequadamente para a Copa de 1958, uma vez que maior organização e melhor preparo exigiriam também mais verbas:

> Precisamos convencer o Congresso a participar com verbas para nossa preparação. Não é possível ir à Suécia como primo pobre ... Vamos deixar a escolha do técnico para segundo plano. Antes de tudo precisamos de verbas para os pobres homens da CBD poderem se mexer com tranquilidade. (ibidem, 15.5.1957)

Em maio de 1957, Zé Lins criticava as constantes excursões de clubes brasileiros ao exterior, promovidas por empresários que haviam se especializado nessa atividade. O que ele mesmo incentivara e valorizara tempos antes, como instrumento de representação diplomática ou simplesmente como um produto de exportação, tornara-se, segundo seu próprio julgamento, um *mal* para o futebol brasileiro. Os clubes expunham seus jogadores a viagens extremamente longas, a mudanças alimentares e a um cansaço físico acentuado, em razão das disputas de muitas partidas em um curto espaço de tempo. O resultado disso era que as exibições nem sempre representavam bem o futebol brasileiro, como o provam João Saldanha (1994) e Nilton Santos (1998) em seus relatos sobre as dificuldades enfrentadas pelo Botafogo, em excursões desse tipo, a partir da segunda metade dos anos 1950. Na década de 1960, também o Santos F. C. exporia seus jogadores a verdadeiros malabarismos geográficos, a fim de atender a todos os convites recebidos. Botafogo e Santos tiravam proveito de suas maiores estrelas: Garrincha e Pelé, respectivamente. Zé Lins, contudo, parecia não se importar mais com as provas que essas excursões davam da fama do futebol brasileiro no exterior, antes mesmo da conquista do título mundial. O cronista queria divulgar o Brasil por meio do futebol, mas com um objetivo nacionalista e patriótico, sem visar lucro. Como simples mercadoria, as excursões não teriam mais sentido para ele:

> As viagens ao estrangeiro só dão lucros aos empresários. E estes tudo fazem para desmoralizar o nosso football em excursões penosas. Gente destituída de qualquer apreço ao Brasil, com o único interesse de arrancar o máximo de nossos quadros, pouco se dando que o football não pode ser uma sucessão de jogos em mínimo espaço de tempo, numa verdadeira maratona para liquidar as mais sólidas constituições físicas. Tenho para mim que o Conselho Nacional de Desportos deveria impor medidas regulamentares para a saída dos clubes. Mais ainda, coibir a ação

de empresários como um tal de José Gama que anda por aí a se impor como benemérito dos esportes e que só quer vender mercadorias com o maior lucro para sua bolsa. (ibidem, 23.5.1957)

Em meados de 1957, Zé Lins começou a dar corpo às críticas à má organização e administração do futebol brasileiro. Reconhecia o valor dos atletas e das muitas opções de que dispunha o técnico para escalar a seleção brasileira, porém ressaltava que apenas qualidades táticas e técnicas não seriam suficientes para conquistar um Campeonato do Mundo. Bom futebol o Brasil tinha, mas era carente de recursos financeiros e de bons administradores. Para Zé Lins, a vaidade narcisista dos dirigentes punha a perder o brilho do futebol nacional. Como se vê, desde que se afastara das instituições de comando do futebol brasileiro, o cronista não precisava mais defendê-las como fizera antes. Sua posição, agora, era a do crítico contumaz. Nem mesmo João Havellange, futuro presidente da CBD e da Fifa, escapava das acusações de falta de seriedade e competência para o exercício de cargos de comando:

> Muito carecemos de organização. Tudo temos para valorizar nossas condições individuais. Só nos faltam mesmo os cérebros condutores. Aí está o nosso football. Possuímos elementos de primeira ordem. Mas desde que se fazem necessários os dirigentes, tudo se desmancha em descontrole e confusão. É que são os homens mais vaidosos do mundo, muito mais vaidosos do que os venezianos. É o Brasil o país onde o espelho é peça essencial. O mirar-se no espelho é uma constante. Veja-se a CBD. Toda ela é hoje um imenso espelho de toucador, onde passa o dia o Dr. Murgel a consertar seus gestos de primadona. Tudo na CBD tem que ser somente pretexto para o brilho bocó do Dr. Murgel. Homem de oratória de batizado e bodas de prata, não quer outra vida o simpático rapaz que o discurso de orador popular. E dizer-se que está a nossa CBD entregue a essa vaidade ruidosa. Quando precisamos de um homem de ação, aparece-nos um homem de discurso fofo. (ibidem, 12.6.1957)

> Não caminha bem o nosso football. Ao lado de profissionalismo caro, exercita-se um amadorismo velhaco. Os dirigentes que atingem aos postos de comando põem a calva a descoberto sem espécie alguma de constrangimento. Trabalham apenas pelos interesses de seus clubes, sem ligar que estão no poder pela vontade de todos os clubes. Um Dr. Murgel é mais um advogado do que um dirigente. Um Havellange é mais um torcedor do que um vice-presidente ... São uns incompetentes que dão a alma pelo poder. (ibidem, 13.6.1957)

A vaidade seria decorrente de um individualismo excessivo, que, por sua vez, já fora reconhecido como um traço do caráter nacional por Prado (1997), Freyre (1950) e Holanda (1995) e, aqui, era visto por Zé Lins em seu aspecto negativo. Investigando a formação da sociedade brasileira, Sérgio Buarque de Holanda associara o personalismo exagerado do brasileiro à *incapacidade de organização sólida* e à fragilidade do sentimento de solidariedade. A partir de determinado momento, as crônicas de futebol também passaram a apontar a falta de organização como o principal inimigo a ser vencido. Má organização como um defeito dos dirigentes e não do brasileiro de modo geral. Além de Zé Lins, também Mário Filho e Nelson Rodrigues insistiram nesse aspecto, no ano anterior à Copa de 1958. Zé Lins elogiava a disposição e a boa vontade demonstradas por uma seleção brasileira de base paulista – quem diria! –, que enfrentara os argentinos numa partida amistosa. Segundo ele, a organização dos paulistas, sem demonstrações de *arrogância*, fora capaz de vencer os fortes argentinos. Zé Lins acreditava que essa mesma organização paulista, que vinha dando mostras de sua força pelo desenvolvimento acelerado de sua economia, daria corpo à delegação brasileira que iria à Suécia conquistar a Jules Rimet:

> Uma Seleção Paulista arregimentada à última hora, sem treino em conjunto e sem espécie alguma de arrogância, abateu um

forte quadro argentino. Até o grande capitão Rossi e muitos outros elementos de primeira qualidade, sob as ordens de Stabile, apareceram no Pacaembu e não suportaram a pressão dos rapazes brasileiros. Coisas do football, diria qualquer Conselheiro Acácio. Mas dura realidade para os argentinos ... Venceram os paulistas porque entraram em campo dispostos a tanto ... apenas comandados pela energia e a boa vontade. O nosso football é bom. Péssima é a direção que não tem espírito esportivo. (ibidem, 14.6.1957)

Zé Lins: o observador social

Habituado a atentar para os fenômenos sociais de forma crítica e sensível, tal como fizera em seus romances – doze ao todo –, Zé Lins não se deixava levar ingenuamente pelo fascínio do futebol. Associando o olhar de um crítico social ao do escritor, procurou interpretá-lo, em suas crônicas, em seus diversos aspectos.

Como observador social, como ele se autodenominava, apontou defeitos e qualidades do brasileiro; definiu o caráter nacional, refletindo as preocupações de uma época em que o Brasil buscava posicionar-se no novo quadro político e econômico que se configurava no pós-guerra.

O conceito de identidade nacional que Zé Lins promove é a de uma sociedade miscigenada, fundada sobre uma democracia racial. A mestiçagem é valorizada por sua diferença, por sua novidade. Essa seria a contribuição do Brasil ao mundo. Coincidentemente ou não, durante o primeiro governo de Getúlio Vargas, a mestiçagem foi propagandeada como característica nacional (Garcia Júnior, 1993, p.24). O futebol – um bem da cultura popular – sintetizaria e expressaria a identidade e o caráter nacionais. Para Zé Lins, observando o comportamento e as reações de jogadores e torcedores durante uma partida de futebol, poder-se-ia traçar um perfil psicológico do brasileiro.

No rastro dos inúmeros *retratos* que se produziram sobre o Brasil, entre os anos 1930 e 1940, com o objetivo de conhecê-lo para promover seu desenvolvimento, Zé Lins também elaborou o seu, ainda que disperso por suas crônicas e não formalmente.

Via o futebol como um espaço para a promoção da unidade nacional e, consequentemente, de superação das divergências regionais, muito embora ele próprio manifestasse suas afinidades em detrimento de outras perspectivas. Também acreditava que, por meio do futebol, se tornava patente a civilidade do brasileiro, postura altamente valorizada e pré-requisito para a inserção do país no rol das grandes nações desenvolvidas. Nesse sentido, Zé Lins era um incentivador incansável do brasileiro à ação e à reversão de um quadro de dificuldades.

Pelos cargos que ocupava em instituições esportivas, em algumas situações, deixou de avançar em suas críticas. Durante a Copa de 1950, as crônicas mostram um Zé Lins que tentava incentivar o povo a acreditar na capacidade de criação e atuação dos jogadores da seleção e, por extensão, de todos os brasileiros. Comprometido que estava com a organização do evento, por sua condição de dirigente, procurava desfazer mal-entendidos e animava seus leitores, ao passo que a imprensa denunciava o mau andamento dos preparativos do mundial. Posteriormente, como simples cronista, já desligado da política desportiva, Zé Lins tornou-se um crítico mais agudo.

Não chegou a ver a *festa cívica* – como dizia Nelson Rodrigues – pela conquista da Copa de 1958. Após três meses de internação hospitalar, José Lins do Rego morreu no dia 12 de setembro de 1957, acometido de cirrose hepática. Tinha, então, 56 anos de idade.

"Com brasileiro, não há quem possa!"

FIGURA 2 – Primeira página do bem-sucedido *Jornal dos Sports*.

FIGURA 3 – A coluna "Esporte e vida" do *Jornal dos Sports*.

"Com brasileiro, não há quem possa!"

FIGURA 4 – Zé Lins torcendo pelo Flamengo (Coutinho, s. d.).

FIGURA 5 – José Lins do Rego (ao centro), chefe da delegação brasileira por ocasião do Campeonato Sul-Americano de 1953, em Lima, Peru, é recepcionado pelo embaixador Waldemar Araújo. À esquerda, o jornalista Mário Filho.

2
Mário Filho: *levantando o véu* da alma brasileira

O jornalismo marcou a vida de Mário Filho e seus irmãos. Seu pai, o advogado pernambucano Mário Rodrigues, resolveu entrar para o jornalismo político no Recife, em 1911. Em razão de divergências políticas locais, mudou-se para o Rio de Janeiro em 1916, trazendo a família consigo. Na então capital federal, desempenhou as funções de repórter parlamentar e, logo em seguida, tornou-se editorialista do *Correio da Manhã*, um dos principais jornais do Rio de Janeiro. Em outubro de 1925, deixou o posto para fundar seu próprio jornal, *A Manhã*, dois meses depois.

Em 1926, aos dezoito anos, Mário Filho começou a trabalhar como gerente no jornal de seu pai, mas, para desgosto deste, "que o queria como repórter na Câmara dos Deputados, preferiu dirigir a página literária". Dois anos depois, assumiu a página de esportes, considerada "a menos importante do jornal" (Castro, 1992, p.59) até que Mário Filho operasse uma verdadeira revolução no espaço e no tratamento destinado aos esportes pelos jornais, revolução comparável – guardadas as devidas proporções – à Semana de Arte Moderna, segundo julgamento do irmão Nelson Rodrigues (1994a). À época, o espaço que os jornais destinavam às notícias do esporte era reduzido, limitando-se o repórter a informar o resultado de jogos ou a divulgar eventos que iriam ocorrer. Invariavelmente, chamava-se o campo de *aprazível field* e o jogo de *prélio*, menção ilustrativa da pequena repercussão da cobertura esportiva em meio às camadas populares.

A transformação teria começado com uma entrevista que Mário Filho fizera com Marcos de Mendonça, goleiro do Fluminense, em que este anunciava sua volta ao futebol. Mais do que a notícia em si, provocou impacto o tratamento jornalístico dado a ela e o *novo idioma* em que fora escrita, sepultando todo e qualquer formalismo de expressão. A entrevista ocupava meia página; apresentava-se numa linguagem nova, simples e vibrante, lembrando a língua até então somente falada nas ruas e nas arquibancadas dos estádios de futebol, e que estreava no jornal, dando indícios de que a época dos *acadêmicos* estava chegando ao fim. Em inúmeras crônicas, Mário Filho relatou como expressões e palavras peculiares foram surgindo nos jogos de futebol e, pouco a pouco, integraram o gosto e a cultura popular:

> Dá nele, bola, era um grito que se ouvia, mesmo das arquibancadas, onde ficavam os sócios, os torcedores graduados e, sobretudo as moças e as senhoras, todas de chapéu, florindo as tribunas, que a impressão que se tinha, vendo-as, do campo ou da pista era mesmo um jardim. As gerais, que mais tarde cresceriam e seriam até arquibancadas, pois os sócios e as famílias dos sócios teriam reservado para eles e para elas as antigas arquibancadas, eram quase que desprezadas [sic]. Os jogadores, nos hurras, davam-lhe as costas, interessados apenas em ver e em saudar os falados canteiros das crônicas sociais esportivas. E seria das gerais ou das novas arquibancadas populares que viria toda a riqueza da língua do futebol brasileiro. (*Manchete Esportiva*, 13.7.1957)

"Com brasileiro, não há quem possa!"

Mário Filho transformou a notícia em fato esportivo, acrescentando-lhe dramatismo, aproximando o torcedor do jogador e da vida do clube e favorecendo, assim, os processos de identificação. Para Nelson Rodrigues, a entrevista com o ex-goleiro do Fluminense representara um marco no jornalismo esportivo brasileiro. Depois dela, este não seria mais o mesmo:

> Em meia página, Mário Filho profanou o bom gosto vigente até em jornal de modinhas. Ao mesmo tempo, fundava a nossa língua. E não foi só: – havia também, no seu texto, uma visão inesperada do futebol e do craque, um tratamento lírico, dramático e humorístico que ninguém usara antes. Criara-se uma distância espectral entre o futebol e o torcedor. Mário Filho tornou o leitor íntimo do fato. E, em reportagens seguintes, iria enriquecer o vocabulário da crônica com uma gíria libérrima.
>
> Posso dizer que, desde então, ninguém influiu mais na imprensa brasileira. O próprio artigo de fundo deixou de ter a pose do mordomo de filme policial inglês. Nos tópicos, fazia-se, vez por outra, uma concessão à nova língua. Em suma: – o jornal deixava de ser besta. E, graças ainda a Mário Filho, o futebol invadiu o recinto sagrado da primeira página. Pouco antes, só o assassinato do rei de Portugal merecia uma manchete. E, súbito, o grande jogo começou a aparecer, no alto da página, em oito colunas frenéticas.
>
> Tudo mudou, tudo: – títulos, subtítulos, legendas. Abria-se a página de esporte e lá vinha o soco visual: – o crioulão do Flamengo, de alto a baixo da página. E não era a pose hirta. Mário Filho acabou com o craque perfilado como se estivesse ouvindo o Hino Nacional. O craque aparecia em pleno movimento, crispado no seu esforço. E as figuras plásticas, elásticas, acrobáticas, enchiam as páginas de tensão e dramatismo. (Rodrigues, 1994a)

As inovações introduzidas por Mário Filho na cobertura de eventos esportivos consolidar-se-iam com o tempo e, aos poucos, também seriam adotadas por outros jornais, acompanhando, sobretudo, o aumento da popularidade do futebol, o crescimento do público leitor e a mobilização favorável à oficialização do futebol profissional.

Em outubro de 1928, o sócio de Mário Rodrigues em *A Manhã* tornou-se acionista majoritário da empresa e ofereceu-lhe um salário para continuar dirigindo o jornal. Inconformado com a situação em que se enredara, em razão das muitas dívidas contraídas com o sócio, Mário Rodrigues resolveu lançar outro jornal. O polêmico *Crítica* alcançaria grande sucesso em seu curto tempo de vida – cerca de dois anos –, graças à excelente equipe de profissionais que reunira e, sobretudo, à postura sensacionalista e agressiva expressa em seu lema: "Declaramos guerra de morte aos ladrões do povo" (Castro, 1992, p.68).

Mário Filho, novamente, assumira a página de esportes e dava continuidade às *inovações* que começara a pôr em prática em *A Manhã*: fotos mostravam jogadores em ação durante as partidas e não mais perfilados e engravatados como costumavam aparecer até então. As manchetes atraíam a curiosidade do leitor. O futebol, ainda amador, aumentou as vendas dos jornais e sobrepujou o interesse por outros esportes.

Com a morte de Mário Rodrigues, em março de 1930, Mário Filho, então com 21 anos, e seu irmão mais velho, Milton, com 24 anos, assumiram a direção de *Crítica*. Essa situação duraria mais alguns meses apenas, pois, em outubro do mesmo ano, o jornal, que apoiava o candidato à sucessão do presidente Washington Luís, foi empastelado pelas tropas revolucionárias de Getúlio Vargas.

Em maio de 1931, Roberto Marinho, colega de sinuca de Mário Filho e herdeiro do jornal *O Globo*, convidou-o a dirigir a página de esportes de seu jornal, convite que foi aceito prontamente. Entusiasmado com o interesse do público pela seção de esportes e querendo aproveitar também o envolvimento de seus irmãos Milton, Nelson e Joffre com o jornalismo esportivo, Mário Filho resolveu criar seu próprio jornal, totalmente dedicado aos esportes. Graças à obtenção de um empréstimo, Mário Filho lançou *Mundo Esportivo* em meados desse mesmo ano, cuja direção procurou conciliar com o trabalho em *O Globo*. *Mundo Esportivo*, porém, teria vida breve – oito meses apenas –, em razão de um erro de planejamento: o jornal começara a circular pouco antes do término do campeonato carioca, no qual o América se sagrou campeão. Dispondo de uma torcida pouco numerosa, o América, mesmo vencendo, não conseguiu incentivar a venda de jornais. Um jornal novo lançado em plenas *férias* do futebol teve de recorrer à criatividade para não fechar as portas recém-abertas. Como o carnaval se aproximava, um dos repórteres sugeriu que se promovesse um concurso entre as escolas de samba do Rio de Janeiro, estabelecendo um júri que escolheria a melhor escola com base numa série de quesitos previamente definidos, tal como o conhecemos hoje. O primeiro concurso das escolas de samba foi um sucesso, tendo sido organizado novamente no ano seguinte, só que dessa vez por *O Globo*, já que *Mundo Esportivo* não sobrevivera a mais um carnaval.

Mário Filho fracassara em seu empreendimento, mas continuava dirigindo a seção de esportes de *O Globo*, e com sucesso. No desempenho dessa atividade, estabelecia contatos e relacionamentos com pessoas ligadas ao meio esportivo. Era amigo pessoal de Arnaldo Guinle, vice-presidente do Fluminense. Bastos Padilha, presidente do Flamengo, era casado com Lília, irmã de sua esposa Célia. Ambos os casais moravam na casa dos pais das esposas, na estrada da Gávea (Castro, 1992, p.131).

Em 1932, conseguiu de *O Globo* uma verba para o cafezinho dos entrevistados. Mário Filho marcava as entrevistas e conversas no Café Nice que, desde então, virou ponto de encontro e referência das pessoas ligadas ao futebol, logo seguidas por sambistas, como Noel Rosa (ibidem). A fama de Mário Filho corria o Rio de Janeiro.

Por essa época, as opiniões se dividiam entre a adoção ou não do profissionalismo no futebol. Mário Filho envolveu-se nesse debate, saindo em defesa do profissionalismo. Acreditava que os jogadores deveriam ser pagos para jogar. Além disso, sabia que o jornalismo esportivo seria beneficiado com o desenvolvimento do futebol profissional e com o aumento do público interessado. De certa forma, a própria imprensa já vinha contribuindo para a formação de um público de massas para o futebol, na medida em que dava mais destaque ao assunto.

As transmissões radiofônicas das partidas, inauguradas no início dos anos 1930 (Soares, 1994, p.19), também tiveram papel destacado no aumento da popularidade do futebol. A Copa do Mundo de 1938, na França, a primeira que o brasileiro pôde acompanhar *ao pé do rádio*, superara todos os índices de audiência registrados até então e tornou o futebol ainda mais popular por estas paragens (Lopes & Faguer, 1994, p.32).

A oficialização do profissionalismo, ocorrida em 1933, levou à cisão do futebol no Rio de Janeiro. Vasco da Gama, Bangu, Fluminense, América e Bonsucesso, favoráveis à adoção do profissionalismo, fundaram a Liga Carioca de Futebol (LCF) (Caldas, 1990, p.78) e, nesse mesmo ano, empenharam-se na organização de um campeonato, apesar do pequeno número de clubes envolvidos. Os demais clubes permaneceram fiéis aos ideais amadores da Associação Metropolitana de Esportes Athléticos (Amea). Para incentivar o público a comparecer aos jogos do campeonato organizado pela Liga Carioca, Mário Filho convenceu dirigentes de clubes a promoverem campeonatos entre as torcidas pelo jornal *O Globo*. Receberiam prêmios os grupos mais animados e criativos, o primeiro torcedor que chegasse ao estádio, e assim por diante. As arquibancadas ganharam as cores dos clubes, vestindo-se de bandeiras, animadas pelos fogos de São João e pelas bandas carnavalescas.

Para divulgar o jogo entre Flamengo e Fluminense, em 1933, pelo primeiro campeonato da recém-criada Liga Carioca, Mário Filho inspirou-se numa história ocorrida em 1925. Naquela ocasião, tendo de formar uma seleção carioca às pressas, um dirigente convocara apenas jogadores do Flamengo e do Fluminense. O povo não aceitou a equipe como representante do futebol carioca e batizou-a de *escrete Fla-Flu*. Mário Fillho recuperou a história e inverteu o sentido original do antigo Fla-Flu: em vez de cooperação, ele agora remetia ao confronto entre essas equipes, cuja rivalidade era histórica, uma vez que a equipe de futebol do Flamengo nascera de um grupo de dissidentes do Fluminense (Mattos, 1997; Assaf & Martins, 1999).

Com essas ações, Mário Filho dava sua contribuição ao desenvolvimento do futebol como espetáculo de massas. No entanto, como jornalista e criador do fato esportivo, não se restringiria ao incentivo desse esporte. Quando o futebol atravessava períodos de calmaria, promovia torneios de remo, boxe, natação, automobilismo. Anos mais tarde, lideraria a campanha pela construção do Maracanã e organizaria os Jogos Infantis e os Jogos da Primavera, voltados à participação de estudantes. Também coube a Mário Filho a iniciativa pela criação do Torneio Rio-São Paulo, em 1950, reunindo equipes dos dois Estados, e que acirrou ainda mais a rivalidade entre paulistas e cariocas no futebol. Em virtude dessa intensa atuação para promover espetáculos de massa, Nelson Rodrigues (1994a) via no irmão um *criador de multidões*.

Em 1936, Mário Filho comprou o *Jornal dos Sports*, encorajado e financiado pelos amigos Arnaldo Guinle, Bastos Padilha e Roberto Marinho, que vislumbravam o sucesso do jornal, caso sua direção coubesse ao já consagrado jornalista esportivo. O tempo confirmaria suas previsões. O *Jornal dos Sports* tornar-se-ia um dos mais conceituados periódicos do país em seu gênero.

De jornalista a *historiador* do futebol

Mário Rodrigues Filho, jornalista e diretor-proprietário de um jornal, exerceu grande influência sobre o *estilo* da imprensa esportiva e sobre o universo do esporte carioca, transformando-se num *ministro sem pasta do futebol brasileiro*, como bem o definiu Ruy Castro (1992, p.221). O respeito conquistado não apenas no meio esportivo, mas também entre políticos e intelectuais, permitiu-lhe exercer uma ação política real na conformação e no desenvolvimento, sobretudo, do profissionalismo no futebol. Conquistou a confiança de Getúlio Vargas e teve acesso facilitado ao seu gabinete, tanto no período do Estado Novo como, posteriormente, durante o mandato ganho nas urnas. Nas tribunas de honra, sempre teve assento garantido ao lado de personalidades. Juscelino Kubitschek lhe tinha grande apreço e atenderia com prontidão qualquer pedido seu, mesmo que fosse um emprego público para o irmão Nelson Rodrigues ou para a cunhada Elza (ibidem, p.291).

O conhecimento acumulado, ao longo dos anos, no desempenho de sua profissão, permitiu que Mário Filho se destacasse também como cronista e como um pretenso *historiador* do futebol brasileiro. Em 1942, criou uma coluna diária em *O Globo*, chamada "Da primeira fila". Nela, levou a público o resultado de suas investigações sobre a história do futebol carioca e exibiu sua habilidade como pesquisador. Posteriormente, em 1947, esses escritos foram reunidos e publicados em forma de livro, sob o título de *O negro no futebol brasileiro*. Gilberto Freyre (1964), que escreveu o prefácio a pedido de José Lins do Rego, saudou a obra como a primeira no país a estudar o futebol "sob critério sociológico ou parassociológico", trazendo "contribuição valiosa para a história da sociedade e da cultura brasileira na sua transição da fase predominantemente urbana". O livro mostra como, no Brasil, o futebol serviu de instrumento de ascensão social ao negro e ao mulato, contribuindo também para sua integração à sociedade e à formação de uma mentalidade que valorizava a participação do elemento negro na formação da cultura brasileira.

Após consulta a jornais, revistas e documentos oficiais, de clubes e entidades, Mário Filho percebeu que teria uma visão enviesada dos fatos se recorresse somente a essas fontes. Lançou mão, então, de entrevistas e conversas. Ou seja, combinou informações extraídas da documentação oficial e da tradição oral. Conquanto acreditasse chegar à *veracidade* dos fatos, Mário Filho estava construindo a *sua* versão sobre a história do futebol no Brasil, versão, no entanto, que ganharia foro de *história oficial*, como aponta Antônio Jorge Soares (1998; 2001). Na "Nota ao leitor" de *O negro no futebol brasileiro*, Mário descreve o paciente e atento trabalho, que, segundo ele, caracterizaria o de um historiador e que precisara realizar para concluir seu estudo sobre a ascensão social do negro por meio do futebol:

> As atas, a correspondência dos clubes, não falam dos negros. As leis das entidades não tocam, nem de leve, em questões de raça. Limitando-se a levantar barreiras sociais, proibindo que trabalhadores braçais, empregados subalternos, contínuos, garçons, barbeiros, praças de pré e por aí afora, jogassem futebol em clubes filiados. Eu fui, aos poucos, levantando o véu, ouvindo daqui, dali, reconstituindo a tradição oral, muito mais rica, muito mais viva do que a escrita dos documentos oficiais, graves e circunspectos, dos jornais que não dizem tudo ... Eu preferia, porém, ouvir dirigentes, jogadores e torcedores. Ouvi centenas deles, de todas as épocas do futebol brasileiro. Quando podia ouvir do próprio não procurava outro. Reuni, assim, um material de tal ordem que surpreendeu alguém cuja opinião prezo muito [referindo-se a Gilberto Freyre]. O material era tanto, e com tamanho requinte de detalhe, que ficava a dúvida. A dúvida de como eu conseguiria reuni-lo, catalogá-lo, usá-lo, numa narrativa corrente, sem um claro, uma interrupção. Eu não me teria valido da imaginação de romancista que ainda não publicou um romance? Não, eu não usei a imaginação. Nenhum historiador teria tido mais cuidado do que eu em selecionar os dados, em comprovar-lhe a veracidade por averiguações exaustivas. Às vezes uma simples dúvida me fazia inutilizar um capítulo, obrigando-me a novos trabalhos e pesquisas. (Rodrigues Filho, 1964)

A mesma postura disciplinada e metódica seria adotada na elaboração das crônicas que passou a publicar, semanalmente, na revista *Manchete Esportiva*, entre 1955 e 1958. Nelas, conseguia transmitir a emoção viva de quem presenciara os acontecimentos das tribunas, complementada pelas informações colhidas diretamente dos vestiários – os bastidores do futebol –, em estilo despojado e lúcido. Essa onisciência do espetáculo futebolístico, narrado em linguagem direta, coloquial, ágil e envolvente garantia a Mário Filho a confiança do público leitor.

Os temas eleitos estavam relacionados ao universo do futebol, e, em várias ocasiões, esmiuçou-os numa sequência de crônicas, apontando múltiplos aspectos de um mesmo problema. Interpretou as várias faces do brasileiro – o *individualismo*, a humildade, o *complexo de ser brasileiro*, o *platinismo*, o orgulho pela vitória que ainda não ocorrera –, enquanto registrava a integração do futebol à sociedade e à cultura brasileiras.

As crônicas que vieram a público em *Manchete Esportiva* e também no *Jornal dos Sports*, entre 1955 e 1958, assumiam, em geral, um tom de reflexão sobre fatos do passado, suscitado por acontecimentos do presente. Também havia aquelas de caráter analítico, porém inflamadas pela euforia do momento. Essas divagações sobre o passado do futebol, aparentemente despretensiosas e apenas saudosistas, no entanto, compõem um conjunto coeso de concepções sobre a construção social que esse esporte adquiriu no país. Partindo de fatos corriqueiros do universo futebolístico, Mário Filho empreendeu um trabalho cujo método consistia em *levantar o véu* e revelar o estilo emocional do brasileiro, fosse ele jogador de futebol ou simples torcedor.

Por várias vezes, enfocou o conflito entre racionalidade e irracionalidade das ações e comportamentos dos brasileiros, na tentativa de buscar as origens de uma série de atitudes que caracterizariam seu *jeito de ser*, sobretudo em seus defeitos ou imperfeições, com o objetivo e a esperança de indicar o caminho de sua superação.

"Com brasileiro, não há quem possa!"

Brasileiro e futebol: identidade visceral

Mário Filho costumava dizer que o torcedor brasileiro, no passado, identificara-se com o estilo elástico e imprevisível de Leônidas, também chamado de *Homem borracha* e *Diamante negro* (Ribeiro, 1999). Ainda segundo seu julgamento, entre os anos 1930 e 1940, o negro Leônidas sintetizara o ideal do caráter nacional, por suas jogadas plenas de malabarismos e por seu brilho inflamado. Com essas características, encantava as plateias do Brasil e do mundo:

> O que explica a preferência do torcedor por Leônidas. A sobriedade, que se chamou inglesa, de Domingos, não sacudia o público. Leônidas foi considerado mais brasileiro. O brasileiro era aquilo, um pouco pernóstico, fosforescente. E muito jogador se julgou obrigado a fazer o seu malabarismo com a bola. Sabendo que agradava o torcedor. Achando que se não fosse aquilo, podiam achar que ele não era craque. (*Manchete Esportiva*, 10.12.1955)

Mário Filho garantia que o talento e a habilidade do negro e do mestiço brasileiro, no futebol, passaram a ser reconhecidos, admirados e valorizados por intermédio de Leônidas. Contudo, na "Nota à segunda edição" de *O negro no futebol brasileiro*, Mário Filho afirmava que a derrota de 1950 teria provocado um recrudescimento do racismo no Brasil. Durante certo tempo, ficou-se com a impressão de que a integração racial não se realizara plenamente no país, a ponto de, ao sofrer um revés, identificar-se o negro como fator de atraso e empecilho ao pleno *desenvolvimento da raça brasileira*, uma *sub-raça de mestiços*. Essa reação, no entanto, teria sido momentânea, explicada pela forte identificação do torcedor com o jogador de futebol, de quem esperava uma atuação de semideus. Para Mário Filho, a identificação do torcedor com o jogador seria tão forte que, caso o Brasil tivesse sido campeão em 1950, com certeza o herói seria um negro, como ocorrera com Leônidas na Copa do Mundo de 1938, quando a obtenção do terceiro lugar na classificação geral foi aclamada como uma grande conquista internacional.

É verdade que o brasileiro se chamou, macerando-se naquele momento, de sub-raça de mestiços, uma sub-raça incapaz de aguentar o rojão.

Pouca gente se dá conta do que se exige de um jogador de futebol. Ele tem de representar um clube, uma cidade, um Estado, a Pátria. O que se espera dele é que encarne as melhores virtudes do homem, no caso do brasileiro, as melhores virtudes do homem brasileiro.

Quando o brasileiro acusou Barbosa, Juvenal e Bigode, acusou-se a si mesmo. O futebol não seria paixão do povo se o povo não se identificasse com um time, o seu time, com uma bandeira e uma camisa. Quem torce em futebol está ligado, irremediavelmente, ao seu time, para o bem ou para o mal, para a felicidade ou para a desgraça.

No fundo o torcedor quer que o jogador seja melhor do que ele. O jogador representa-o, representa o seu clube, a sua cidade, o seu Estado, a sua Pátria. A derrota do jogador é a derrota do torcedor. Quem perdeu em 50 foi o brasileiro. Mais o brasileiro que não jogou do que o que jogou. (Rodrigues Filho, 1964)

Como se operava essa identificação, capaz de proporcionar experiências díspares, de puro êxtase e satisfação na vitória, e de angústia e desolação na derrota? Mário Filho sugeria uma interpretação: o torcedor se identifica com os símbolos do clube, com as cores da camisa e da bandeira, com as cores nacionais referidas no uniforme da seleção. Como, em geral, o torcedor não pratica o esporte, Mário arriscava a explicação de que seu entusiasmo viria de toda a emoção que cerca uma partida de futebol, da festa nas arquibancadas e dos símbolos (bandeiras, camisas, cores), que estão ali o tempo todo a lembrar-lhe que sua equipe do coração está em confronto com outra. Enfim, Mário Filho observava a importância do futebol como um meio de identificação coletiva, corroborando as afirmações de Eric Dunning (1992, p.267). Para o cronista, o torcedor ou o homem brasileiro teria acesso a um sentimento da *nação* pelo futebol, sentimento esse que nem mesmo os festejos cívicos conseguiam contemplar (Hobsbawm, 1991). Para muitos, segundo Mário, a experiência da nacionalidade, da identidade nacional, dava-se, unicamente, por intermédio de uma partida de futebol e das expectativas que envolviam sua realização.

Em mais de uma crônica, Mário Filho mostrou como a construção de uma identidade brasileira se vinculava ao futebol. Para ele, o brasileiro não conseguia separar de suas festas o jogo de que mais gosta, fonte inesgotável de emoções. Foi assim que colocou mais sentimento patriótico em uma partida de futebol da seleção do que atribuiu aos festejos de Sete de Setembro, pois torcendo pelo Brasil ele se sente parte da nação brasileira.

> O Carioca não sabe, quando se apaixona por uma coisa, separar de sua festa, qualquer que seja, as outras festas da cidade. Eu podia generalizar: o brasileiro é assim. E a prova é que o futebol hoje reúne o carnaval e o São João. E também, se formos investigar mais um pouco, o Sete de Setembro, o Quinze de Novembro. Não estou exagerando: as grandes festas cívicas, pelo menos no Distrito Federal, não se realizam mais ou por enquanto não se realizam mais em praça pública e sim em estádios. Num match em que entre o Brasil, bem entendido. É quando o povo se perfila mais marcialmente, quando se compenetra mais completamente de que é brasileiro, quando canta com mais convicção, para não dizer com maior ardor patriótico, o Hino Nacional. Há quem ache que está errado, como se o povo, não fazendo isso num dia indiscriminado de jogo Brasil e outro país qualquer, o fosse fazer em qualquer ou cada uma das festas cívicas, que são muitas. (*Manchete Esportiva*, 18.5.1957)

Mário Filho mostrava que, quando uma Copa do Mundo se aproximava, redobravam as expectativas quanto à boa representação do *homem brasileiro* no grande evento esportivo. A identificação entre torcedor e jogador alcançava, então, índices elevados. Naquele momento, atletas, muitas vezes de *poucas letras* como dizia o cronista, tornavam-se mais importantes que homens de ciências e artes. Mas, para o torcedor, que os havia eleito seus fiéis representantes, pouco importava seu grau de instrução. Simples atletas seriam transformados em heróis, capazes de defender o torcedor das mais duras desilusões.

> No fundo consideramos os jogadores brasileiros como nossos guarda-costas. O papel deles é defender-nos de desilusões, isto é, de derrotas e de empates. Pagamo-lhes, quer dizer, estamos certos que eles são pagos para outra coisa, embora, diante de uma vitória, ou de certas vitórias, a nossa felicidade seja tanta que humildemente procuramos dar mais, sempre mais, o quanto nem tentamos calcular, porque sabemos lá dentro de nós mesmos, que não há dinheiro que pague aquela alegria toda que se transborda, que se derrama, não cabendo em nenhum de nós nem em todos nós reunidos.
> A vitória é como uma varinha de condão que transforma um jogador num ente superior. A multidão fá-lo ídolo. Há quem se revolte com isso, achando que um jogador de futebol, geralmente de poucas letras, às vezes até sem o primário, está usurpando homenagens devidas a um César Lattes, a um Mário Pinotti, a um Villa-Lobos. Naturalmente que para se revoltar com a glória de um jogador de futebol é preciso, antes de tudo, não conhecer o futebol. Ou não ser do futebol. Porque basta ser do futebol para se achar, numa hora dessas, que o que se faz por um craque ainda é pouco. (ibidem 24.5.1958)

Para Mário Filho, o torcedor era quem dava ao futebol a dimensão da grandeza que se tinha dele. Não fosse isso, cada partida de futebol ou campeonato seria mero passatempo, uma atividade física que se esgotaria nela mesma; a atividade física pela atividade física. Mas, segundo ele, o público de massas é que teria sido responsável pela transformação dos objetivos do jogo. Na medida em que cada clube ou seleção representava uma comunidade, uma cidade, uma nação, o jogador se tornava responsável por aquela coletividade. Quando se tratava de seleção brasileira, cabia ao jogador representar integralmente o *homem brasileiro*, de preferência, apenas em suas qualidades. No entanto, Mário observava que as melhores apresentações da seleção ocorriam quando ela se esquecia de seu papel de representante do brasileiro. Aí estaria uma importante sugestão do cronista para o sucesso da seleção: jogar sem preocupar-se com a representação da nação brasileira.

> O jogador sabe que o que queremos é que eles joguem por nós e para nós, e só por nós, para nós. Para nós a derrota só atinge a nós. Talvez admitamos, para argumentar, se alguém pretender advogar a causa do jogador, que o jogador também perde, também é derrotado, também sofre. Há até fotografias bem sugestivas de jogador chorando feito menino pequeno. Mas as lágrimas de um jogador derrotado não nos comovem. Mais facilmente nos parecem uma prova de fraqueza, uma confissão de culpa. A derrota coloca o jogador no banco dos réus.
>
> Tudo se resume na nossa recusa de ver no jogador um ser humano igual a nós. Mesmo quando dizemos este eu fazia, o que queremos não é reconhecer a condição humana do jogador. Pelo contrário: o que queremos dizer é que para perder um gol daqueles o jogador nem devia entrar em campo. Que podíamos entrar no lugar dele. E não procuramos exaltar-nos quando dizemos este eu fazia. Quando queremos reduzir um jogador a zero fazêmo-lo à nossa imagem e semelhança, um ser humano com as nossas falhas e fraquezas.
>
> O que significa que o colocamos, por egoísmo, num pedestal. Mas isso não modifica nada. O jogador é como nós, de carne e osso. A única diferença entre nós e ele é que ele joga muito mais futebol do que nós. Seria melhor para todos nós, e para o jogador também, que o deixássemos jogar por ele e para ele. Quanto mais jogasse por ele e para ele, e pelo time, naturalmente mais jogaria por nós e para nós.
>
> Ninguém tem interesse de jogar mais e melhor do que o próprio jogador. Por mais que nos atinja a derrota sempre atinge

mais o jogador. Há o jogador que se acaba numa derrota, que não tem mais vez. Assim o mais sensato seria deixar o jogador jogar o jogo dele. Quando se diz jogador se diz o time e se diz escrete. A verdade é que nunca deixamos, verdadeiramente, um escrete jogar o jogo dele, por ele e para ele, e só por tabela por nós e para nós.

Quando um escrete brasileiro joga o jogo dele, por ele e para ele é a despeito nosso. Mas só nessas ocasiões raras é que nos enche de alegria. (ibidem, 24.5.1958)

Dando continuidade às especulações sobre a identificação que o futebol promovia, Mário Filho verificava que ela podia variar conforme as circunstâncias. Em 1956, a seleção brasileira fizera uma série de partidas amistosas pela Europa. Flávio Costa, o técnico, vinha sendo muito criticado. Para Mário Filho, a origem das críticas seria uma só: o brasileiro não se reconhecia na seleção que Flávio Costa montara, tampouco reconhecia o futebol apresentado como genuinamente brasileiro. Isso porque, na opinião do cronista, era o torcedor que fazia a seleção ser portadora de seus ideais. Se o brasileiro não se identificasse com a seleção, era como se ela não representasse o Brasil.

A verdade é que o torcedor brasileiro não se identificou, em nenhum momento, com a seleção que andou pela Europa.

Então se sentiu, definitivamente, que o que estava em andanças pela Europa não era o futebol brasileiro, e sim, uma seleção da C.B.D. Talvez se diga que toda seleção brasileira de futebol veste a camisa da C.B.D. e é, portanto, da C.B.D. Mas quando a gente aceita a seleção ela deixa de ser da C.B.D. e passa a ser, irremediavelmente do Brasil. Irremediavelmente porque se uma vitória dela alegra a gente, faz a gente feliz, orgulha a gente, uma derrota atira a gente na maior depressão. Vem com ela, com a humilhação, não esportiva mas humilhação, a infelicidade completa.

É a história da identificação que não houve. O scratch não chegou a ser brasileiro, embora o fosse oficialmente, com todos os documentos em ordem. Quem faz um scratch brasileiro ou não, não é a C.B.D., é a gente, que ou o cobre com a bandeira nacional ou não o cobre. (ibidem, 19.5.1956)

Mário discutia, então, como a representação e a identificação seriam relativas. Mesmo que o brasileiro não se identificasse com a seleção, em razão da forma como esta vinha se apresentando, os adversários a reconheciam como legítima representante do futebol brasileiro. Em resumo, o que Mário Filho questionava era como o pensamento etnocêntrico poderia interferir nos resultados do futebol. Muitas vezes, a imagem que se fazia do adversário poderia não corresponder à realidade. A admiração do brasileiro pelo inglês, por exemplo, era muito grande: o futebol viera deles e o brasileiro, segundo o cronista, transformara-o em coisa sua. Em razão disso, todo jogo entre brasileiros e ingleses tinha um gostinho especial. Essa admiração era tão antiga e tão grande que o brasileiro não se preocupava em diferenciar o escocês do inglês. Assim teria acontecido com um clube da segunda divisão da Liga Escocesa de Futebol que veio ao Brasil nos anos 1930. Para o torcedor brasileiro, era inglês e pronto. Era o que bastava para seu futebol ser admirado e reverenciado, mesmo fazendo apresentações inferiores às das equipes brasileiras que o haviam enfrentado. No entender do cronista, isso seria uma prova da mística de que o produto estrangeiro era sempre melhor que o nacional, aplicando-se, também, às matérias do futebol, como nesse caso. Aludira a esse episódio do passado para comentar a reação do torcedor brasileiro em 1956. Nesse ano, a seleção brasileira fora enfrentar a inglesa em Wembley, jogo com o qual o brasileiro sonhara muito. Mas, para sua desilusão, o torcedor não se identificou com a equipe que lá se apresentou. Logo, tudo continuava como se aquela partida nunca tivesse acontecido.

A gente sempre procurou imaginar um Inglaterra x Brasil em Wembley. Porque no fundo o que a gente admira é o inglês.

Não se fez à toa aquele ditado "para inglês ver". A admiração que a gente tem pelo inglês é tão grande que a gente reage. Basta aparecer uma oportunidade em que a gente possa disfarçá-la, escondê-la, deformá-la, para que a gente aproveite. Sobretudo em futebol que veio do inglês e que a gente fez tanto da gente. Eu me lembro do Motherwell que era da segunda divisão da Liga Escocesa, mas que para a gente tinha de ser da primeira divisão da Liga Inglesa. Naquele tempo vinha um time estrangeiro jogar no Brasil, a gente ia para cima dele com um scratch. Não se fazia por menos. O scratch ganhava e a Europa mais uma vez se curvava ante o Brasil, como estava escrito na marcha do das Neves.

O scratch carioca enfrentou o Motherwell. Foi o célebre jogo do gol de Oswaldinho, o Divina Dama. Os escoceses estavam ganhando de um a zero, o jogo acaba não acaba, Oswaldinho jogava de center-half. Oswaldinho pega uma bola, dribla um inglês, isto é, um escocês, dribla outro, e outro, vai avançando driblando de repente vê o gol, era o momento, chuta, um a um, se demorasse não teria tempo, logo depois o jogo acabou. Foi um delírio. Considerou-se aquele empate contra os escoceses, ingleses para todos nós, como uma façanha, um feito épico. Nem os pais do futebol e em futebol mais do que pais, os mestres, tinham conseguido derrotar os brasileiros.

...

E o [time] que veio depois era um time da segunda divisão da Inglaterra, o Southampton. A crônica brasileira se babou toda vendo treinar os ingleses do Southampton. Um inglês fazia qualquer coisinha e era um pasmo universal. Quando o Fluminense derrotou o Southampton de quatro a zero o torcedor se julgou roubado. E era brasileiro e devia estar mais do que satisfeito, orgulhoso mesmo. Mas tinha sido um abalo na admiração pelo inglês, que é uma das coisas que a gente leva bem dentro do peito, como uma das coisas mais queridas. O Southampton viera estragar uma festa.

Quando voltou o Arsenal veio o Portsmouth, a gente ainda estava um pouco de mal com o futebol inglês que não nos tinha deixado admirá-lo como a gente desejava. E agora houve o jogo de Wembley que podia ter feito isso, como uma compensação de uma derrota e que nem isso fez porque a gente não podia sentir o match como um Inglaterra e Brasil. O futebol brasileiro estava ausente. Tínhamos mandado para a Europa uma falsificação do futebol brasileiro. Para o inglês era o Brazilian-team, autêntico. Como para nós certos whiskies que nos vendem aqui, com rótulo igualzinho, são escoceses. (ibidem, 19.5.1956)

"Dar ou não dar [bofetão e pontapé]: eis a questão"

Observa-se, nas crônicas de Mário Filho, uma preocupação constante em saber como o brasileiro reagia diante de certas situações. Certamente, o cronista acreditava que, a partir da definição do que lhe era característico, seria possível distingui-lo de outras nacionalidades e atribuir-lhe uma identidade própria. Preocupação histórica, na verdade, não exclusiva do brasileiro e muito menos de Mário Filho. Desde o momento em que as colônias da América do Sul se libertaram das antigas metrópoles, por volta do início do século XIX, buscaram uma identidade nacional que as diferenciasse do colonizador e da Europa, de modo geral. A procura pelo típico, pelo característico e único, deu origem a forte sentimento nacionalista.

No futebol, os grandes e temidos rivais da seleção brasileira eram os argentinos e uruguaios. O futebol chegara à Argentina havia muito tempo, ainda na década de 1870, pouco tempo depois, portanto, da unificação das regras do jogo promovida pelas *public schools* inglesas, e, no Novo Continente, conquistara inúmeros praticantes e simpatizantes. Por sua vez, a seleção uruguaia fora uma potência futebolística mundial nos anos 1920 e 1930. Duas vezes campeã olímpica (1924 e 1928), vencera, também, a I Copa do Mundo, realizada em Montevidéu, em 1930.

A hegemonia do futebol uruguaio, no entanto, começou a sofrer abalos quando, em 1925, o Clube Atlético Paulistano resolveu excursionar pela Europa, a primeira viagem no gênero feita por uma equipe de futebol brasileira. O sucesso da empreitada foi estrondoso. Os feitos do clube de Arthur Friedenreich – um mulato de olhos azuis, filho de uma negra e de um alemão – ganharam destaque nas páginas de jornais franceses e suíços, que chegaram a aclamar os brasileiros como *reis do futebol*. Araken Patusca (1976), um dos jogadores do Paulistano, posteriormente relatou em livro pormenores da brilhante excursão. De volta ao Brasil, os atletas do Paulistano foram saudados como verdadeiros heróis nacionais. Desde então, os brasileiros começaram a se convencer de que eram, de fato, os reis do futebol. Faltava, porém, conquistar o reconhecimento oficial.

Em 1950, o futebol uruguaio já não era mais o mesmo, tampouco o favorito para a conquista de mais um mundial. Isso não impedia que o mito da briosa *Celeste Olímpica* continuasse vivo não apenas para os uruguaios, mas também para os brasileiros, que sonhavam assumir o posto que já fora ocupado pelos cisplatinos e desfrutar as glórias cabíveis ao número um do *ranking* do futebol, posto também cobiçado pelos argentinos, vice-campeões olímpicos de 1928. Findo o campeonato do mundo, os uruguaios levaram a Taça Jules Rimet para casa, e a concretização do sonho dos brasileiros teve de ser adiada novamente. A vitória uruguaia, uma espécie de *canto do cisne* do futebol daquele país, continuaria, no entanto, povoando o imaginário do futebol brasileiro.

Sendo os vizinhos do Prata os antigos mestres do futebol sul-americano e, sobretudo, os adversários mais frequentes do Brasil em competições internacionais, porém restritas ao continente – a Copa Roca era disputada entre brasileiros e argentinos; a Copa Rio Branco, entre brasileiros e uruguaios; havia, ainda, os torneios Sul-Americano e Pan-Americano de seleções –, compreende-se o motivo das comparações excessivas e obsessivas que Mário Filho fazia entre brasileiros, argentinos e uruguaios. É bastante provável que esses vizinhos não se reconhecessem nessas análises, construídas de imagens efêmeras e pequenos detalhes. Contudo, mais que tentar definir o caráter argentino e uruguaio, o que Mário Filho buscava no confronto com o estrangeiro era definir o caráter brasileiro e eles eram o *outro* mais próximo do brasileiro, quando o assunto era futebol. Ao observar o *outro*, Mário tinha a medida da própria diferença; podia enxergar-se com mais clareza e com certo distanciamento crítico.

Segundo suas observações, um dilema com o qual o jogador brasileiro frequentemente deparava seria o seguinte: *Meto ou não meto o pé?* A opção ou não pelo jogo violento seria um dilema. Muitas vezes, depois de pensar rapidamente, a solução encontrada era a da ginga, do *jeitinho*, e não da violência. Evitava-se o confronto que levasse à agressão física, por meio de uma solução criativa: com esperteza e habilidade, buscava-se a conciliação (cf. Barbosa, 1992, p.32). Renunciava-se à postura de um Obdulio Varela, agressivo e intimidador. Mas Mário Filho resolveu ponderar: o brasileiro não fora sempre assim. Talvez não soubesse dar bofetões como o uruguaio, mas sabia dar pontapés. Já havia dado provas disso em algumas ocasiões, para se safar de situações difíceis. E o cronista reconhecia, sem pudores, que o uso da violência em campo dava resultado:

> Quem sabe dar bofetão é o uruguaio, não o argentino. O argentino acha que sabe, não propriamente dar o bofetão, parar o jogo, fazer a confusão. Já o brasileiro não sabe. Soube, sim, meter o pé, noutros tempos, quando as coisas não iam bem a gente chamava um Fausto dos Santos e elas melhoravam, logo e logo... Agora, meter o pé dava sempre bons resultados. Fausto dos Santos, antes de meter o pé, como que o esfregava de alto a baixo. As travas da chuteira passavam raspando pela cara do adversário e desciam-lhe pelo peito, pela barriga, pelas coxas, pelas pernas, até o chão. Se o outro não se encolhia, não tratava de ficar quieto, pior para ele, ou melhor para os brasileiros. Até mesmo contra os uruguaios, que não recuavam, que sempre foram assim. Podiam estar passando fome, não baixavam a cabeça. Basta lembrar

o caso do Bela Vista. O Bela Vista era o "scratch" uruguaio, campeão olímpico de 28. Foi para a Europa ganhar dinheiro. Em Paris, os uruguaios meteram o braço no juiz, nos franceses, enfrentaram a mais negra miséria, mas de peito estufado. Quem lhes arranjou passagem de volta foi Raul Campos, para que eles viessem jogar aqui em São Januário. (ibidem, 14.1.1956)

Amparado em sua coleção de histórias e *causos* do futebol, Mário Filho afirmava que, durante as primeiras décadas do século, o brasileiro vivera distribuindo pontapés. No Campeonato Sul-Americano de 1937, realizado em Buenos Aires, o Brasil perdera para a Argentina por cinco gols a um, e os jornais pediam revanche. Segundo Mário Filho, formou-se uma seleção valente e viril, de verdadeiros *homens*, sem medo de dar pontapés e de tripudiar o adversário, bem ao gosto da cultura machista que caracteriza o futebol:

> A gente baixou a cabeça no domingo, levantou-a na segunda-feira. Os jornais esticavam manchetes: revanche! Chamou-se Carlito Rocha para tomar conta do "scratch". Carlito Rocha chamou Flávio Costa para ajudá-lo. E formou-se um "scratch" de homens. Se fosse preciso baixar o pau baixava-se o pau. Eu me lembro do pontapé que Afonsinho deu em Sastre. Sastre curvou-se, grudou-se em dois na perna de Afonsinho, parecia um canivete se fechando. E a gente rindo. (ibidem, 7.1.1956)

Quando, então, e por qual razão o jogador nacional teria mudado de comportamento? Mário Filho operava uma longa digressão, a fim de encontrar resposta a essa pergunta, e começava afirmando que o brasileiro não conhecia bem as regras do futebol. Além disso, tinha poucas oportunidades de ver um estrangeiro jogando, a não ser no próprio continente: sua experiência em jogos internacionais consistia dos jogos continentais. Em razão do relativo isolamento esportivo do Brasil, as regras do futebol teriam se adaptado à cultura local e ganhado novas interpretações, mais por ignorância das verdadeiras regras do que por um desejo consciente de modificá-las. A questão é que, quando se viram em disputas internacionais, como a Copa do Mundo de 1938, na França, jogadores brasileiros foram punidos em mais de um episódio, por desconhecerem as regras proclamadas pela Fifa. De acordo com os dados do cronista, esse não teria sido o último caso, mas, desde então, o brasileiro teria começado a pensar se *dava ou não* um pontapé, se valia a pena ou não *levar desaforo para casa*. Mário Filho lamentava a valentia perdida e concluía: o brasileiro, agora, só sabia jogar futebol, e quando decidia aplicar um pontapé ou partir para a briga, invariavelmente, fazia-o no momento menos oportuno.

> Aqui ninguém ganhava. Também até contra o Vitória de Setúbal a gente mandava um "scratch" para campo. O importante era vencer. E o brasileiro vencia, por bem ou por mal. Enquanto pôde meter o pé na hora exata venceu. Bastou que aparecesse a dúvida: apanhamos aqui mesmo de cinco e para os argentinos. É que tínhamos, subitamente, descoberto as regras do jogo. Foi em 38, na França, no Campeonato do Mundo. Contra a Tcheco-Eslováquia, primeiro jogo. Um tcheco meteu o braço em Zezé Procópio, que não levava desaforo para casa. O juiz mandou o tcheco para fora do campo e Zezé Procópio viveu um drama shakespeariano. Dou ou não dou? Parecia que não ia revidar, que ia deixar o tcheco ir embora, o tcheco já ia pisando aquela linha de pó de alvaia de onde se batem os "out-sides". Aí Zezé Procópio não aguentou: correu feito um louco, agarrou o tcheco, meteu-lhe o braço. Foi, naturalmente, posto para fora do gramado. E o Brasil empatou o jogo. (ibidem, 14.1.1956)

> Estamos um pouco melhor mas já estivemos mais perto das regras. Sem sentir vamos caminhando para um futebol de regras quase brasileiras. Quer dizer: voltamos mais ou menos a 38 quando experimentamos o primeiro grande choque. É que Domingos da Guia vendo a bola perder-se pela linha de fundo tratou de aproveitar e meteu o pé em Piola. Domingos da Guia estava certo que poderia meter o pé sem mais risco nenhum. Bola fora, quer

dizer, jogo parado. Para ele o juiz só poderia marcar qualquer coisa com a bola em jogo. O juiz, porém, não conversou: pênalti contra o Brasil. E para nós brasileiros aquilo era um furto.

...

Mais uma vez compreendemos que era indispensável conhecer as regras. (ibidem, 30.11.1957) [O jogo em questão é Brasil x Itália, pelas semifinais da Copa do Mundo de 1938.]

Bigode estava dominando Gigghia. Gigghia nem pegava na bola. Obdulio Varela não conversou: pegou Gigghia, sacudiu-o, xingou-o, esbofeteou-o, foi para Bigode e tocou-lhe o braço. E a cabeça de Bigode era só Remember 38. Bigode baixou os braços, ficou duro, esbofeteado na frente de duzentas mil pessoas, na certeza de que Obdulio Varela ia ser expulso. Não foi. Foi assim, El Gran Capitan. Noutros tempos, realmente, nos tempos de Fausto dos Santos, teríamos ganho aquele Campeonato do Mundo a bofetão. Já não sabemos fazer isso, só sabemos jogar futebol. Quando tocamos o braço o que deveríamos ter feito era oferecer a outra face, e quando oferecemos a outra face é que devíamos ter dado o bofetão. E a dúvida permanece cada vez mais hamletiana. Dar ou não dar, eis a questão. (ibidem, 14.1.1956) [Sobre Brasil x Uruguai, em 16.7.1950.]

Restava, todavia, um consolo: também os uruguaios haviam mudado, pois a violência não seria uma característica que acompanhasse seu futebol desde as origens. Segundo Mário, os cisplatinos passaram a dar bofetões só depois que deixaram de ser campeões olímpicos. Até então, mesmo perdendo em casa, eles seriam verdadeiros *gentlemen*. Mas a situação se alterara e, nos confrontos com os brasileiros, a dificuldade se instaurava: os uruguaios não levavam desaforo para casa, ao passo que os brasileiros consideravam e reconsideravam a adequação do revide. Teria sido a esse confronto entre *comportamentos nacionais* que se assistira na final da Copa do Mundo de 1950.

Mas era um tempo em que até a gente podia ganhar deles em Montevidéu, sem apanhar. Foi o que aconteceu em 32. Depois é que eles, deixando de ser os olímpicos, deram para meter o braço. Numa Copa Rio Branco, em São Januário, em dois minutos de jogo, Danilo era esbofeteado. Assim ninguém pode estranhar um bofetão uruguaio. A derrota do Brasil em 50 começou no bofetão de Obdulio Varela em Bigode, duzentos mil brasileiros assistindo. A ordem era não revidar: Bigode ficou firme. Esperava a expulsão de Obdulio Varela. Mr. Reader não expulsou Obdulio Varela: tinha sido avisado de que os uruguaios podiam querer estragar a festa da conquista brasileira do campeonato do mundo.

Se um uruguaio fosse expulso a Celeste abandonaria o campo. Era preciso garantir o happy-end da maior Copa do Mundo que já houvera. Só que saiu tudo ao contrário: Bigode ficou com o bofetão e o Brasil perdeu o campeonato do mundo. Aquele bofetão ficou ardendo no rosto da gente. Em 52 fomos para a forra que não era forra. Era um Pan-Americano e não um campeonato do mundo. Mas com o tempo fomos achando que tínhamos dado um exemplo, e tínhamos realmente. Se o campeonato do mundo fosse em Montevidéu, os uruguaios não deixariam que ninguém levasse a Copa. Os próprios uruguaios, na grande admiração incontida pelos brasileiros, confessavam isso em voz alta.

O que não queria dizer, absolutamente, que recuando o tempo, eles deixassem de fazer o que fizeram em 50, no Maracanã. E muito menos se o campeonato fosse no Estádio Centenário, em Montevidéu. Não vamos, pois, achar que os uruguaios deviam se ajoelhar toda vez que pisassem o gramado do Maracanã. Eles não se ajoelharão nunca e sabemos disso. Eles foram campeões do mundo porque deram um bofetão em Bigode. E enquanto precisarem esbofetear os Bigodes que aparecerem no caminho de uma vitória, não hesitarão. (ibidem, 14.1.1956)

O cronista chegava à conclusão de que o brasileiro sofria de uma tendência incurável de admirar as qualidades alheias e negar as suas próprias. Dizia que, em 1954, por exemplo, "enquanto os técnicos de todo o mundo sonhavam com jogadores brasileiros para dirigir, apontando-os como insuperáveis, individualmente, Zezé Moreira suspirava por húngaros" (ibidem, 20.4.1957).

Pouco antes da Copa de 1958, Mário afirmava que o brasileiro andaria tão descrente em seu potencial que chegava a duvidar da veracidade do adversário, sobretudo quando conquistava uma vitória inesperada. Assim teria sido quando os temíveis húngaros, vice-campeões mundiais, chegaram ao Brasil em janeiro de 1957, conforme o relato no capítulo anterior.

O Flamengo venceu o primeiro jogo contra os húngaros e provocou um rebuliço na imprensa esportiva. Na opinião de Mário Filho, o brasileiro considerava tanto o futebol húngaro que não admitia que um clube brasileiro vencesse o melhor clube europeu da época em pleno Maracanã. Em vez de reconhecer o mérito do Flamengo, o brasileiro duvidou da autenticidade do Honved. Seriam os húngaros mesmo? Não seriam impostores? O brasileiro só teria ficado plenamente satisfeito quando o Honved venceu o outro jogo contra o Flamengo e também contra o Botafogo.

Essa discussão tocava novamente na questão do confronto entre nações diferentes e, sobretudo, do confronto das concepções que cada uma delas teria da outra. A imagem que uma equipe tinha da adversária não necessariamente corresponderia à imagem que ela fazia de si própria. Quando ocorria o confronto, descobria-se que o outro não era de fato do jeito que se imaginara que ele fosse. Mário se entregava a essa especulação para mostrar que, na verdade, o brasileiro andava tão descrente de si próprio, que não conseguia admitir que era tão bom quanto os húngaros.

> A temporada do Honved como que exibiu uma nova atitude do brasileiro diante da vitória e da derrota. Noutros tempos aqueles 6 x 4 do Flamengo teriam provocado uma emoção nacional. Por muito menos viveram os torcedores de quarenta, de trinta, de vinte anos atrás, intensos momentos de glória. Um exemplo típico foi o Motherwell. Vinha um time europeu que às vezes

era da primeira divisão e se era, era de colocação baixa e tomávamos como um scratch nacional, europeu, para poder gritar que mais uma vez a Europa se tinha curvado ante o Brasil. Agora vem o Honved reforçado, com dez jogadores da seleção húngara, perde do Flamengo de seis e o que se diz de menos, é que esses húngaros, autênticos, eles mesmos sem a menor dúvida, não são húngaros. Só foram húngaros quando derrotaram o Botafogo, e nem tanto, já que apenas os reconheceram inteiramente no Pacaembu vencendo o Flamengo de seis. (ibidem, 9.2.1957) [Os resultados dos jogos disputados pelo Honved no Brasil foram os seguintes: Flamengo 6 x Honved 4, Botafogo 2 x Honved 4, Flamengo 4 x Honved 6, Flamengo 2 x Honved 3 e Seleção Flamengo/Botafogo 6 x Honved 2.]

Enquanto Zé Lins esforçava-se por mostrar os grandes empreendimentos da engenharia nacional e as gloriosas conquistas no futebol na intenção de que o brasileiro acreditasse em sua capacidade de realização, que, segundo ele, lhe seria inerente, Mário Filho, por sua vez, tentava chegar ao mesmo objetivo, só que por outra via. Para ele, a insegurança do brasileiro seria de tal ordem que o tornava frágil e incapaz de qualquer reação. Não seria com discursos otimistas, portanto, que se reverteria esse quadro. Resgatando histórias do passado que mostravam um brasileiro mais seguro de si e tentando descobrir a razão da mudança de postura, Mário Filho esperava que o brasileiro readquirisse a confiança e a valentia que tivera um dia.

"O individualismo no futebol brasileiro"

O tantas vezes celebrado *jeitinho* brasileiro, identificado na habilidade em contornar dificuldades e, quando necessário, de burlar a própria lei, como definem Roberto Da Matta (1981) e Lívia Barbosa (1992), podia ser largamente encontrado no universo do futebol, segundo as observações de Mário Filho. Em sua opinião, o desejo de entrar no estádio sem pagar, de levar vantagem sobre os demais, era o que levaria o torcedor a cobiçar a posição de *carona*. O *carona* ou o *burlador de catracas* era definido como aquele que procura levar vantagem sobre os demais, valendo-se, para isso, de seus relacionamentos pessoais. O *carona*, portanto, exibiria um traço típico do caráter brasileiro.

Os cartões especiais distribuídos pela Federação Metropolitana de Futebol, do Rio de Janeiro, ou pela CBD, que davam direito a entrar no Maracanã como convidado, seriam muito cobiçados. Não era fácil obtê-los; logo, receber um deles poderia ser interpretado como sinal de distinção, de privilégio, condição que muitos gostariam de alcançar. Entrar de graça no estádio, ser *carona*: para Mário, esse seria o sonho do torcedor brasileiro. Muitos dos que tentavam torná-lo realidade chegavam a pagar por um cartão especial, para ser *carona* por um dia, para ser especial por um dia:

> muito torcedor, mesmo milionário, considera uma espécie de humilhação comprar uma arquibancada ou uma cadeira numerada para ver uma partida de futebol. Então a gente vê figurões exercendo todo o prestígio que têm, movimentando às vezes máquinas poderosas, irresistíveis, por causa de um convite, de um cartão que dê direito a entrar no Maracanã. A ilusão de ser carona compensa tudo.
>
> Os Ministérios pedem-nos [os cartões]. Até o Catete. O alto comércio, a indústria pesada, reclama-os. Não se dá um cartão desses a qualquer um. É preciso, pelo menos, que o falso carona tenha um *amigo importante* e que goste de mostrar-se importante, exibindo a prova definitiva: um ingresso grátis para o futebol. Uns vão sem convite, mas com a cara de deputado, de senador, de ministro. A ilusão de ser carona é quase perfeita. No fundo, porém, eles sabem que não o são. Mas adotam uma pose do imaginário carona que não conhecem e veneram secretamente. (ibidem, 26.11.1955)

O que justificaria esse tipo de comportamento? A explicação de Mário Filho era a de que, no Brasil, o futebol seria gênero de primeira necessidade, *pão espiritual* do torcedor, do amante do futebol. Sem ele, nenhum torcedor poderia ser plenamente feliz, pois, com seu mundo de ilusão, o futebol compensaria uma série de frustrações. Mas essa não seria a única explicação para o *carona*. Mário Filho acreditava que o futebol se amoldara aos costumes personalistas brasileiros. Nisso consistiria sua diferença e originalidade, cujo valor máximo estaria centrado no brilho individual de cada elemento de uma equipe. A questão mereceu atenção especial e foi abordada numa série de três crônicas intituladas "O individualismo no futebol brasileiro", em que o fenômeno foi observado de vários ângulos.

O individualismo do jogador de futebol brasileiro, segundo o cronista, viria desde os tempos do amadorismo de Miller e Cox e espelhava a valorização do individualismo na própria sociedade brasileira, entendido, aqui, como uma forma de distinção. Mário não se preocupava em saber de onde viera esse comportamento do brasileiro, como fizera Sérgio Buarque de Holanda (1995) em *Raízes do Brasil*. Tomando-o como parte da *natureza* e de uma *maneira de ser* brasileira, o cronista se preocupava apenas em verificar os primórdios de sua relação ou influência sobre o futebol praticado no país.

> Nem Charles Miller nem Edwin Cox podiam supor, embora já jogando não para inglês ver, mas para brasileiro ver, que estavam semeando, em terreno fértil, o individualismo num jogo que por princípio era "association". Só mesmo um inglês como o velho Cox, conservando-se inglês apesar dos filhos brasileiros, pelo menos em futebol, se arrepiaria com o êxito daquela tendência que nascia, e que era perigosa justamente porque ia ao encontro de uma maneira de ser brasileira, a do brilho pessoal, a do anel de doutor no dedo, mesmo sem diploma, a do título de doutor, mesmo sem anel, e do discurso, a do soneto, pecados que todos cometiam ou que se vangloriavam em ter cometido, às vezes em

confissões como que envergonhadas, mas que no fundo eram sussurros do orgulho humilhado. (*Manchete Esportiva*, 6.4.1957)

Antes do advento do *amadorismo marrom*, o reconhecimento do jogador habilidoso, acima da média, ou seja, do craque, teria contribuído para a exacerbação do individualismo, que passara a ser, do ponto de vista do cronista, um traço distintivo do próprio futebol brasileiro. O craque, na maioria das vezes, seria a própria personificação do individualismo. Ele reivindicava uma série de privilégios, pois sabia que o sucesso da equipe dependia de sua habilidade e características pessoais.

As aparências que eram guardadas no amadorismo não puderam mais ser conservadas. Nos próprios clubes chamados grandes, ou finos, o craque, mesmo filho de boa família, se considerava indispensável à vitória. Muitos já jogavam por favor, a pedido, e não se submetiam mais ao treinamento que chegava a ser severo nos primeiros tempos. Ou na época encerrada em 19 com a conquista do campeonato sul-americano e do tricampeonato do Fluminense.

A vitória do Brasil no campeonato sul-americano exaltara o jogador. Quem marcou o único gol do Brasil e Uruguai, que decidiu o título, foi Artur Friedenreich, um mulato de olhos azuis. De nada valeu a Neco ter marcado os dois gols de empate do primeiro match e nem o passe de Friedenreich para o gol da vitória no desempate. Aos olhos de todo o Brasil, Friedenreich era o herói. Personalizava-se a vitória. O que acentuou o individualismo do futebol brasileiro. A ambição de quase todo o jogador brasileiro era ser Friedenreich, o lembrado, o idolatrado, e não Neco, o esquecido. O lugar de ídolo passou a ser disputado sobretudo quando veio o marronismo que era o reconhecimento da dependência do clube. Quanto mais um clube dependesse de um jogador, melhor para o jogador. Mas essa dependência não era só a da eficiência, era também e principalmente a do nome do jogador. (ibidem, 13.4.1957)

"Com brasileiro, não há quem possa!"

Para Mário, a tendência à supervalorização do craque após a oficialização do profissionalismo, em 1933, teria intensificado ainda mais o individualismo no futebol brasileiro. O craque, então, foi alçado à posição de ídolo nacional e tentou obter ainda maiores privilégios e favores, diferenciando-se do ordinário dos jogadores. Conforme a interpretação que o cronista dá ao individualismo – uma *tendência nacional*, uma certa inclinação ou propensão coletiva –, seria praticamente impossível destruí-la. Porém, essa inclinação patológica não poderia ser corrigida de alguma forma?

> Estava-se, é verdade, no profissionalismo, que já submetia o jogador a outra disciplina. Mas era difícil extirpar uma tendência nacional. Em 38, apesar da derrota do Brasil no campeonato do mundo, Leônidas da Silva foi elevado à categoria de ídolo nacional. Era isso mais do que um convite ao individualismo do jogador. (ibidem, 13.4.1957)

Avançando em suas especulações, Mário Filho ponderava: o individualismo tinha limites. À primeira vista incompatível com uma postura personalista, a humildade seria outra das características do brasileiro identificadas pelo cronista. E no futebol, o aparecimento desse sentimento era datado: teria sido em 1939 que o brasileiro se tornara humilde, após o *desastre* da Copa Roca, ocasião em que o Brasil perdeu para os argentinos por cinco gols a zero. O Brasil nunca havia perdido, em casa, para os argentinos. Com a derrota, o antigo ufanismo fora substituído pela admiração um tanto doentia pelo futebol argentino, que Mário batizara de *platinismo* e que, de acordo com suas observações, fizera nascer a humildade do brasileiro no futebol:

> É fato que essa humildade do futebol brasileiro se alimentou de admiração pelo futebol argentino. Seria melhor dizer pelo jogador argentino, embora o Plata para cá nos mandasse jogadores já passados. Só por descuido é que nos aparecia um novo e grande platino. (ibidem, 13.4.1957)

O *platinismo* teria imposto limitações momentâneas à plena expansão do individualismo, uma vez que a súbita valorização do jogador argentino colocara o brasileiro em inferioridade e dera ao técnico também ele acometido do individualismo, a oportunidade de impor-se a seus comandados e de ditar as diretrizes do jogo. Ao jogador caberia apenas acatar as instruções do técnico. Mas, no pleno comando da equipe e fazendo-se ouvir pelo jogador brasileiro, até então pouco obediente, o técnico pôde pôr em prática a formação que quis. Ele se destacava, naturalmente, pela posição que ocupava e, muitas vezes, iria entrar em confronto com o craque. Mas isso não significava vitória total do técnico. Buscando exemplos no passado, Mário Filho tentava mostrar que, com essa atitude, o técnico, na verdade, acabou acentuando ainda mais a *tendência ao individualismo* do jogador brasileiro, tanto por sua postura pessoal como pela formação tática que imprimia à equipe, explorando ao máximo os dotes individuais de seus atletas. Mário Filho concluía, então, que a doença do platinismo deixara sequelas: acentuara o individualismo e criara sistemas de jogo que tiravam proveito dele:

> O platinismo, colocando em segundo plano o jogador brasileiro, favoreceu a obra do técnico ou de alguns técnicos. A obra de Flávio Costa e de um Ondino Vieira que descobriram ao mesmo tempo a diagonal ... A diagonal foi criada para aproveitar, ao máximo, as virtudes de grandes jogadores, os jogadores à disposição do Flamengo e do Fluminense. Veja-se o caso do Flamengo: Domingos da Guia era o beque central, perdido um pouco para a direita, onde Biguá se multiplicava, favorecido por uma vitalidade espantosa, numa marcação implacável. Do mesmo lado direito, Zizinho jogava recuado. O half que avançava era Jaime, macio no passe e que não podia ser marcador como Biguá, embora Biguá parecesse o mais livre dos jogadores. O que se quer mostrar é que a diagonal não foi um sistema imposto contrariando as inclinações dos jogadores. Pelo contrário. Veio ao encontro dessas inclinações, eram mais do que inclinações dos jogadores

do Flamengo ou do Fluminense, que eram, num sentido profundo, as próprias inclinações do futebol brasileiro naquele momento. (ibidem, 13.4.1957)

Enquanto o individualismo do jogador era passível de sofrer alterações positivas, o individualismo de certos técnicos, por seu lado, seria incorrigível. Mário Filho tomava Flávio Costa para demonstrar essa sua tese. Para o cronista, Flávio Costa julgava-se o dono do time e dizia que era ele quem dava a vitória à torcida e não os jogadores em campo. Os jogadores, por sua vez, teriam se habituado a esse tipo de comando e só queriam receber instruções; haviam se afeiçoado àquele sistema de trabalho e não queriam que fosse diferente. Mas a *era Flávio Costa* finalmente chegara ao fim – comemorava Mário Filho – e ressaltava a substituição do individualismo pela humildade. Fleitas Solich, técnico de origem paraguaia que atuava no Brasil, era tomado por Mário como um exemplo nesse sentido, mas ressaltava que, às vezes, sua postura também era extrema, na medida em que se eximia totalmente dos méritos pela vitória. A postura correta, segundo o cronista, não seria o individualismo nem a humildade, e sim a valorização da equipe, do trabalho de todos convergindo para a obtenção de um só objetivo:

> o individualismo no jogador pode ser corrigido. Não acontece o mesmo com o individualismo do técnico. Quem vai corrigir o individualismo do técnico? Flávio Costa indiscutido tantos anos, quando passou a ser discutido se perturbou. E se perturbou porque se julgava com direito a imunidades. Um dos argumentos que ele apresentava contra as críticas era os serviços que tinha prestado ao futebol brasileiro. Ora, acima do egoísmo do jogador ou do técnico, há o egoísmo do torcedor. Ou o egoísmo do próprio futebol.
>
> A queda de Flávio Costa e Zezé Moreira permitiu o aparecimento de outros técnicos. Com um Fleitas Solich surgiu, inclusive, o que chegou a ser insólito: a humildade do técnico. Diante

de uma vitória Fleitas Solich aponta para o time e diz que foi o time que venceu.

Técnicos dessa espécie podem ser a grande arma contra o individualismo, que é a fraqueza do futebol brasileiro. Antes de mais nada o técnico tem de dar o exemplo de identificação com o time. Não é o técnico que vence, nem o jogador que fez o gol da vitória. O técnico não se omite, assim, da vitória, participa dela como se fosse um do time, que o é, num sentido profundo. Num time em que o técnico, com carta branca, não é o autor da vitória, ninguém pode ser mais do que ninguém ... Eis o caminho certo e que não é o da despersonalização, que é o da valorização de todos os que colaboraram para a vitória. Todos ganham juntos e perdem juntos. É a equipe funcionando. (ibidem, 20.4.1957)

Unir-se, formar uma verdadeira equipe: nisso consistiria a receita de Mário Filho para a superação da humildade e do individualismo mórbidos que, de acordo com suas observações, perturbavam o sucesso do futebol brasileiro.

"O complexo de ser brasileiro"

Nos meses que antecederam a Copa de 1958, na Suécia, Mário Filho começou a buscar os *defeitos* no caráter nacional brasileiro que, segundo ele, vinham dificultando ou impedindo que o Brasil oficializasse seu valor no futebol. Entre eles, o cronista identificava a mania do brasileiro de vaiar e tripudiar sobre o adversário como um traço característico da nacionalidade. Outro comportamento típico seria a tendência do brasileiro sentir-se inferior ao estrangeiro, que, muitas vezes, se manifestava sob a forma do platinismo.

Talvez o problema estivesse, em grande parte, na visão unilateral que o brasileiro tinha dos fatos – considerava o cronista. Enquanto a derrota de 1950 se abateu sobre a nação como uma humilhação, como um momento de luto pela decepção com a incapacidade nacional de demonstrar reação no momento certo, os europeus interpretaram, por exemplo, a não invasão do campo e os aplausos à equipe uruguaia como demonstração de maturidade esportiva dos brasileiros, que souberam perder na própria casa e respeitaram a vitória do adversário.

Dias depois da grande final da Copa, o *Jornal dos Sports* publicou artigo do jornalista inglês Willy Meisl – citado no capítulo anterior –, que saudava o futebol brasileiro como o melhor do mundo, mesmo sem ter conquistado o título mundial. Quem pôde viver a história do outro lado, ou melhor, quem a acompanhou como uma disputa esportiva e se manteve isento com relação às paixões em jogo no Maracanã, teve uma visão bem diferente dos acontecimentos. Sete anos depois, Mário Filho considerava o lado bom da tragédia de 1950: o reconhecimento da *esportividade* brasileira pelo europeu contribuiu para distingui-lo dos argentinos e uruguaios, até então costumeiramente tratados, de forma indistinta, de *sul-americanos*:

> Sempre me lembrarei de leitores que me vieram agradecer a 18 de julho de 50, dois dias depois da perda do Campeonato do Mundo, um artigo que mandei publicar – escrito por um cronista estrangeiro, Willy Meisl – e que era uma exaltação da derrota do Brasil. A derrota teria sido uma lição de humildade para o futebol brasileiro que subira tanto, que poderia, das alturas a que fora guindado, considerar-se acima da contingência humana. Assim a derrota representava até um bem. Só tirara um título do futebol brasileiro – mas o deixara intacto, como o melhor do mundo, na opinião dos que, sendo estrangeiros, estavam em condições de admirá-lo melhor ou de compreendê-lo melhor. O torcedor queria uma palavra boa e quando a teve, insuspeita, subiu as escadas de uma redação para agradecer ao jornal. (*Manchete Esportiva*, 1º.6.1957)

Mas recebemos elogios do mundo inteiro. O Brasil soubera perder. O mundo, realmente, ficou de boca aberta. Porque para os europeus, e o mundo, no caso se resumia na Europa, os brasileiros eram igualzinhos [sic] aos uruguaios, aos argentinos, aos sul-americanos, enfim. Se o Brasil tivesse levantado o Campeonato do Mundo a Europa ainda estaria na mais completa ignorância a respeito da esportividade brasileira. (ibidem, 31.5.1958)

Uma nova Copa se aproximava e, conforme a avaliação de Mário, o brasileiro já havia esquecido que sua esportividade fora apreciada e reconhecida pelo estrangeiro. Em 1958, pouco antes do início do torneio na Suécia, Mário Filho voltou a esquadrinhar o caráter brasileiro, valendo-se sempre de comparações entre diferentes comportamentos nacionais. Dando prosseguimento às suas explanações, o cronista mostrava como o brasileiro valorizava determinados comportamentos do estrangeiro, sem, no entanto, conhecê-lo de perto. Assegurava que os russos, por exemplo, eram mais brasileiros do que se poderia imaginar em sua mania de vaiar e humilhar o adversário. Apontando, no comportamento do estrangeiro, atitudes reprováveis e que o brasileiro acreditava serem exclusivamente suas, Mário pretendia derrubar o sentimento de inferioridade, que impedia o brasileiro de realizar-se plenamente:

> Depois que o English-Team fez o primeiro que seria o único, dele, é claro, e a Rússia demorou a marcar o dela, que marcaria, mas só no segundo tempo, a torcida moscovita não se conteve mais e prorrompeu em vaias que em nada perderam das nossas em circunstâncias parecidas. O que mostra que os russos são mais brasileiros do que se imagina. E não só os russos: os ingleses também. A gente é que tem mania de achar que essas coisas só acontecem no Brasil. Ou na América do Sul. É verdade que, oficialmente, temos o orgulho do outro lado de 16 de julho. Do lado que chamamos de bom. O lado ruim, como vocês sabem, foi, como não podia deixar de ser, o da derrota. E, sobretudo, da derrota em casa.
> ...
> Houve russos que não vaiaram. Vinte por cento pela estatística auditiva. Não se trata de sugerir a vaia. É preciso resistir a

ela, o mais que se pode. A vaia só faz bem a quem vaia. A quem tem de vaiar para não explodir. É um desabafo. Também faz bem aos que não vaiam, vamos ser francos. Pela satisfação que dá, íntima, gostosa, de superioridade esportiva. Eu não vaio, pensa o que não vaia; logo, sou desportista. Quem não vaia julga-se um pouco inglês, embora o inglês vaie. Ou certos ingleses. E quando se diz inglês ou ingleses, o que se quer dizer é todo mundo. Porque se o inglês vaia o sueco também vaia. E o alemão. Ou seja lá que povo for. (ibidem, 31.5.1958)

Na tentativa de promover um processo de autodescoberta, Mário continuava fazendo releituras de episódios da história do futebol brasileiro, que considerava relevantes. Na final da Copa de 1950, enquanto a imprensa europeia elogiava a esportividade verde-amarela, um jornal brasileiro estampava uma coroa mortuária na primeira página, numa demonstração da não aceitação da derrota. Mas, pouco depois – de acordo com a versão do cronista –, o brasileiro descobria que tudo era relativo e que um jornal inglês poderia ser igual aos seus. Por ocasião da desclassificação da seleção da Inglaterra dessa mesma Copa, um jornal de lá também publicara uma coroa mortuária, acompanhada da seguinte inscrição: "Descansa em paz, English-Team".

Mário insistia em perseguir explicações para o comportamento instável do brasileiro. Quando se acovardou e não revidou uma agressão, sentiu-se humilhado. Mas quando teve oportunidade de proceder assim, envergonhou-se da atitude. O cronista via aí um *defeito*, uma falha que punha tudo a perder. O brasileiro envergonhava-se de tudo, inclusive de si próprio. Sofria de um *complexo de ser brasileiro*, que o fazia sentir-se inferior ao estrangeiro. Envergonhando-se, não assumia sua identidade e passava a admirar outros tipos de comportamento, que teria como ideal a atingir, como o inglês, o argentino, o uruguaio. Quando tentou imitar o uruguaio e distribuiu bofetadas, envergonhou-se mais por dá-las que por recebê-las. Portanto –

concluía o cronista –, enquanto continuasse admirando outros povos, não descobriria sua própria face, tampouco seus valores:

> No fundo, porém, nos envergonhamos de tudo: da derrota, da passividade do escrete, da coroa mortuária. E nos doía, acima de tudo, a comparação com a Celeste: a Celeste ganhara na raça e no peito e o que era pior, aqui em casa, na cara da gente. Aquele bofetão de Obdulio Varela em Bigode e que Bigode depois disse que não foi bofetão, mas que para nós foi, parecia que queimava em nossos rostos. Por isso é que, em 52, no Pan-Americano, os jogadores brasileiros se julgaram obrigados a meter a mão na cara dos uruguaios. Para mostrar que não eram covardes. Não era preciso fazer isso. Faça-se justiça a todos nós: as bofetadas que demos nos envergonharam tanto quanto as bofetadas que levamos. (ibidem, 31.5.1958)

A postura do brasileiro, para Mário Filho, seria de total autonegação. O *complexo de ser brasileiro* provocava a vergonha tanto por suas ações quanto por suas omissões. Mas, caso se analisasse o comportamento de vários estrangeiros, sobretudo em relação às paixões suscitadas pelo futebol, poder-se-ia ter a dimensão do quanto os *defeitos* que se enxergava no brasileiro eram, na verdade, parte da natureza humana e, portanto, passíveis de serem encontrados em quaisquer povos ou nacionalidades. Logo – concluía o cronista –, não havia razão para sentir-se inferior ao inglês ou a quem quer que fosse. Sendo assim, como superar esse complexo quando as mais diferentes posturas adotadas pelo brasileiro não lhe agradavam plenamente? Onde estaria a raiz do problema?

> A gente é que tem, pelo menos no esporte, o complexo de ser brasileiro. Achando que se fôssemos ingleses nos comportaríamos com muito maior discrição. Sobre esse ponto talvez tenhamos razão. Os ingleses se controlam muito mais. Habituou-se a controlar-se. Mas se fôssemos olhar um inglês por dentro veríamos um brasileiro, ou um uruguaio, ou panamenho. O que não impede que admiremos um inglês e que o invejemos. Só

que fazemos dele uma ideia exagerada. O inglês fica sendo o que desejaríamos que ele fosse, como um ideal a atingir. E que, atingido, nos tiraria a vergonha que sentimos tantas vezes ... Nunca achamos que nada nosso está certo, o que é um exagero. Uma vez achamos e nos demos pessimamente mal. Foi em 50.

Mas para esses brasileiros que querem ser ingleses e que exigem dos outros brasileiros que sejam ingleses, e ingleses à moda deles, é bom dizer que na Inglaterra a imprensa perdeu, se o termo é esse, a paciência, e está se metendo na escalação do escrete, fazendo uma confusão que poderia ser chamada de brasileira. O tal Kevan, que está substituindo Taylor, que morreu no desastre de avião em Munique, é tratado de bonde para baixo. Vamos ter pelo menos esse consolo: todos são iguais. Pelo menos quando se trata de futebol. (ibidem, 31.5.1958)

"O pecado original do futebol brasileiro"

Mário Filho identificou mais um *defeito* no brasileiro: tripudiava sobre o adversário e comemorava a vitória antes da partida final. Numa atitude de total falta de respeito, infringia um dos dez mandamentos: "Amai ao próximo como a ti mesmo". A ideia de que ele cometia um pecado remetia o cronista à elucidação de um ponto fundamental: qual seria *o pecado original do futebol brasileiro*, o seu erro fundador? Com esse propósito, buscava empreender uma espécie de arqueologia da moral do futebol brasileiro.

A fatídica derrota do Brasil na Copa do Mundo de 1950 foi matéria para Mário refletir sobre o caráter nacional em inúmeras crônicas. Quem sabe, um dia, não se chegaria a uma palavra final sobre o 16 de julho que deixara cicatrizes eternas na memória futebolística brasileira? Enquanto esse dia não chegava, Mário explorava vários aspectos do episódio, analisando-o, detidamente, numa série de três crônicas intituladas "O pecado original do futebol brasileiro".

Ainda em 1956, procuravam-se os culpados pela derrota de 1950. Do técnico Flávio Costa, dizia-se não ter administrado o resultado de 1 x 0, favorável ao Brasil, e de não ter feito alterações táticas após o primeiro gol uruguaio. Como o Brasil jogava pelo empate, o placar de 1 x 1 daria a vitória ao Brasil. Acusavam-se os zagueiros Bigode e Juvenal e o goleiro Barbosa de terem falhado nas jogadas que resultaram nos gols do Uruguai. Mário Filho acreditava que a perda da Copa para o Uruguai configurava uma ofensa irreparável. Mesmo vencendo os uruguaios em ocasiões posteriores, bastaria um simples gesto de ofensa dirigido à torcida por um uruguaio para que o sofrimento do 16 de julho viesse à tona como uma ferida ainda aberta. Passados seis anos daquele jogo dramático, a impressão que o cronista tinha era a de que 1950 jamais seria esquecido:

> Até hoje os uruguaios, se perdem mais uma vez para os brasileiros, saem de campo debaixo de vaia mas esticando um dedo da mão direita e abrindo vê em dois dedos da mão esquerda. E aquele é o maior insulto que a gente podia receber. Pelo menos reabre a ferida, nunca cicatrizada direito, do 16 de julho de 1950.
>
> O brasileiro vai para campo, molha a camisa, mata-se, acumula vitórias contra os uruguaios para que aquela derrota fique embaixo, lá no fundo, sufocada, esmagada, definitivamente esquecida, e o gesto dos vencidos de hoje mas dos vencedores de um dia, revive-a como uma ofensa que é. Exceto os acenos que fazem para agradecer palmas ou provocá-las, todo gesto de jogador para o público é para ofender. (ibidem, 17.11.1956)

Em 1957, intrigado com as reações da imprensa e da torcida em virtude dos jogos que o clube húngaro Honved vinha obtendo em sua excursão ao Brasil, Mário Filho resolveu voltar no tempo e chegou a 1950, ao jogo entre Brasil e Espanha realizado no Maracanã, em que a seleção brasileira venceu por seis gols a um. Nas arquibancadas, a torcida eufórica, diante da bela atuação da seleção brasileira, começou a cantar a marcha carnavalesca *Touradas em Madri*, de autoria de Alberto Ribeiro e João de Barro, que fizera grande sucesso em 1938. A letra, bastante simples, dizia:

> Eu fui às touradas em Madri
> Pá-rá-rá-tim-bum-bum-bum
> Pá-rá-rá-tim-bum-bum
> E quase não volto mais aqui
> Pra ver Peri beijar Ceci
> Pá-rá-rá-tim-bum-bum-bum
> Pá-rá-rá-tim-bum-bum

Mais que a letra da música em si, as arquibancadas cantando em uníssono, pelo sentimento de superioridade e alegria que unia a todos, causou impacto nos presentes. Extasiada com o desempenho da seleção, parecia que a torcida perdera o pudor e, em sua alegria incontida, tripudiava sobre o adversário vencido. A proximidade física e o estado de *excitação nervosa* que arrebatava os indivíduos/torcedores fizeram que cada impulso crescesse como uma avalancha. Como lembra Georg Simmel (1983, p.96), as grandes massas são animadas por ideias simples. E foi assim, animada por forte emoção e por uma única ideia – a vitória cabal – que a torcida no Maracanã explodiu com as *Touradas em Madri*. No entanto, as mesmas arquibancadas, sete anos depois, não conseguiram se entusiasmar com a vitória do Flamengo por 6 a 4 sobre os húngaros, então vice-campeões mundiais, no mesmo Maracanã:

> Tanto que a vitória do Flamengo não trouxe aquela euforia do futebol brasileiro que era a consequência obrigatória de toda vitória nossa. Mesmo os que reconheceram que o Flamengo tinha jogado uma barbaridade como que encontravam uma desculpa para aquele jogo todo: também com os húngaros jogando tão mal não havia vantagem nenhuma no baile. Ora, o torcedor brasileiro do Brasil e Espanha nem de longe admitiria que os seis a um tinham sido consequência de uma fraqueza do adversário. Até a vitória o brasi-

leiro temia a chamada Fúria. A Fúria continuou Fúria, embora para os outros. Mas dizíamos, com orgulho, que só o futebol brasileiro era capaz de fazer aquilo com o espanhol. A goleada, por isso, não diminuiu a alegria da vitória. Pelo contrário: ampliou-a.

Só assim se explicam as Touradas de Madri cantadas a duzentas mil vozes. Foi de repente, sem ninguém avisar. E parecia que aquela massa humana, a maior que já assistira a um match de futebol, tinha sido ensaiada meses a fio. Não se sabe quem começou a cantar, contagiando os outros. Quando demos acordo de nós estávamos cantando, a plenos pulmões, as Touradas de Madri. E todos ao mesmo tempo, como a um sinal de um maestro invisível. O maestro era a vitória, a grande vitória. A vitória embebedava-nos, não havia, para nós, vinho mais capitoso e que nos subisse mais depressa à cabeça do que a vitória. Diante de uma vitória como aquela só tínhamos uma forma de expressão: a marcha carnavalesca. E bem à mão da memória de todos nós havia as Touradas de Madri, de um carnaval passado, mas que parecia feita de propósito para aquele Brasil e Espanha. (*Manchete Esportiva*, 9.2.1957)

As crônicas de Mário Filho, assim como outras da mesma época, contrapõem a imagem do Maracanã em festa, com a torcida cantando enlouquecida *Touradas em Madri*, com a do silêncio quase fúnebre à saída do estádio em 16 de julho. O cronista constatava que, depois das *Touradas em Madri* e do 16 de julho, o torcedor brasileiro não fora mais o mesmo. Seu comportamento tornara-se inusitado: duvidava da vitória e se alegrava com a derrota. Não queria se iludir com a vitória fácil, previamente anunciada. Conduzido por esse sentimento, não festejou a vitória do Flamengo sobre os húngaros, curiosamente, os mesmos que haviam eliminado a seleção brasileira da Copa do Mundo de 1954.

Então como explicar que uma vitória que noutros tempos seria nacional, valendo como uma revanche de Berna, uma esponja para apagar a derrota que nos tirara um campeonato do mundo, aliás outro, não tenha provocado uma emoção forte, não tenha sacudido a multidão, não a tenha feito entrar no samba com o carnaval tão perto? Era difícil encontrar umas outras Touradas de Madri. E tratava-se do Flamengo que em cada campeonato que conquistou arranjou sempre uma marcha ou um samba para festejá-lo melhor. Ninguém saiu cantando o Abre-Alas, Deixa o Flamengo Passar. Como explicar essa mudança súbita no comportamento da torcida brasileira diante da vitória que para ela é o único fim, o único bem? Porque ainda a vitória, para o torcedor brasileiro, é o único fim, o único bem.

Mas não se tratava de campeonato carioca, de Flamengo e Vasco, de Fluminense e Botafogo, tratava-se de Brasil e Hungria. Pelo menos, noutros tempos, quando havia um match assim, todos nós, sendo ou não do clube brasileiro que jogava, nos sentíamos direta e irremediavelmente envolvidos. Um Vasco deixava de ser Vasco para se tornar Brasil. E os jornais faziam questão de salientar que era o Brasil mesmo que estava em jogo. Pode-se dizer que o time que o Flamengo mandou para campo não inspirava muita confiança. Mas isso só poderia aumentar a significação da vitória, provocar maior alegria e maior orgulho do futebol brasileiro. A verdade, porém, é que, em se tratando de futebol brasileiro, o torcedor não quer mais se iludir. Ou por outra, tem medo de se iludir.

Talvez porque nesses matches o futebol brasileiro sempre fez dessas coisas. Na hora decisiva, quando o que está em jogo é o título de campeão do mundo, ou a gente acha que o outro não joga nada ou que joga demais, ou vai para campo como se não tivesse adversário ou dá para tremer. Com o Uruguai, nem tomamos conhecimento dele. Ganhávamos dele todos os dias, mas perdemos no dia em que a vitória valia a Copa do Mundo. Com a Hungria entramos em campo de pernas bambas. Só metemos os peitos quando tudo estava perdido, quando não havia mais jeito. Exatamente como contra o Uruguai. E aí, adeus campeonato. (ibidem, 9.2.1957)

Dizia-se que o brasileiro tremera em 1954, na Suíça. Mas a tremedeira – avaliava o cronista –, tinha um lado bom: *tremer* significava respeitar o adversário, não diminuí-lo, nem antes nem depois da partida. O jogador e o torcedor brasileiros pareciam ter aprendido a grande lição de 1950. Com isso, renovava-se a esperança de conquistar um campeonato do mundo com a maturidade esportiva adquirida pelas experiências pouco felizes.

> Parece que não há outra explicação. Aprendemos a temer o carnaval da vitória antes da última batalha que para nós vai ser em 58 na Suécia. Todas as vezes que nos proclamamos, com ou sem razão, os melhores do mundo, fomos de olhos vendados para o abismo. As Touradas de Madri estão ligadas à derrota de 16 de julho. E há quem diga que sem as Touradas de Madri seríamos os campeões do mundo. Ah! se o Brasil tivesse entrado em campo com medo do Uruguai, achando que o Uruguai era capaz de fazer o que nos fez? Ah! se não tivéssemos dado na Espanha de seis, se só tivéssemos dado de dois, como demos na Iugoslávia. Ah! se tivéssemos jogado com o Uruguai como jogamos com a Iugoslávia de coração apertado.
>
> Foi como o Flamengo jogou contra o Honved. Os húngaros eram os reis do futebol e por aí a fora. E os negrinhos do Flamengo foram para cima deles para não apanhar de muito e foi o que se viu. O futebol brasileiro só joga bem assim. É irresistível quando teme o adversário, mas não muito, que se for muito pode tremer como tremeu em Berna. O fato é que estamos dosando a nossa alegria, racionando-a, com medo já do campeonato do mundo de 58 que nos pode, quem sabe, trazer outra desilusão. Para sofrer menos nem aproveitamos os instantes de grande alegria, de felicidade suprema que experimentávamos antes diante de vitórias muito menores. E isso não nos há de fazer bem. Os jogadores brasileiros tremeram em Berna mais por nós do que por eles. Assim estamos caminhando para uma boa tremedeira na Suécia. (ibidem, 9.2.1957)

A cada derrota do futebol brasileiro, abria-se novamente a discussão sobre de quem teria sido a culpa pelo 16 de julho. Ainda se acusava este ou aquele, mas o fato é que a ferida que a derrota cravara na alma do brasileiro parecia ser incurável. Os medicamentos receitados não surtiam efeito. Mário Filho se debruçava sobre os sintomas da doença e considerava os tratamentos propostos. Na investigação, acabava avaliando o caráter nacional. Em sua opinião, o brasileiro tinha a mania da improvisação, de deixar a solução dos problemas para a última hora. No entanto, em 1950 e em 1954, não havia incorrido nesse erro. A seleção brasileira preparara-se com meses de antecedência. Mesmo assim, deixara o título mundial escapar por entre os dedos:

> o erro foi, diz-se agora, falta de tempo para a seleção e preparo dos jogadores. E acusa-se a mania de improvisação do brasileiro, ou do vício de última hora. Mas em 50 não houve esse erro e fomos para o 16 de julho. Desde janeiro se treinou o scratch e o campeonato do mundo foi no fim de junho. Houve, é fato, um campeonato brasileiro no meio, suspendendo os ensaios, dividindo os jogadores. Mas em 54 não houve campeonato brasileiro e durante seis meses só se pensou na Suíça, o que não impediu a Hungria. (ibidem, 27.4.1957)

Nem mesmo a vingança, que o Brasil conseguira ao vencer o Campeonato Pan-Americano de futebol de 1952, no entender de Mário, fora capaz de superar a humilhação da derrota, pois, ao vencer, o brasileiro se lembrou de que poderia ter ganho também aquela Copa do Mundo. Para o cronista, as causas da derrota de 16 de julho estavam extremamente ligadas à vitória espetacular sobre a Espanha dias antes. Aquela partida teria sintetizado o ideal de vitória para o brasileiro, do jeito como ele sempre sonhara vencer, mas, contraditoriamente, esse ideal expusera toda a fraqueza, todos os defeitos do futebol e do torcedor brasileiros, o seu *calcanhar de Aquiles*, uma vez que a goleada impulsionou a torcida ao olé, às *Touradas em Madri*, a folgar com os espanhóis e também com os uruguaios antes da hora. Talvez o erro estivesse não no excesso de confiança, mas no prazer sádico da vitória. Festejara-se a vitória da guerra no decorrer da penúltima batalha:

Em 52, com um scratch improvisado, sem treino, ou com um único treino antes do embarque para Santiago, o Brasil se tornou o campeão pan-americano, vingando, como se pensou, no dia da vitória, a derrota para o Uruguai dois anos antes.

No fundo se se vingou a derrota de 16 de julho não se conseguiu apagá-la. Pelo contrário: a vitória reavivou a derrota. Ela vinha dizer mais uma vez que poderíamos, que não poderíamos, porque não há força capaz de mudar o que aconteceu, ter conquistado o campeonato do mundo. Pouca gente leva em conta que qualquer match só tem valor em relação a si mesmo. O que parece uma contradição, o Brasil perder do Uruguai, a quem vencia quase sempre e a quem continuou a vencer quase sempre, perdesse justamente quando estava em jogo a Copa do Mundo. Sobretudo depois daquele Brasil x Espanha. Era o contraste violento, sem transição de qualquer espécie, entre a grande vitória e a grande derrota. O match com a Espanha nos tinha dado o ideal da vitória. Era como se tivéssemos descoberto, definitivamente, a vitória, a nossa vitória.

E o que tentamos, desesperadamente, desde 16 de julho de 50, é separar o inseparável. Porque na verdade aquela vitória e aquela derrota não se repelem, se entrelaçam, unem-se numa cadeia de causa e efeito. Sem o Brasil e Espanha não se explicaria o Brasil e Uruguai. A vitória, aquela vitória originou a derrota, aquela derrota. Nesse contraste entre aquela vitória e aquela derrota está todo o futebol brasileiro, em retrato de corpo inteiro, pintado por mão de mestre.

Os defeitos do futebol brasileiro estão mais à mostra naquela vitória do que naquela derrota. Foi aquela vitória que nos enfraqueceu e que nos levou, de pés e mãos amarrados, à derrota. O que parecia força era fraqueza. Daí o baile, o tripudio, o deboche, as touradas de Madrid a duzentas mil vozes. Não nos bastava a vitória pura e simples: queríamos a vitória assim, esmagadora, uma vitória que nunca mais fosse esquecida ... Mas a gente cantando e sambando, feriu mais os espanhóis do que os jogadores brasileiros em campo, embora não se pudesse distinguir, naquele momento, o brasileiro lá de cima do brasileiro lá de baixo, todos se confundindo nas touradas de Madrid.

Se pudéssemos venceríamos sempre assim, cantando e sambando. É a vitória que perseguimos sempre e que de quando em quando alcançamos, para nos perturbar ainda mais. Porque no fundo o que não entendemos, o que recusamos entender, é que um scratch que dá na Espanha de 6, com as touradas de Madrid como apoteose, perca três dias depois para o Uruguai ... Mas a culpa não foi a do excesso de confiança. Foi mais da espécie de vitória que queríamos e que só queremos quando joga o Brasil. Somos mais humildes quando se trata do clube da gente ... O ideal de Ari Barroso era uma vitória do Flamengo contra o Vasco de um a zero, e gol feito com a mão, todo mundo vendo, inclusive e principalmente o juiz, porque se o juiz não visse nem tinha graça ... Pode-se dizer que há o mesmo prazer sádico nesse gol com a mão, do ideal de Ari Barroso, e nos seis a um contra a Espanha do ideal do torcedor brasileiro.

A diferença está no jogo. Ari Barroso começa por admitir um match mano a mano, indefinível, o torcedor brasileiro quer o Brasil e Espanha, o Brasil irresistível para poder sambar à vontade ... Então repetimos a acusação de 50, a da falta de fibra, que alguns tentaram explicar pela mestiçagem no futebol brasileiro. Tal como depois do 16 de julho, já que Bigode e Barbosa eram pretos.

As duas acusações se fundem numa só. Foi Bigode que levou o bofetão de Obdulio Varela. Talvez nem tenha levado o bofetão que ele hoje nega ter recebido. É possível que tenha sido um pescoção, uma sacudidela. A impressão que se teve foi de bofetão [ainda não havia o videoteipe para tirar a dúvida!]. E o que sentimos não é o bofetão que Bigode levou ou não: sentimos o bofetão que levamos, todos nós, e que, relembrado, a cada derrota, nos queima outra vez o rosto. Só que não sentimos esse bofetão, que quem sabe nem foi dado, na hora, isto é, no momento em que Obdulio Varela agarrou Bigode e sacudiu-o. Fomos senti-lo depois, as faces escaldando, diante da derrota irremediável. Então metemos o dedo na ferida, ferindo-a mais, fazendo-a sangrar mais e doer mais. Na hora, porém, até achamos que Bigode tinha feito bem não reagindo ... Era preciso, pois, que Bigode não reagisse, que entregasse a outra face. Nem queríamos a expulsão de Obdulio Varela. O que queríamos era a

vitória intocável, imaculada, clara, diáfana, cristalina. Em vez dessa vitória veio aquela derrota. E então a bofetada passou a doer, a queimar como uma chaga. Secretamente, aliás não tão secretamente, pelo contrário, escandalosamente, passamos a admirar Obdulio Varela.
O que nos faltava era um Obdulio Varela, El Grán Capitán. (ibidem, 27.4.1957)

Mário Filho interpreta o comportamento do carioca e acaba estendendo-o ao brasileiro. Em sua visão, o hábito do carioca de tripudiar sobre o adversário é que teria levado ao horror pela derrota. Temendo as consequências desmoralizantes da derrota, a vitória tornou-se uma obrigação e uma obsessão. Daí o erro das *Touradas em Madri*: o prazer da vitória teria transformado a derrota em motivo de deboche. A vitória embriagava como aguardente barata, e o torcedor, quando a bebia, privava-se do pleno gozo da lucidez. Vitorioso, ele não podia ser mais senhor de seus próprios atos:

> Seria mais fácil, no Brasil, uma boa mentalidade esportiva se a derrota não fosse tão desmoralizada. O carioca inventou o gozo para os vencidos. O gozo é uma espécie de trote carnavalesco, aquele trote que quando bem feito encabulava qualquer um. Introduzido o gozo no futebol tinha que acabar o hábito que não chegou a hábito – a tentativa, é inglesa, não brasileira, de confraternização entre vencedores e vencidos. O hábito inglês exigia a presença de vencedores e vencidos numa festa. Bebiam juntos os que tinham vencido e os que tinham perdido. Os vencedores não tripudiavam sobre os vencidos: confundiam-se todos na mesma alegria ou na mesma bebedeira. Na hora de pagar as contas, então, não havia distinção: eram iguais, absolutamente iguais, os vencedores e vencidos. Quando o futebol estava pegando no Rio, os ingleses conseguiram realizar, aqui, muitas dessas festas. Mas veio o gozo e com o gozo não poderia haver mais festa de confraternização esportiva.
>
> O vencido tratava de desaparecer, de não se encontrar com o vencedor. O vencedor atrás do vencido. Acabava encontrando-o,

fosse onde fosse, em casa, na rua, no bonde, na repartição, no escritório, na oficina. Ou pelo telefone, que o telefone servia. Até pelo telégrafo, compreendo extensão tua dor. O gozo transformou a derrota em motivo de deboche. Valorizou a vitória que dava direitos invioláveis de trânsito, que garantia a tranquilidade de espírito de qualquer um, que tornava qualquer um, por assim dizer, intangível. Ou sagrado. Exagerou-se, portanto, a importância da vitória. Além do mais, a vitória era boa, subia à cabeça, dava uma alegria danada. A derrota arrasava, especialmente porque se prolongava o gozo, às vezes durava uma semana inteira. (ibidem, 25.5.1957)

Como de costume, Mário Filho buscava, no passado, exemplos que ajudassem a interpretar os fatos polêmicos do presente. Encerrada a busca, espantava-se com a falta de memória do brasileiro e a mudança de comportamento pós-1950, uma vez que sua pesquisa indicara que a história do futebol brasileiro estava repleta de casos de revide, de muitas demonstrações de valentia, de jogadores que não levavam desaforo para casa. O brasileiro se esquecera de que também já havia distribuído muitos pontapés e bofetões, como nos jogos contra a Tchecoslováquia, na Copa do Mundo de 1938, e contra a Hungria, na Copa de 1954. O cronista esperava que esse esquecimento fosse temporário. No caso de 1954, Brian Glanville (1973, p.93) afirma que foram os jogadores brasileiros que cometeram os primeiros e os maiores excessos em campo, além de terem invadido o vestiário húngaro, após o jogo, de forma brutal e vergonhosa, seguidos por torcedores e repórteres. Maurinho e Nilton Santos foram expulsos de campo, após terem desferido violentos pontapés nos adversários. Também com relação à atuação de jogadores negros, andaria o brasileiro desmemoriado. Se, em 1950 – lembrava Mário –, os negros do time foram culpados pela derrota, em 1938, mesmo perdendo, Domingos da Guia já era considerado o grande mestre e o negro Leônidas foi recebido como herói e virou ídolo nacional.

Atribuir, portanto, a derrota de 1950 à mestiçagem seria um grande erro – concluía o cronista:

> No fundo, e bem o sabemos, o bofetão é o de menos. Se tivéssemos conquistado o campeonato do mundo não nos queimaria o rosto o bofetão de Obdulio Varela. Até nos lembraríamos dele como de um título a mais. Tínhamos, inclusive, dado bofetões e pontapés por esse mundo a fora.
> Na derrota continuamos bacharéis, chegamos à subtileza de criarmos, na derrota, um ídolo da vitória. Foi Leônidas da Silva sobretudo porque não tinha jogado. Como ele não jogou admitimos como verdade, que não se podia contestar, que se ele tivesse jogado o Brasil seria campeão do mundo. E como campeão do mundo, isolado, olhado, cercado de derrota por todos os lados, recebemos Leônidas da Silva, o Diamante Negro. Era outra vez a individualização, a personalização da vitória. Repetia-se 19. Artur Friedenreich marcara o gol da vitória. Leônidas da Silva tê-lo-ia marcado, se jogasse. Como se vê não havia o preto como explicação da derrota, pelo contrário, pois um preto a personalizava, nem havia para a derrota a explicação da falta de fibra. (*Manchete Esportiva*, 4.5.1957)

Comparando as derrotas de 1938 e 1950, Mário Filho considerava que a diferença entre elas estaria no fato de que, em 1938, apesar de o Brasil exibir seu futebol em belas apresentações, ainda não se considerava o melhor do mundo; reconhecia que o caminho rumo à maturidade esportiva ainda era longo. Ao passo que, em 1950, o Brasil já conquistara maior destaque internacional, sediava a Copa do Mundo e fazia excelentes exibições. Numa Copa desfalcada de Alemanha, Hungria, Bulgária, Polônia, Romênia e Tchecoslováquia, que se refaziam dos horrores da Segunda Guerra Mundial, e das desistências de Argentina, Bélgica, Escócia e França (Duarte, 1990), o Brasil posava como soberano nos domínios do futebol. Para Mário Filho, o jogador brasileiro pôs-se a hipnotizar os adversários com seus toques mágicos e inusitados, porque se julgava superior a eles.

"Com brasileiro, não há quem possa!"

O jogador-pícaro e seus *barroquismos*, polêmico e imprevisível, como Leônidas, agradava mais ao público que o jogador bem educado e previsível, ao estilo inglês de um Domingos da Guia. A comparação entre os dois jogadores também foi lembrada por Gilberto Freyre, no prefácio de *O negro no futebol brasileiro* (1964), por dar a dimensão exata, segundo o sociólogo, do *estilo brasileiro de jogar futebol*: o público se acostumara ao jogo lento no meio do campo, mas repleto de dribles de corpo, de jogadas pessoais e malabarismos. Exigente, queria o espetáculo, queria ver o adversário cair sentado ao levar um drible; o tripúdio, a humilhação do adversário aumentava o prazer, um tanto sádico, do *show de bola*.

> Houve gente que chegou a chorar de tanto rir. Aquela gargalhada era uma precursora das Touradas de Madri. Não há nada de que a gente goste mais do que de uma jogada assim, de achatar o adversário, de liquidá-lo de uma vez. Campeão olímpico e tudo, Dourado não pegou mais na bola. E Domingos não era disso, quer dizer era e não era. Continuou a dar "driblings" parecidos e como aquele, indispensáveis, mas sem chamar atenção, embora chamasse porque jogava como em câmara lenta. A impressão que se tinha dele era que estava sempre fazendo a coisa mais natural do mundo. Não sublinhava a jogada, não lhe punha reticências, não a enfeitava, mostrava-a nua, pura e simples. Por isso nunca foi popular.
>
> Popular era Leônidas, o inventor da bicicleta. Mais do gosto do brasileiro. Pouco importava que ele se metesse em escândalos, que não se pudesse contar muito com ele. Talvez, inclusive, essa volubilidade de Leônidas ajudasse, tornando-o ainda mais querido. O clube que o tivesse precisava conquistá-lo todos os dias, todos os jogos. E o povo queria era isso, o discurso de praça pública, o improviso, a anedota, o passo de samba, a visagem do capoeira. (*Manchete Esportiva*, 4.5.1957)

Em busca do *pecado original do futebol brasileiro*, Mário Filho concluía que o que atrapalhava o futebol verde-amarelo era o individualismo excessivo de jogadores e técnicos, os egoístas e os malabaristas da bola. Haveria, então, salvação para o futebol brasileiro se era justamente a promessa do espetáculo, quase de dança, que levava o torcedor aos estádios? Para Mário, a solução estaria na valorização da equipe, ideia que já havia defendido na crônica de 20.4.1957. Em vez de jogar para o público, o jogador deveria colocar sua habilidade e genialidade a serviço do time. O cronista é categórico: para alcançar esse estágio, o brasileiro teria de contrariar a tendência ao individualismo e ao brilho pessoal:

> O que nos falta é o b-á-bá do futebol. Sabemos o fino mas não sabemos o trivial. Temos como disseram os ingleses, um homem que engole a espada, outro que come fogo, mágicos e trapezistas, atrações de qualquer curso, mas não temos o time, o conjunto. Jogamos um a um. Somos onze vezes um, mas separados, cada qual querendo aparecer mais. O único remédio é bater palmas para os Telês, vaiar qualquer jogada que não seja para o time. Não é fácil porque temos de contrariar o nosso gosto pelo brilho pessoal, mas não há outro jeito. (ibidem, 11.5.1957)

A pesquisa refinada que Mário Filho realizou, buscando entender os *defeitos* do brasileiro espelhados em seu futebol, devia-se, em grande parte, à proximidade da Copa do Mundo da Suécia. A cada Copa, renovavam-se as especulações e as críticas quanto às razões dos insucessos do futebol brasileiro. A imprensa ruminava as atuações do Brasil em 1950 e 1954, o que conduzia a um sentimento de pessimismo e de dúvida com relação ao potencial da seleção que iria à Suécia. Mário Filho assumia a postura de um investigador das atitudes e ações do torcedor e do jogador, que davam alma ao futebol brasileiro. Em nenhum momento, no entanto, o cronista fala claramente sobre essa sua tarefa, mas, acompanhando suas crônicas, pode--se ver como ele buscava esquadrinhar a postura do brasileiro diante das vitórias ou derrotas do futebol, como as equipes se organizavam taticamente, qual a formação técnica dos jogadores, a influência de treinadores e dirigentes esportivos no dia a dia dos jogadores, os vícios, os valores do futebol, conhecedor que era desse universo e de seus bastidores por sua atuação como jornalista esportivo. Dedicando-se ao estudo da alma brasileira, *levantando o véu* dos fatos e interpretando-os à luz da razão, descobrindo as causas de certos problemas, acreditava estar contribuindo para a superação de seus *defeitos* e a obtenção da maturidade esportiva.

Cariocas *versus* paulistas: confronto insolúvel

O torcedor brasileiro não teria uma única forma de proceder. Mesmo quando se tratava da seleção nacional, a identidade do torcedor deparava com os vieses regionais. Paulistas e cariocas eram os brasileiros que mais se destacavam no futebol, donos dos maiores clubes, das maiores torcidas e dos maiores estádios. Pela posição em que se encontravam, o confronto entre eles era inevitável. Mário Filho não fez vistas grossas ao fato e, como Lins do Rego, procurou analisar as diferenças de atitudes entre cariocas e paulistas em relação ao futebol.

Foi em São Paulo que o *football* fez sua estreia no Brasil, mas os cariocas logo tomaram gosto pelo jogo e superaram os paulistas, em termos de número de clubes, entidades administrativas, torneios etc. O Rio era a capital da República e a sede administrativa do futebol – a CBD – ficava no Rio. Os paulistas, desconfiados, acusavam-na de favorecer o futebol carioca. Com a inauguração do Estádio Municipal, o Pacaembu, em 1940, o futebol paulista tomou novo impulso e, fortalecido, passou a incomodar mais o Rio de Janeiro. Talvez sentissem uma espécie de "despeito por São Paulo ter perdido na revolução de 32", como sugere Mário de Andrade (1983, p.42) no conto "Primeiro de Maio": "Sensação, aliás quase de esporte, questão de Palestra-Corinthians...".

Em 1949, os debates em torno das convocações para a seleção brasileira que disputaria o Campeonato Sul-Americano levaram Mário Filho a questionar o *regionalismo* no futebol brasileiro. O bom desempenho dos clubes paulistas nos confrontos com os da capital federal seria inegável. Contudo, Mário Filho assegurava que, na militância por provar sua superioridade, os paulistas se uniam em apoio a qualquer um de seus clubes que se confrontasse com um carioca e via nessa atitude uma demonstração do *bairrismo* paulista. Contrastando esse sentimento, estaria a *tendência brasileira* do futebol carioca, mais cosmopolita e representante mais maduro de um *futebol nacional*. Esse era o teor de uma crônica publicada no *Jornal dos Sports*, em que a preocupação latente de Mário, a exemplo de Zé Lins, seria com a promoção da unidade nacional por meio do futebol.

> O football carioca sempre teve tendência brasileira. Eu ia empregar o termo cosmopolita. A tempo me corrigi. Evidentemente a tendência do football carioca sempre foi mais brasileira. Nunca o torcedor carioca indagou muito sobre o carioquismo de seus jogadores. Jogavam no Rio e bastava. Os paulistas é que chamavam a atenção sobre a mistura de todos os estados do Brasil nos teams e scratches cariocas. O bairrismo paulista encontrava motivo de orgulho no paulistismo dos jogadores dos teams e scratches paulistas ... Só pode ir para o scratch um jogador que mereça o scratch. Não há lugar no scratch para a satisfação de bairrismos. O scratch é brasileiro. Não está em jogo o football paulista ou o football carioca. Por mais cariocas ou menos paulistas que tenha o scratch, a vitória ou a derrota será tanto do Rio quanto de São Paulo. Porque o Brasil é um só. (*Jornal dos Sports*, 5.2.1949)

Os cariocas, ao contrário dos paulistas, seriam *clubistas*, já que apoiavam exclusivamente o clube do coração, incapazes de apoiar o clube rival na disputa com um paulista. Mas o *bairrismo*, ponderava Mário em 1957, não seria de todo condenável e seus aspectos positivos deveriam ser imitados por todos os brasileiros. Numa nova crônica, Mário Filho parecia concordar, então, com a sugestão do Manifesto Regionalista do Recife, de 1926, de que ser regional seria um primeiro passo para ser nacional. O que o cronista elogiava nos paulistas era sua fidelidade quase patriótica a seu Estado e seus representantes:

> Uma das explicações das vitórias paulistas no Rio-São Paulo está justamente no bairrismo paulista. Qualquer clube paulista que enfrenta um clube carioca sente bem a responsabilidade de representante do futebol paulista. Na defesa do futebol paulista, todos os clubes de São Paulo se unem. Nem de longe se observa isso entre os clubes cariocas.
>
> Na final da Copa Rio em 51 mais de cinco mil carros e ônibus e caminhões trazendo torcedores paulistas passaram pela barreira. A gente olhava um carro à procura de chapa de São Paulo. E não errava muito. O que vai para São Paulo de torcedores cariocas, quando vai, de carro ou de avião, mais de avião, é coisa pouca, embora às vezes pareça grande porque nunca vai ninguém. De São Paulo, sim, basta que se apresente a ocasião, a impressão que se tem é de imigração em massa, a gente chega a ficar com medo de encontrar um Maracanã paulista, de se sentir um carioca em São Paulo, de abrir a boca e escutar sozinho, o eco da própria voz. Ou de ouvir apenas o estalido, seco, solitário, das próprias palmas.
>
> São Paulo não estava só conquistando o Rio-São Paulo: sem ter um Maracanã superava o Rio em arrecadações no Rio-São Paulo. O que evidenciava o maior interesse do público paulista pelo grande torneio. Só em 53 é que no Rio-São Paulo, e por pequena margem, o Rio superou São Paulo em arrecadações. E aí o que houve foi uma reação bairrista, se não dos clubes, do público carioca. Não foi por mera coincidência que isso aconteceu depois da perda do campeonato brasileiro que fez com que o público carioca se convencesse da força do futebol paulista. Ou que visse ameaçada, e seriamente, a supremacia do futebol carioca. Durante anos e anos o público daqui nem discutia: futebol era o carioca. Era o que explicava no Rio-São Paulo, o maior interesse dos jogos locais para o público carioca. Em São Paulo

se observava o maior interesse pelos jogos interestaduais, pelos verdadeiros Rio-São Paulo. O maior interesse, em 53, por parte do público carioca, pelos interestaduais, não prejudicou os jogos locais. O que mostra que o bairrismo só pode beneficiar os clubes no que diz respeito às arrecadações.

...

O público carioca não é diferente. Foi igual ao paulista anos e anos. A última vez que se assistiu no Rio a uma demonstração bairrista do futebol carioca, foi em 43 na finalíssima, a maior assistência que apanhou São Januário. Mas houve preparação de ambiente. Todos se uniram numa cruzada pelo futebol carioca. O que estava em jogo, indisfarçavelmente, era o prestígio do futebol carioca. Reconquistado o título os clubes cariocas como que se satisfizeram com isso. Separando os seus interesses dos interesses do scratch carioca e, às vezes, até do scratch brasileiro. O clubismo superou o bairrismo. E não basta o clubismo: a prova está nas vitórias do futebol paulista. Na ascensão do futebol paulista. Hoje se pode discutir seriamente a supremacia do futebol carioca. E para o futuro a vantagem será do futebol paulista é o que tudo indica, se os clubes cariocas não adquirirem a consciência bairrista de clubes cariocas que são, de representantes de um futebol carioca, que são. E que não podem deixar de ser sem se enfraquecerem. (*Manchete Esportiva*, 5.1.1957)

No ano anterior, Mário havia considerado que as diferentes formações que a seleção brasileira tivera, sendo convocada sempre às pressas, impedia que se desse a ela o verdadeiro sentido de *seleção* do que havia de melhor no futebol brasileiro e colocava o torcedor diante dos vieses regionais: ele teria dificuldade em identificar o todo numa parte apenas. Ou será que o torcedor brasileiro se identificaria com uma seleção de base gaúcha? Para ser brasileira de fato – concluía –, a seleção deveria reunir os melhores jogadores que estivessem espalhados por clubes de todo o país. O que acontecia, no entanto, é que se convocava o jogador que estivesse mais à mão ou em melhores condições de jogo e entrosamento tático, o que dispensava um período de treinamento e adaptação. Em 1950, a maioria dos jogadores que foi convocada para a seleção brasileira era do Vasco da Gama e do São Paulo F. C. Para Mário Filho, o problema dessas seleções formadas com base em um clube ou em um Estado era que não permitiam ao torcedor brasileiro, de Norte a Sul, identificar-se com uma seleção que, por vezes, era só paulista, ou só carioca, ou só de um clube. As diferenças regionais ficavam explícitas quando uma região tentava representar o todo, o Brasil. Tal fato preocupava o cronista, que desejava a unidade nacional e acreditava que seria possível alcançá-la pelo futebol:

> Quando o scratch é um só a gente tem de olhá-lo como brasileiro, que todos somos. Mas na multiplicação fica-se sem saber direito qual o scratch brasileiro, o autêntico, o verdadeiro, que acaba não sendo nenhum... Não adianta dizer que tudo é futebol brasileiro. É futebol brasileiro mas não é scratch.
> Primeiro foram os paulistas, depois os gaúchos, depois uma aparência de scratch, depois o América que era também Bangu. Mudava de repente e tanto, que não era a mesma pessoa, quer dizer scratch, era outro, completamente diferente. O resultado é que a gente se foi emocionar como paulista, ou como gaúcho, e de repente, já acostumado a não se emocionar como brasileiro, não aceitou como brasileiro o scratch que nem era gaúcho, nem paulista, nem carioca, que foi criado com o objetivo de ser o scratch brasileiro realmente, isto é, pegando todos nós de norte a sul, de leste a oeste, sem escapar ninguém. E não se trata de má vontade, de espírito prevenido ou coisa parecida. Quando o scratch é brasileiro não há disso. Não pode haver disso. Todos nós estamos irremediavelmente ligados a ele.
> Porque não depende, absolutamente, da vontade de nenhum de nós o ser ou não ser do scratch, pelo scratch ou para o scratch. O scratch é ou não é. Sendo, ai de nós. Não adianta achar que o técnico deveria ser outro ou que o keeper ou o back ou o half ou forward não era o convocado, era outro. Em 54 havia muita gente que não podia ouvir falar no nome de Zezé Moreira. Se fosse possível a gente desligar-se do scratch, quer dizer,

alhear-se do scratch, não sentir nada, ou melhor, só sentir o bom, a alegria da vitória, seria isso uma beleza. Mas não havia jeito porque o scratch era o brasileiro apesar de tudo, independente da vontade de qualquer um de nós, do técnico, da CBD, e por aí a fora. Não é possível não sentir quando o scratch é brasileiro como não é possível sentir quando o scratch não é brasileiro. Ou quando não é aceito como brasileiro porque é mais gaúcho ou mais paulista ou mais América ou mais qualquer coisa.

...

A verdade, é que se tentou com o scratch, o milagre da multiplicação dos pães. Quase todos tiveram um scratch, menos nós. E quando dizemos nós queremos dizer nós todos, sem discrepâncias, inclusive os que tiveram scratch mas que quando tiveram foi o scratch deles e não nosso, de todos nós e portanto deles também. O scratch para ser de todos tem de ser um só, indivisível. Não reparte, não se dá um pedaço dele a cada um. Tem de ficar inteiro, a gente olhando para ele e dizendo que é nosso, mesmo sem gostar dele, porque há os scratches de quem a gente não gosta para sofrer mais com ele e por ele. Ou por nós, que no fim de contas é o que acontece. Com essa inflação de scratches sofremos menos, o que foi um bem, mas também nos alegramos menos, o que foi um mal. (ibidem, 30.6.1956)

O brasileiro a caminho de se descobrir

Mário Filho procurara investigar, nas lembranças do futebol brasileiro, goleiros que não tivessem falhado em momentos cruciais, mas chegou à conclusão de que o Brasil sempre sofrera de *carestia de arqueiros*. Era cruel em seus julgamentos e acusou Barbosa de *tremedeira* no jogo contra o Uruguai, em 1950. Em sua crítica sarcástica aos arqueiros *tremedores*, incluía Gilmar, que seria o titular dessa posição durante a Copa de 1958:

> Se Castilho tremeu em 54, Barbosa tremeu muito mais em 50. Até que apareceu Barbosa, realmente um grande quíper, grande tremedor porém. Tremeu tanto num jogo contra os argentinos

em 45 que teve de mudar de calção quando acabou o primeiro tempo. E assim chegamos a Castilho, que foi a "leiteria", mas que treme, e a Gilmar, que treme muito mais. (ibidem, 1o.2.1958)

Semanas depois, Mário Filho foi obrigado a rever as acusações que fizera a Gilmar, por causa dos protestos de um leitor paulista. O cronista se defendia dizendo que criticara Gilmar como jogador da seleção e não do Corinthians, clube que defendia à época. Gilmar, que, para Mário, podia ser um bom goleiro no Corinthians, falhara no Sul-Americano de Lima, dois anos antes, num lance crucial. E, por essa razão, incluía-o no rol dos *tremedores*. Até aí, segundo o cronista, não haveria nada a estranhar, pois os jogadores brasileiros vinham *tremendo* havia muito tempo. A moral da história era a seguinte: o jogador brasileiro precisava entender que, para superar-se, deveria jogar numa Copa do Mundo como se disputasse um campeonato estadual. Em suma, deveria jogar com naturalidade e sem grandes preocupações. Só assim ele deixaria de tremer:

> E com a mesma autoridade, de quem sofre na carne e no sangue quando o Brasil perde, posso falar de Gilmar, não o do Corinthians, mas o do escrete brasileiro. Agora, sobre o Gilmar do Corinthians, que fale o meu missivista. Segundo ele, Gilmar não treme, nunca tremeu e nunca vai tremer ... Quando se disse que Gilmar tremeu, o que se tentava explicar era um gol que Gilmar não podia deixar passar.
> Mas não se pode chamar de frango a bola que Gilmar engoliu em Lima, aliás as bolas. Gilmar ficou ausente, pensando noutra coisa, só tomou conhecimento da bola quando ela ia entrando. Ora, Gilmar é um quíper elástico, de movimentos fáceis, felinos, desses que saltam de lado a lado do gol, e com uma precisão, uma elegância que só vendo. Se fica chumbado no chão aconteceu alguma coisa. A tremedeira dá nisso. Como as pernas tremem, vem aquela fraqueza, a gente se imobiliza para a tremedeira passar. E enquanto isso, se a gente é quíper, a bola já entrou ... Mas nem há ofensa em se dizer que foi frango, pois um quíper como Gilmar tem o direito de cercar um frango, ou em dizer que

Gilmar tremeu. Afinal de contas Gilmar é brasileiro e o jogador brasileiro tem tremido por aí afora. E quando se diz que Gilmar tremeu, o que não se quer dizer é que ele cercou um frango. Console-se o leitor e missivista de São Paulo com o fato de que Gilmar não é um caso único e está em muito boa companhia, o que há de melhor no futebol brasileiro.

É verdade que a um quíper se reconhece menos o direito de tremer do que a um extrema-esquerda. Didi confessou publicamente que tremeu ... Naturalmente a gente deve fazer tudo para não dizer que Gilmar ou Didi não tremeram e sim para que eles não tremam mais. Na verdade, não há razão para tremer. Nunca aconteceu nada a um jogador brasileiro depois de uma derrota em Campeonato do Mundo. É isso que se deve dizer ao jogador brasileiro até que ele vá jogar um Campeonato do Mundo como joga um jogo do Campeonato Carioca ou Paulista. (ibidem, 28.2.1958)

Enquanto a seleção brasileira começava os preparativos para a Copa da Suécia, Mário Filho dava continuidade às suas especulações sobre o comportamento do brasileiro em decisões importantes do futebol. E concluía: quando a vitória se apresentou como fácil ao Brasil, o resultado foi o inverso. Em situações favoráveis, como na Copa Roca de 1939, os brasileiros ridicularizaram os argentinos e perderam. Em 1950, teria sido pior, pois, dessa feita, não ridicularizaram os uruguaios: simplesmente os ignoraram. Em todas as ocasiões em que se imaginou uma vitória cabal, a decepção foi redobrada:

> quando tudo parece ótimo é um desastre para o futebol brasileiro. Até agora só nos demos bem foi com a dificuldade. E dificuldade não é bem o termo: só nos demos bem com o pior, quando todo mundo achava que era besteira, que o Brasil não ia ganhar coisa nenhuma. 39 lembra, assim, 50. 15 de janeiro foi o nosso primeiro 16 de julho, embora não estivesse em jogo um campeonato do mundo. Mas para todos nós era mais ou menos a mesma coisa.
>
> Em 39 chegamos, antes do jogo, claro, a ridicularizar os argentinos que pareciam nem estar se incomodando com o jogo,

que estavam e muito. É que eles não saíam da praia, vermelhos de sol feito lagostas. E bebiam vinho no almoço e no jantar e davam a impressão de gordos, de tão saudáveis. Em 50 não ridicularizamos os uruguaios mas não tomamos conhecimento deles, a não ser depois, no um a um e nos dois a um, tarde demais. A diferença entre 39 e 50 está em que em 39 não treinamos nada e em 50 treinamos seis meses. Mas o espírito foi o mesmo: íamos ganhar e de muito, que não fazíamos por menos. (ibidem, 8.3.1958)

Na opinião de Mário, preparar-se muito não seria a única solução para o sucesso do futebol brasileiro. Afinal, em 1954, a seleção brasileira treinara por seis meses para enfrentar adversários que considerava fortes e respeitáveis. Não deu certo. Em 1958, quando a imprensa e o país começavam a entusiasmar-se pelo trabalho que a comissão técnica da CBD vinha desenvolvendo, Mário Filho preferia ser cauteloso: "Não vamos, por isso, achar que está tudo ótimo, mesmo porque para que fique ótimo é preciso que achemos que está tudo péssimo, de mal a pior. Mas talvez, quem sabe, seja melhor assim. Só assim fomos para as grandes vitórias" (ibidem, 8.3.1958).

Em março de 1958, depois de muito especular sobre os erros dos brasileiros em copas passadas, Mário Filho afirmava que o problema não estaria na instabilidade do caráter brasileiro, que ia da valentia de 1938 à covardia de 1950 e à tremedeira de 1954. O brasileiro deveria desvendar um *grande enigma*, qual seja, acabar com a ignorância que tinha de si próprio, descobrir-se e assumir uma identidade madura. Só assim chegaria à vitória:

> Descobriu-se que o jogador brasileiro tremia em 54. Em 50 não se falou de tremedeira, falou-se em coisa pior. Chegou-se a dizer, com o exagero, aliás natural, da dor da derrota, que o jogador brasileiro era covarde. Não todos, alguns. Tratava-se de uma indireta a Bigode, que levara uns safanões de Obdulio Varela e não reagira. Mas não reagira obedecendo ordens terminantes. Nenhum jogador brasileiro podia reagir, mesmo apanhando na

cara. Estávamos convencidos de que o que atrapalhava o futebol brasileiro era o sangue quente. E tínhamos o exemplo de 38.

Na verdade, procuramos consertar esses erros de 38 doze anos depois, o que, convenhamos, já passava do tempo. Por isso, Bigode foi chamado de covarde, o que todo mundo sabia que não era exato ... Mas essa pecha de covarde foi influir no ânimo dos jogadores brasileiros que, dois anos depois [de 1950], resolveram tirar carteira de valentes em cima dos jogadores uruguaios. O mínimo que fizemos foi meter o braço em Obdulio Varela. Em Santiago, no Pan-Americano, cada brasileiro como que escolheu o seu uruguaio para provar ao mundo que não tinha medo de nenhum uruguaio.

Repetia-se, com certa antecedência, mas com um atraso de dois anos, a história de 38, embora ao contrário. Depois da derrota de 38, nos convencemos de que a grande vantagem era apanhar na cara, caladinhos, e depois da derrota de 50 verificamos que não era nada disso, que tínhamos mesmo era de tacar a mão. Só que aprendíamos essas grandes e generosas lições tarde demais. E apanhamos quando devíamos dar e dávamos quando não era o caso. Apesar disso, de vez em quando se estabelece uma confusão que precisa, o mais rapidamente possível, ser desfeita, para o bem de todos nós. Mistura-se 50 com 54 e tanto se diz que o jogador brasileiro treme como que é covarde ... Em 54, antes de ir para o Campeonato do Mundo, o jogador brasileiro tinha dado uma demonstração de valentia rara. Foi em Assunção contra o escrete paraguaio.

O clima em Assunção era da mais incendiária exaltação patriótica. Não se admitia que o Paraguai perdesse. Daí os abalos sísmicos que produzia cada ataque guarani, projetando sobre o campo, ou atirando sobre o gol brasileiro, aquela massa de torcedores exaltados. Era como um vulcão despejando pedras candentes, em plena erupção. E o escrete brasileiro incomovível. E, em vez de tremer, se agigantava. E sem perder a cabeça ... Quem olhar aquele jogo talvez se espante de que, no mesmo ano, apenas alguns meses depois, o escrete brasileiro tivesse tremido em Berna, no jogo contra a Hungria, vendo-se diante de uma contradição quase inconcebível ... Em 50 ficara o 16 de julho. Em 54 ia ficar a derrota contra a Hungria e, mais do que isso, como um resumo da ópera em português, a tremedeira. Não temermos mais nada a não ser a tremedeira, ou tememos sobretudo a tremedeira ... Partimos do princípio: se tremermos em 54, vamos tremer em 58 e pelos outros Campeonatos do Mundo afora.

E o que nos mostram os fatos é que sempre perdemos por motivos nossos ou não previstos ... Temos de temer outra coisa, de tomar medidas contra essa outra coisa que, infelizmente, não sabemos qual seja, como em 38, como em 50, como em 54. (ibidem, 22.3.1958)

Mário Filho acrescentava mais um ponto à discussão. O que faltava ao brasileiro seria a concretização do *ideal de 16 de julho* – título de uma de suas crônicas –, ou seja, conquistar uma vitória absoluta, inquestionável, com a ginga, os malabarismos, mas também e sobretudo com a mesma garra uruguaia. Para o cronista, a demonstração de garra dos uruguaios, naquele confronto de 1950 no Maracanã, teria contrastado com a passividade dos brasileiros. Ao futebol-arte que os brasileiros exibiram na Copa faltara a determinação uruguaia, e o brasileiro concluíra, então, que, para alcançar a vitória, seria necessário substituir a passividade pela valentia. Mas isso contrariava o futebol brasileiro em sua essência e o punha em conflito – alertava Mário. Afinal, o que seria melhor: jogar por prazer e para encantar as massas ou para obter resultados, para vencer? Andar em campo ou correr loucamente? Didi, por exemplo, era do tipo que encantava o público. No entanto – dizia-se –, tinha um defeito: "não molhava a camisa. Mas podia, de quarenta metros, com a bola parada, fazer um gol" (ibidem, 29.3.1958). Em conflito ou não, a glória e a fama do futebol brasileiro continuariam vivendo de muitos *Didis*:

> Não se trata, propriamente, de uma herança de 16 de julho, mas a conduta da "Celeste", naquela tarde nefasta para o futebol

brasileiro, como que nos descobriu o ideal do jogador do escrete. O que nos doeu mais foi o contraste entre a garra uruguaia e a quase passividade brasileira. Era um quadro falso aquele, pois o jogador brasileiro lutava mais do que lutou a 16 de julho ... No fundo nos dividimos entre dois ideais de futebol. Ou entre um ideal de futebol e um ideal de escrete. Gostamos do jogador tipo Didi ou, para ser mais exato, um Didi nos coloca em conflito. Ainda não nos libertamos, em futebol, de um certo parnasianismo. Só na hora ruim é que queremos transformar Didi num Dida, com a secura de bola e de gol. Se tudo vai bem, a admiração por um Didi é unânime. Chega a vencer o saudosismo. (ibidem, 29.3.1958)

Para Mário, o ideal do brasileiro, o que ele sonhava e desejava seria ganhar na raça e no peito, mesmo que fosse uma *pelada*. Mas havia um problema: o brasileiro não era assim. Assim era o uruguaio, e o brasileiro teria, então, de vencer aceitando-se por inteiro:

> Há uma contradição entre Didi e o jogador ideal de escrete que todos nós fazemos, prescindindo de admirações pessoais e de um gosto de futebol ou de certo futebol, que procuramos repelir nessas horas de Campeonato do Mundo, quando um valor mais alto se levanta. A vitória que nos falta é aquela de 16 de julho, conquistada, como se diz, na raça e no peito. Adoraríamos ver um escrete brasileiro levantar um Campeonato do Mundo à maneira uruguaia. E não para imitar a "Celeste", e sim para mostrar que o brasileiro também tem garra, também tem coração, que também tem fibra, que justiça seja feita, lá isso tem. (ibidem, 29.3.1958)

A *grande safra* se aproximava

Depois de contribuir para a fixação do trauma de 16 de julho, de ter feito acusações a Barbosa e aos *tremedores*, a exemplo de alguns setores da imprensa esportiva, Mário Filho resolveu analisar novamente todas as circunstâncias nas quais se deu a participação da seleção brasileira, na Copa de 1950. O Brasil perdera um campeonato, segundo ele, porque cometera uma série de falhas, mas que poderiam ser reparadas. Afinal, seria preciso ter a necessária clareza para admitir que perder a Copa não foi o fim do mundo. Em 1958, Mário reconhecia que a situação era bem diferente, pois havia uma nova geração de jogadores que prometiam ao Brasil uma *grande safra*:

> Cinquenta ficou como um marco. De fato nunca estivemos mais perto de conquistar um Campeonato do Mundo. É o que não perdoamos ... Não entendíamos como depois das "Touradas de Madri" pudera acontecer o 16 de julho.
> E como, para a nossa vaidade, não admitíamos que algum time algum dia tivesse jogado mais do que o escrete brasileiro jogou contra a Espanha, chegamos à conclusão de que nunca mais.
> A seleção de 50 encerrava uma época. Era uma espécie de canto de cisne de uma geração que desaparecia.
> Em 50 se formara o escrete à base do Vasco e do São Paulo. O Vasco teve dez jogadores convocados, inclusive o veteraníssimo Alfredo II, que jogou contra a Suíça, e fez um gol. Era um médio que fora um extrema-direita. Assim não houve a preocupação de formar o maior escrete, e sim o escrete que adquirisse conjunto mais facilmente.
> Mas temos que olhar apenas o escrete que se formou e não o escrete que se poderia formar.
> Cinquenta era um momento de transição para o futebol brasileiro. Não vimos isso por causa da cortina de fumaça do Brasil x Espanha. O engano vem daí. E o Brasil x Espanha, por mais que nos lisonjeiem as "Touradas de Madri", foi um jogo falso. Com poucos minutos de jogo havíamos varrido todas as necessidades da Fúria. Fizemos um gol aos três minutos. Com menos de dez minutos de partida estávamos vencendo por 3 x 0.
> Já era tempo, também, de esquecermos Brasil x Espanha. Só não o esquecemos porque nos lembramos até hoje, amargamente, de 16 de julho.

> O Brasil x Espanha representa, para todos nós, uma espécie de justificação, embora, recordando-o, nos doa mais o 16 de julho. É como se coçássemos uma ferida. Há um pouco de masoquismo nisso. A grande vitória, como é chamada, não diminui a grande derrota, pelo contrário. Sem o Brasil x Espanha, aceitaríamos melhor o Brasil x Uruguai, inclusive como uma contingência. O que nos faz não aceitá-lo é o pressuposto, falso, de que o escrete de 50 era o maior escrete de todos os tempos. A prova estaria não no 16 de julho, não no empate com a Suíça e nem no Brasil x Iugoslávia, e sim no Brasil x Espanha.
> E a realidade era outra. O Brasil se preparara como nunca, mas não dispunha de valores para determinadas posições. Não havia a abundância de jogadores que há hoje e que até chega a atrapalhar. (ibidem, 12.4.1958)

Mário apontou o grande número de craques à disposição da seleção em 1958. Havia até certa dificuldade para escolher, diante de tantas opções para todas as posições, excetuando-se o gol, questão que já abordara tempos antes. Bellini, Pavão, Garrincha, Joel, Julinho, Pepe, Canhoteiro, Zagalo. O cronista enxergava, na geração de 1958, não apenas os qualificativos tradicionais do jogador brasileiro, mas também *uma fibra, um coração e uma gana de gol*, expressos na dedicação total de cada jogador à equipe, que jogavam para vencer. Finalmente, acreditava ver, naquela seleção, a tão sonhada unidade do futebol brasileiro. Esses atletas jogavam para a equipe e não para satisfazer suas vaidades pessoais:

> Mesmo assim se volta mais para a frente e se vê um Pelé, um Dida, um Moacir, um Mazzola, craques que desabrocham. Tanto que há quem pergunte se um Didi, apesar de todo o futebol que tem, deve ir à Suécia. Se não é melhor entregar todo o ataque do escrete a esta geração endiabrada de atacantes que surge, quase de repente, consagrando-se às vésperas de um Campeonato do Mundo, com uma garra, com um coração, com uma fibra e uma gana de gol que, num ataque, são quase sempre virtudes de um só, ou mais virtudes de um só. (ibidem, 12.4.1958)

"Com brasileiro, não há quem possa!"

Em abril de 1958, como que prevendo o futuro, Mário Filho apostava naquele que seria um dos heróis brasileiros na Copa. Em sua visão, Garrincha estaria longe do herói ideal que o brasileiro sonhara ter – era ingênuo e não dominava a rede de relacionamentos que cercava o futebol profissional –, inspirado em Obdulio Varela, mas seria o herói que traria a redenção ao brasileiro e a reconciliação com sua própria imagem:

> Garrincha não podia corresponder a um ideal de jogador de escrete, que a gente, inclusive, muda de quando em quando. Em 50 esse ideal era um Obdulio Varela, "El Gran Capitan". O que nos faltava, e nisso estávamos todos de acordo, era Obdulio Varela. Ainda hoje, com oito anos de atraso, há muitos entre nós que pensam ainda num "Gran Capitan", que resolveria todos os nossos problemas num Campeonato do Mundo. Mas, se tivéssemos uns Garrinchas em 54, tudo seria diferente. Pelo menos não tremeríamos em Berna.
>
> Garrincha jogaria contra os húngaros de 54 como se estivesse jogando contra um Madureira. Se um húngaro caísse sentado no chão depois de um drible dele ou se lhe tomasse a bola, a curiosidade seria a mesma. Perguntaria a Nilton Santos, e não por preferência e sim porque Nilton Santos jogava com ele e era um dos poucos que para ele não era João, quem era aquele João. Preferíamos, talvez, outra noção de responsabilidade, outra compenetração, mas Garrincha nos dá uma grande lição: é preciso aceitar o jogador como ele é. (ibidem, 26.4.1958)

Às vésperas da Copa, Mário admitia que o brasileiro tinha *sangue quente*, que não era covarde, nem passivo. As histórias de tremedeira eram, então, postas de lado, e o cronista se deixava contagiar pelo otimismo, só enxergando valores nos craques brasileiros. Garrincha, o ingênuo de pernas tortas, que muitos duvidariam ser capaz de jogar futebol ou praticar qualquer outro esporte, ia encarnando o ideal do herói brasileiro.

> [Em 1950] Esperava-se que houvesse um bofetão, que o pau comesse solto em campo. E como o jogador brasileiro, que também

tem sangue quente, pudesse revidar, proibiram-no de qualquer reação.

O que acabou com Bigode foi isso. Normalmente ele reagiria. Mas a proibição fora peremptória. E proibiram-no de revidar, para que o Brasil fosse campeão do mundo. Só por isso. Se ele revidasse e o Brasil perdesse, a culpa cairia, impiedosamente, em cima dele. A única coisa que se queria evitar era que um jogador brasileiro, fosse qual fosse, saísse do campo, expulso, e nos deixasse em inferioridade numérica. Era a obsessão de 38, do prélio Brasil x Tchecoslováquia, da contusão de Leônidas no desempate.

E tudo sucedeu ao contrário. Bigode, valente, brioso, deixou de ser Bigode depois de levar o safanão ou bofetada diante de 200 mil pessoas. Foi pelo lado dele, dos pés de Gigghia, que ele tinha de marcar, que surgiram os dois gols uruguaios. E, como se não bastasse, ainda chamamos Bigode de covarde porque não reagira, mas depois, tarde demais, quando começamos a invejar o Uruguai por ter um Obdulio Varela. Por isso, desaprendemos o que tínhamos aprendido, fomos meter o braço dois anos após, inclusive sem altos motivos de Obdulio Varela, que, quando sacudiu Bigode, foi na hora exata, nem um minuto a mais, nem a menos. (ibidem, 7.6.1958)

A vitória do Brasil sobre a equipe da União Soviética, em 15.6.1958, confirmou a classificação da seleção para a etapa seguinte da Copa. Mário Filho foi ao total entusiasmo. Sua crônica perdia o tom contido e comedido para deixar transparecer a euforia que, naquele momento, não era apenas sua, mas de toda a população. Vencer os russos teria sido um grande feito – avaliava. Afinal, eles eram donos de *meio mundo* – numa menção às zonas de influência das grandes potências no período da guerra fria –, e, ao contrário dos brasileiros que, quando eufóricos, soltavam rojões para comemorar a vitória da seleção, os russos lançavam ao espaço satélites artificiais. Os russos ocupavam um patamar mais elevado que o Brasil no que se refere a desenvolvimento tecnológico, além da influência política e ideológica que exerciam, de fato, sobre *meio mundo* naquela época. Mário Filho mostrava, então, que Garrincha dava uma lição aos brasileiros: o sucesso viria da aceitação daquilo que lhe era peculiar, sem admirar ou invejar nada do estrangeiro. Não havia motivo para o brasileiro sentir-se inferior, pois também tinha o seu *Sputnik*: era Manoel dos Santos, o Garrincha. O grande mérito de Garrincha era não se abalar ao confrontar-se com o estrangeiro. E, segundo Mário, vinha jogando nos campos da Suécia como se estivesse em Pau Grande, sua cidade natal.

> Foi uma alegria de lavar o peito da gente. Quando veio o primeiro grito de gol, os foguetes começaram a assobiar. Quer dizer que se esperava a vitória ou, melhor que isso, que se confiava no escrete. Tanto que os foguetes estavam lá, prontos. É verdade que o são-joão anda perto. Havia o pretexto do são-joão para disfarçar o verdadeiro motivo. Levamos tanto na cabeça que, por causa de uns foguetes, não vamos arriscar uma vitória do Brasil. Então, compramos os foguetes para o são-joão. Se o Brasil vencesse a Rússia, soltaríamos os busca-pés, as cabeças-de-negro, os mosquetões, e compraríamos dezenas de fogos para o são-joão, que poderíamos gastar nos próximos jogos do Brasil, se o Brasil vencesse.
>
> Nas ruas, nas avenidas, as buzinas tocavam sem cessar, espalhando o grito do gol de Vavá ... todo mundo abria as janelas, corria para as sacadas, para ver um foguete explodir lá em cima, para ouvir as buzinas dos automóveis. E para onde a gente se virasse só havia de ver alegria. Um gol de entrada nos dava tranquilidade. Não total, que num *match* tudo pode acontecer. Era preciso olhar os russos como os russos. E nos lembrávamos de que tinham sido os russos os primeiros a lançar um satélite artificial.
>
> Pode-se dizer que uma coisa nada tem a ver com a outra. Tem e muito. A Rússia é a Rússia. Se o escrete brasileiro não estivesse bem, que graças a Deus está, o *Sputnik* poderia ter uma influência decisiva no jogo. Os jogadores, na hora da realidade, podiam lembrar-se de que os russos eram senhores de meio

mundo, que tinham lançado três *Sputniks*, que podem lançar foguetes intercontinentais com uma bomba de hidrogênio no cone, e tudo isso atrapalharia. Só não atrapalhou porque o escrete brasileiro jogou o jogo dele, para jogar, de tabela, por nós.

E, por felicidade, se não tínhamos o Sputnik, tínhamos Garrincha, que nem toma conhecimento dessas coisas. Para Garrincha, um russo, mesmo que seja o próprio Kruschev, se entrar em campo e jogar contra ele, é um João como outro qualquer. Ele não distingue um russo dum inglês, um inglês dum panamenho. Tudo é João. O que Garrincha quer é fazer, fazer as coisas dele. E, desta vez, Feola estava iluminado. Chamou os jogadores e disse: Joguem o que vocês sabem. E mais não disse, no que fez muito bem.

Daí a tranquilidade de um Garrincha, que podia fazer o que bem quisesse. E só assim a gente poderia ficar tranquilo. O nosso *Sputnik* era Garrincha. (*Jornal dos Sports*, 17.6.1958; cf. Rodrigues Filho, 1994, p.234) [Trata-se de Brasil 2 x União Soviética 0, pelas oitavas de final da Copa da Suécia.]

Passada a euforia da vitória, Mário Filho preferiu ser cuidadoso. Alegria muito grande – dizia – é ruim. O brasileiro não poderia deixar que o aguardente da vitória o privasse do bom uso da razão. A seleção brasileira vinha cumprindo seu papel com seriedade e responsabilidade. Cabia ao torcedor, portanto, fazer a sua parte e deixar a comemoração para depois da vitória:

> E aí está um perigo que não percebemos. A alegria, quando grande demais, tem isso de ruim. A gente se entrega a ela e não vê mais nada. Principalmente quando ela tem o estimulante irresistível das cócegas dos dribles de Garrincha. A gente está aqui, mas imagina logo um russo caindo sentado, outro quase quebrando a espinha e outro que nem teve tempo de se mexer enquanto Garrincha passava. E arrebentamos numa gargalhada de segurar a barriga.
>
> Felizmente o escrete está longe. É preciso que ele não veja nada disso. A gente rindo sozinho.

"Com brasileiro, não há quem possa!"

> Muitos de nós se sentiram super-homens, sobretudo na hora de um drible de Garrincha num João russo. A nossa tendência é essa, de ficar por cima, e muito por cima, quando não ficamos por baixo. Por isso, podemos atrapalhar, e muito. Por enquanto não exigimos a vitória do escrete brasileiro. Mas já estamos ficando vaidosos, já não nos estamos contendo. E temos que deixar o escrete livre, se quisermos ser campeões do mundo.
> Futebol, o escrete brasileiro tem para ser campeão do mundo. E está jogando para isso, com uma noção de responsabilidade, com um respeito pelo adversário, com um senso de perigo que explicam, sozinhos, a invulnerabilidade da nossa defesa. A nossa defesa já teria sido vazada se não estivesse tão compenetrada de seu papel. Mas, por isso mesmo, devemos ter cuidado. Quem pode perder o Campeonato do Mundo é a gente. Vamos deixar que o escrete ganhe por nós o Campeonato do Mundo. (*Jornal dos Sports*, 17.6.1958; cf. Rodrigues Filho, 1994, p.235-6)

Por meio do relato das comemorações, após a partida entre Brasil e União Soviética, Mário Filho queria mostrar como o futebol promovia uma espécie de *comoção nacional*, unindo as pessoas por uma linguagem e um sentimento comuns:

> Amigos se telefonavam, felicitando-se. Nas ruas todos sorriam e se sorriam uns para os outros. A vitória nos fez uma família só, nos fez Brasil. Mas precisamos, por tudo isso, não atrapalhar. Só festejar a vitória depois. O perigo que passou não vale nada. O que vale é o que vem por aí. O mais difícil é o *match* não disputado, que não se sabe como vai ser. Deixemos, pois, como Feola, que o escrete brasileiro jogue o jogo dele. Assim poderemos ser campeões do mundo. (ibidem; ibidem, p.236)

E por que razão a Copa do Mundo inspiraria tanta comoção nacional? No fim dos anos 1950, a Copa proporcionava, além do confronto no futebol, o confronto, pouco frequente, do brasileiro com o estrangeiro. Tratava-se de um momento único numa época em que só se podia ver um estrangeiro jogando por meio de filmes ou comparecendo a um estádio. Daí o interesse pela diferença, despertado no transcorrer da competição, encaminhar-se para a discussão da identidade. Em tempos de bomba atômica, Sputnik, Chicabon e penicilina – como era definida a modernidade dos anos 1950 por *Manchete Esportiva* –, a Copa de 1958 seria *ouvida* pela população, uma vez que os jogos seriam filmados e só depois exibidos na televisão, e, ainda assim, para quem tivesse uma em casa. No instante do jogo, o torcedor dependia da transmissão radiofônica, da interpretação do velho *speaker* e de sua infinita imaginação. Como em outras épocas, o torcedor teria de comprar o jornal no dia seguinte para saber se a visão do *speaker* não era parcial, se ele não deturpara os fatos. Por essas razões, pode-se imaginar a importância do jornal e dos cronistas na análise dos fatos na Copa da Suécia.

Para essa Copa, a Rádio Bandeirantes de São Paulo formou a Cadeia Verde-Amarela, unindo emissoras de diferentes pontos do país que queriam retransmitir o seu sinal (Soares, 1994, p.54). Segundo dados do *Anuário Estatístico do Brasil* para o ano de 1959 (cf. *Nosso Século*, 1980), havia 708 estações de rádio no país, contra oito de televisão e que se concentravam nos municípios das capitais. O mesmo *Anuário* registrava a existência de 252 jornais diários em todo o país, com uma tiragem média de 3.924.708 exemplares. As gazetas, cuja periodicidade era inferior a quatro vezes por semana, somavam 978 títulos, com uma tiragem média de 3.620.170 exemplares/dia. As revistas, por sua vez, eram em número de 490 e punham em circulação 13.987.335 exemplares/mês. Considerando que a população estimada para o Brasil era de 64.216.000 habitantes, lia-se pouco; no entanto, o número de leitores e ouvintes era infinitamente superior ao dos telespectadores.

Entrando em ritmo de Copa do Mundo, Mário Filho volta ao Brasil x Itália de 1938 para falar da importância do rádio e do jornal, na divulgação desse torneio e na mobilização da população em torno das apresentações da seleção brasileira:

"Com brasileiro, não há quem possa!"

Quem não viveu aqueles momentos nem faz ideia. Porque todo brasileiro estava possuído pela mais intensa paixão. Ninguém brincasse com brasileiro no dia de Brasil x Itália, que ele era capaz de tudo ... Era uma quarta-feira, dia comum, que devia ser de trabalho. As lojas fecharam as portas, as repartições públicas dispensaram o ponto.

E não será exagero dizer que não houve quem não ficasse ao pé do rádio, bebendo as palavras de Gagliano Netto, que era o espiquer da época e também o único que fora. Até o primeiro gol da Itália ninguém notou nada. Quando, porém, o Brasil começou a perder, notou-se, notamos, notastes, notaram que Gagliano Netto não estava vibrando como devia vibrar. Que parecia que, para Gagliano Netto, não era o Brasil que jogava. Ou por outra: que parecia que, para Gagliano Netto, o importante era a Itália. (*Manchete Esportiva*, 5.5.1956)

É o diabo a gente desconfiar de alguém. Desconfiou uma vez, por qualquer coisinha desconfia de novo. Aliás o espiquer, apesar do pretígio todo, era um suspeito. Houve sempre a vaga desconfiança de que o espiquer exagerava. Numa irradiação toda defesa do quíper era a salvação de um gol, todo chute de um atacante era quase um gol. Às vezes a gente desconfiava de que a bola passara raspando a trave não passara raspando a trave coisa nenhuma, mas o espiquer precisava dar emoção ao jogo. Havia gente que achava o jogo muito mais emocionante numa irradiação do que ao vivo.

A prova é que no dia seguinte ia comprar um jornal para ver se conferia.

É verdade que, mesmo assistindo a um jogo, o torcedor não está certo de nada. Corre às resenhas esportivas, folheia os jornais, confere e reconfere. No fundo não está seguro de si mesmo e realmente tem razão para não estar. Viu com os olhos da paixão e sabe que esses olhos torcem as coisas. O pontapé de um jogador nosso nunca é foul, a não ser que a gente esteja ganhando o jogo e possa ser generoso. O adversário é que faz foul, é que deve ser expulso de campo e que não foi expulso porque o juiz é ladrão.

O espiquer de rádio continua o mesmo. Parece que não há TV.
E agora ele tem razão de estufar o peito. Voltou o velho tempo.
(ibidem, 21.6.1958)

A situação era ainda muito distante da atual – tempos de
Aids, globalização e internet –, em que se recebem os jogos de
Copa do Mundo ao vivo, com as emissoras repetindo os lances
duvidosos à exaustão e, com a mesma insistência, eternizando os
gols, mostrando *closes* dos jogadores em que estes demonstram
sofrimento, alegria e tensão, dramatizando assim o evento esportivo e transformando-o em espetáculo para milhões de pessoas
em todo o mundo, como observaram Lever (1985, p.50ss.),
Sansot (1990, p.67), Gebauer (1994, p.104), Defrance (1995,
p.73) e Giulianotti (2002) em seus trabalhos.

Após a vitória do Brasil por 5 gols a 2 contra a equipe da
França, em 24.6.1958, pela fase semifinal da Copa, Mário Filho
tentou conter a empolgação. Analisou a partida e concluiu: a
seleção brasileira fizera apresentações com muita regularidade
e constância, mas a guerra ainda não estava ganha e a memória
do Brasil x Espanha de 1950 lembrava ao brasileiro que não
seria conveniente comemorar antes da hora, pois faltava, ainda,
o último *match*:

> Não, a missão ainda não está cumprida. O que não quer
> dizer que, para cumpri-la, o escrete brasileiro tenha de ser campeão do mundo. Precisa só realizar o mesmo esforço que está
> realizando para conquistá-lo, de modo que, se não conquistá-lo,
> foi porque não era possível. O que foi feito, e isso devemos
> proclamar para fazer justiça à seleção nacional, excedeu todas
> as expectativas. Não apenas pelos resultados, embora tenhamos
> o mau hábito de só olhar ou olhar sobretudo os resultados, mas
> pela conduta em si do escrete, pelo senso de responsabilidade,
> pelo espírito de luta, pela determinação inflexível. Eis o que
> é mais importante do que um placar: o escrete brasileiro foi
> sempre o mesmo.

Nenhum escrete brasileiro em nenhuma época fez tanto. Falhamos em 50 porque não tivemos continuidade. Éramos já o melhor futebol do mundo. Mas isso não basta para ser campeão do mundo. Para ser campeão do mundo, é preciso jogar como estamos jogando na Suécia.

Pouca gente reparou no detalhe: o respeito que tivemos pelo escrete francês ... Esta é a grande diferença entre 50 e 58. Em 50 chamou-se, no Brasil, o escrete suíço, que íamos enfrentar, de time de casados. Estava-se, pois, inteiramente longe da realidade de um Campeonato do Mundo. Quem olhar para trás não pode se espantar com aquele 16 de julho, sequência natural de uma incompreensão da vitória e da derrota.

Daí a distância incomensurável entre o Brasil x Espanha de 50 e este Brasil x França de 58. Antes do match respeitávamos a Espanha. Para nós, inclusive, o grande adversário era a Espanha, não o Uruguai. Julgávamos os adversários antes do *match*.

Derrotada a *Fúria*, ela não nos mereceu mais respeito. É preciso que nunca nos esqueçamos da lição: foi uma vitória que nos derrotou ... Contra a França, agora, ganhamos de cinco e acabamos com o match na brecha, como se ainda nos faltassem gols para a vitória, não para golear o adversário, para tripudiar sobre ele, apenas para assegurar mais e mais a vitória, para não arriscá-la em nenhum momento.

Então não vamos dizer missão cumprida. ... A missão não é nossa, é do escrete. A única coisa que devemos fazer é torcer por ele. E deixar que ele cumpra a sua missão. Porque o escrete brasileiro não terminou a sua missão. Vai terminá-la na final contra a Suécia. (*Jornal dos Sports*, 26.6.1958; cf. Rodrigues Filho, 1994, p.237ss.)

Analisando o desempenho da seleção, Mário concluía que ela respeitara todos os adversários, ou seja, não tripudiara sobre nenhum deles. Isso já seria uma vitória, uma mudança positiva no comportamento do brasileiro. Durante o torneio, os jogadores só vinham exibindo virtudes e não defeitos. Para o cronista, seria um sinal de que o Brasil despontava como uma nação por inteiro:

> A diferença que há entre 50 e 58 é o amadurecimento do escrete brasileiro ou do jogador brasileiro. A campanha do escrete de 50 foi de absoluta irregularidade. Só contra a Iugoslávia o escrete entrou em forma para disputar uma partida admirável pela seriedade, pela compenetração.
> O que foi um *match* único em 50 é o traço comum da campanha de 58. O escrete brasileiro que está cumprindo a sua missão na Suécia não se deixou abalar por nada.
> Temos que exaltar esses jogadores que já nos deram tantas alegrias. Eles merecem ser campeões do mundo. Menos por nós do que por eles. Na Suécia eles apenas exibiram virtudes. As virtudes dos brasileiros, e não os defeitos. Assim, o que podemos fazer é nos orgulharmos deles. Não tentemos, por tudo, ajudá-los a ganhar o Campeonato do Mundo porque, em vez de ajudá-los, podemos perturbá-los, embora tudo indique que eles estão invulneráveis à lisonja e à demagogia. Por tudo isso é que merecem o Campeonato do Mundo, que também será nosso. (ibidem; ibidem, p.239)

Por fim, chega o grande dia. E para felicidade de Mário, a vitória veio como se esperava: *no peito, na raça e no futebol* – título da crônica do dia seguinte à final. Para ele, a vitória na Suécia teria contemplado o sonho do brasileiro, embora o brasileiro tivesse atuado como *brasileiro* e não como uruguaio. Vencendo como brasileiros, os jogadores da seleção teriam promovido sua autodescoberta. E "mostrara ao mundo um Brasil perfeito", o Brasil como os brasileiros haviam imaginado que fosse. Na opinião de Mário, a conquista do título máximo no futebol varrera todos os fantasmas do passado, e o brasileiro estaria, então, plenamente confiante em si, como povo e como nação. Não seria mais preciso admirar nem invejar ninguém. Com coragem, aceitando o confronto e sem *tremer*, o brasileiro se convencera do valor de sua singularidade. Sendo ele próprio e com um futebol de encher os olhos, o Brasil conquistara a Taça Jules Rimet. O estado de espírito de Mário Filho na crônica de

30.6.1958 refletia bem o otimismo em que o país estava mergulhado naquele momento, com a indústria nacional crescendo e ampliando a oferta de bens de consumo, além da estabilidade política e da grande efervescência no meio cultural, que ia do teatro rebolado e dos concursos de misses à eclosão da Bossa Nova (Santos, 1997; Castro, 1997).

Nessa crônica, Mário Filho comparava a atuação dos jogadores brasileiros na Copa de 1958 com os de 1950 e os cumprimentava por terem confirmado ao mundo que o futebol brasileiro não era apenas o mais bonito e o mais alegre, mas também o melhor:

> Vocês estão longe, jogadores do Brasil, e não vão me escutar. Mas todos nós sentimos a necessidade de dizer alguma coisa ou de exprimir alguma coisa. O que eu queria dizer a vocês era um muito obrigado. Sempre temíamos uma prova como a que vocês venceram. Não se tratava apenas de uma herança de 16 de julho. Mas, em 16 de julho de 50, não foi apenas um escrete brasileiro que perdeu. Sentimos mais a derrota, porque era também a nossa derrota. Faltava-nos alguma coisa para uma conquista tão grande. Não soubemos resistir a uma vitória, a vitória da Espanha.
>
> Por isso, toda vez que um escrete brasileiro ia para um Campeonato do Mundo, tínhamos maior medo das nossas falhas do que confiança nas nossas virtudes. Não bastava ter o melhor futebol, que tínhamos, para sermos campeões do mundo. Por isso, na amargura do 16 de julho, admiramos tanto os uruguaios, que ganharam no peito e na raça. Fez-se um ideal do "Gran Capitan", de Obdulio Varela, como se não tivéssemos Obdulios Varelas. Apenas não resistíamos à hipótese de uma derrota.
>
> Menos os jogadores do que nós. Os jogadores tremeram em Berna, em 54, porque, aqui, já tremíamos diante das assombrações húngaras. Mas agora não tremeram, não hesitaram, não tiveram um momento de dúvida ou de fraqueza. Eis por que somos gratos a vocês, campeões do mundo. Esse título pertence a vocês. A nós cabe a alegria da partida do grande feito. Somos brasileiros e isto basta.

Já não haverá brasileiros que, como em 16 de julho, se lamentavam de ser brasileiros. Nunca se negou tanto o Brasil como em 16 de julho. Porque aquele escrete de 50 resumia nossas virtudes e defeitos. Esquecemos as virtudes que tínhamos para só lastimar os defeitos que nos tinham tirado um Campeonato do Mundo. Vocês, aí na Suécia, só exibiram e só exaltaram as nossas virtudes. Mostraram até onde o brasileiro pode ir, pela dedicação, pelo entusiasmo, pelo amor à pátria, pelo vigor atlético, pela disciplina e pela técnica.

Por isso, somos gratos a vocês. Não temos mais nada a invejar de ninguém. Vocês não foram os uruguaios que queríamos que os jogadores de 50 tivessem sido em 16 de julho. Vocês foram brasileiros e, como brasileiros, sem tomar nada emprestado de ninguém, venceram o Campeonato do Mundo, o mais árduo, o mais disputado, o mais difícil que já houve. Venceram como sonhávamos que vencessem: no peito, na raça e no futebol.

...

Não houve, no Campeonato do Mundo, nenhum adversário que fosse mais do que vocês em nada. E um Campeonato do Mundo é um desfile do que têm de melhor as nações. E se, a princípio, se duvidava do Brasil, é que se julgava o Brasil ainda pelo 16 de julho. Duvidava-se do futebol brasileiro, duvidando-se do Brasil. E vocês varreram essa dúvida, exaltaram o Brasil perante o mundo. Não somos apenas brilhantes, não somos apenas malabaristas, não somos apenas artistas de circo: somos campeões do mundo. E não seríamos campeões do mundo se não tivéssemos as virtudes dos alemães em 54, dos uruguaios em 50. Mas tivemos ainda mais, porque tivemos o melhor futebol do mundo. Muito obrigado, jogadores brasileiros: vocês mostraram ao mundo um Brasil perfeito. (*Jornal dos Sports*, 30.6.1958; cf. Rodrigues Filho, 1994, p.241)

Se antes da Copa da Suécia Mário Filho desferira duras críticas aos jogadores brasileiros e à completa insegurança que haviam demonstrado em competições anteriores – a *tremedeira* –, ao término dela, estava completamente encantado com a forma como a vitória fora conquistada. Aos olhos do cronista, o brilho individual e artístico do futebol brasileiro fora ressaltado com a exibição de *técnica, disciplina, vigor atlético* e *amor à pátria*. Graças aos jogadores da seleção, o Brasil não seria mais uma terra desconhecida. Representado por onze atletas, o Brasil fora alçado ao lugar mais alto do pódio do futebol. Ao menos nesse campo, ele estava, então, no topo do mundo.

O homem fluvial

Com exceção do livro *O negro no futebol brasileiro*, a obra de Mário Filho é pouco conhecida. Ela encerra as incertezas de uma época e de um país que procurava encontrar uma identidade mirando-se num jogo de futebol. Investigando os sentimentos do brasileiro a fundo em suas crônicas, Mário Filho lista atitudes e disposições psicológicas da *alma brasileira*, que, segundo ele, era carente de autoconhecimento e, portanto, de firmeza para as grandes decisões. *Levantando o véu* que encobria as origens de certos comportamentos do brasileiro em relação ao futebol, Mário acreditava contribuir para a sua superação e também para a construção de uma esportividade madura.

Procurando destacar, no interior dessa *alma brasileira*, seus modos de proceder mais frequentes, Mário os ordena em pares de opostos, a exemplo de Sérgio Buarque de Holanda (1995) em *Raízes do Brasil*. Lançando mão desse recurso metodológico, o cronista vê o caráter brasileiro oscilar entre a *valentia* exibida na Copa de 1938 e a *covardia* da final de 1950; entre *tripudiar* sobre os espanhóis em 1950 e *tremer* dos húngaros em 1954. O *individualismo* excessivo, do craque, do técnico e do *carona*, poderia ceder lugar, por vezes, à humildade e ao *platinismo* – a admiração pelo futebol argentino, mas que também podia se transformar em admiração pelos ingleses, pelos húngaros ou quaisquer estrangeiros. Na verdade, a admiração pelo estrangeiro e os dilemas interiores davam a dimensão do *complexo de ser brasileiro*.

As crônicas precedentes à Copa do Mundo de 1958 mostram um Mário Filho crítico, procurando historiar as mudanças de postura e comportamento do brasileiro no futebol desde sua introdução no país. Já as crônicas escritas no calor das comemorações pela conquista do título mundial mostram um Mário Filho entusiasmado com a *performance* da seleção que, em seu modo de ver, jogara dosando as habilidades individuais com as necessidades táticas, ou seja, aceitando suas qualidades inatas, tirando proveito delas, mas acrescentando-lhes *espírito de equipe*, um elemento de fundamental importância e que teria faltado em outras ocasiões. Como espelho da nação, a seleção deveria dar um exemplo de união, a fim de sobrepujar as diferenças regionais e ensejar uma identidade única. Por essas razões, acreditava que o brasileiro estava se autodescobrindo e entrara em lua de mel com sua imagem.

Mário Filho exalta a mestiçagem e o futebol-arte como elementos centrais da brasilidade, cujo símbolo máximo estaria em Garrincha. Com uma deformação nas pernas, Garrincha dava ao brasileiro uma grande lição: a autoaceitação. Ele não imitava ninguém e deixava os estrangeiros boquiabertos com seus dribles desconcertantes. Para Mário, Garrincha confirmaria mais uma vez a habilidade nata do mestiço brasileiro para o futebol, a exemplo de Domingos e Leônidas, que tiveram suas trajetórias analisadas em *O negro no futebol brasileiro*. Então nas crônicas de *Manchete Esportiva*, Mário Filho voltava a insistir na importância do futebol, no Brasil, como meio de ascensão social ao negro, ao mulato e ao branco pobre. No entanto, deixava de ressaltar que, se o futebol lhes permitira a ascensão, foi porque a sociedade lhes negou espaços para isso e porque o branco das classes abastadas se desinteressou por esse esporte. Ao exaltar a habilidade do mestiço brasileiro com a bola, o cronista contribuía para perpetuar essa relação.

Mário Filho conseguia emocionar com seu estilo sóbrio, lembrando o de um pesquisador extremamente dedicado. Guardava os arroubos de alegria apenas para os momentos de comemoração. Talvez por sua posição de mentor esportivo, ou simplesmente por seu jeito discreto, Mário não se permitia revelar o clube que lhe cativava o coração, embora aqueles que o conheceram na intimidade garantissem que seus olhos brilhavam de modo especial quando a equipe do Flamengo entrava no gramado.

Após a morte de Mário Filho, em setembro de 1966, Nelson Rodrigues exaltou suas qualidades como escritor, jornalista e grande incentivador dos esportes. Para ele, a obra do irmão continuaria produzindo frutos, durante muitas gerações, como as águas de um rio garantem vida à vegetação de suas margens. Em homenagem à sua memória, lutou até conseguir dar o nome de "Mário Filho" ao Estádio Municipal do Rio de Janeiro.

FIGURA 6 – A crônica de Mário Filho em *Manchete Esportiva*.

"Com brasileiro, não há quem possa!"

FIGURA 7 – Mário Filho e seu inseparável charuto, ao lado de José Lins do Rego. Extremamente míope, Zé Lins gostava de acompanhar jogos na companhia do amigo, em cuja opinião confiava (Acervo Mário Rodrigues Neto e Helena Rodrigues. Publicada em Castro, 1992).

FIGURA 8 – Mário Filho, ao centro, com o presidente Getúlio Vargas (Acervo Mário Rodrigues Neto e Helena Rodrigues. Publicada em Castro, 1992).

3
Nelson Rodrigues e o dilema do *homem brasileiro: vira-latas* ou *moleque genial*?

O menino Nelson Falcão Rodrigues nasceu em 23 de agosto de 1912, no Recife, mas passou sua infância em Aldeia Campista, um bairro da zona norte carioca. Na Rua Alegre, tantas vezes descrita em suas memórias e crônicas – as chamadas *confissões* –, foi que o pequeno Nelson conheceu o mundo que o cercava e o apaixonante futebol. As peladas, no entanto, foram precocemente abandonadas em favor do jornalismo. Também o Curso Normal de Preparatórios, que cursara até a 3ª série e a idade de quinze anos, foi preterido pelo trabalho no jornal *A Manhã*, de propriedade de seu pai, o jornalista Mário Rodrigues. E assim, Nelson juntou-se a Milton e Mário Filho, seus irmãos mais velhos, que já vinham desempenhando algumas funções na redação.

Da reportagem policial, Nelson foi promovido à página dos editoriais, onde assinava um artigo por semana. Quando Mário Rodrigues lançou o jornal *Crítica*, Nelson e Mário Filho passaram à página de esportes. Anos depois, Mário Filho foi convidado por Roberto Marinho a responder pela página de esportes de *O Globo* e Nelson o acompanhou. Contudo, desempenhou sua função no meio esportivo com certo pesar: na época, o jornal costumava estampar uma foto do repórter ao lado dos futebolistas que haviam se destacado no jogo, verdadeiro tormento à timidez de Nelson. O martírio teve fim em 1937 quando assumiu o cargo de redator de *O Globo Juvenil*, um tabloide de histórias em quadrinhos de *O Globo*. Em meados de 1941, Nelson Rodrigues escreveu seu primeiro texto teatral: *A mulher sem pecado*. A partir daí, a carreira do jornalista confundir-se-ia com a do teatrólogo.

Nelson só voltaria a escrever sobre esportes em 1955, por ocasião do lançamento da revista semanal *Manchete Esportiva*, um projeto ousado de Adolpho Bloch. Augustinho e Paulo Rodrigues, irmãos mais moços de Nelson, deixaram o jornal *Última Hora* para assumir a direção da revista e a chefia da reportagem, respectivamente. Mário Filho contribuía com uma crônica e Nelson Rodrigues tornou-se o redator principal, sem abandonar, contudo, sua coluna diária no *Última Hora* – "A vida como ela é..." –, que trazia histórias curtas bem ao gosto popular e que causavam furor entre os leitores da Cidade Maravilhosa. Os irmãos Rodrigues, ao lado de jornalistas como Ney Bianchi, Ronaldo Bôscoli e Arnaldo Niskier, mais uma equipe de excelentes fotógrafos, conseguiram produzir uma revista absolutamente inovadora para a época. A diagramação era moderna e convidava à leitura, diferenciando-se de outras revistas da mesma época, como *O Cruzeiro*, por exemplo. O texto era complementado por amplas fotos, sobressaindo-se, contudo, os *ektachrome* da capa e contracapa. A reportagem cobria os jogos de futebol do final de semana e também dava destaque a outras modalidades esportivas. Apesar de todos esses qualificativos, a revista foi um fracasso editorial. Os anunciantes não se interessavam por ela. Com exceção de 1958, em que os mais variados produtos foram anunciados na revista, minguavam os reclames dos Cigarros Lincoln, da Rádio Mayrink Veiga e do Petróleo Quinado Juvena. É possível que *Manchete Esportiva* estivesse muito acima dos padrões para uma revista de futebol, cuja mensagem não conseguia ser absorvida pelo torcedor de futebol mediano (Castro, 1992, p.263).

Cabe perguntar, então, para que tipo de leitor Nelson Rodrigues escrevia as apaixonadas crônicas de futebol que figuravam na coluna "Meu personagem da semana"? Para o torcedor comum ou para um leitor mais qualificado, como seus amigos e/ ou inimigos intelectuais, jornalistas e artistas?

Nelson não escrevia para um público específico: escrevia o que achava que devia escrever. Isso porque o teor de suas crônicas era o mesmo tanto nas de *Manchete Esportiva* quanto nas do *Jornal dos Sports* – "o matutino de maior circulação na América do Sul", como era apregoado em sua primeira página – e de *O Globo*. Com seu jeito desbocado, Nelson agradava o público leitor do futebol, de maioria masculina, e não poupava críticas a setores de intelectuais, estudantes e à esquerda de modo geral, que, segundo ele, preocupavam-se com os rumos da Revolução Cubana, mas não davam a devida importância às massas que se uniam por amor à seleção brasileira de futebol.

As relações de Nelson com os intelectuais, deve-se ressaltar, passaram a ser conflituosas a partir das exibições de suas peças teatrais. Afeito ao excesso, ao grotesco, ao erótico e ao obsceno – recursos herdados do movimento modernista –, Nelson provocou impacto entre a *intelligentsia* e recebeu muitas críticas adversas, que o levaram a indispor-se com vários de seus representantes. Inversamente, Nelson tornou-se conhecido do grande público pelos contos de "A vida como ela é...", recheados de personagens e tramas absolutamente cariocas e populares, oferecidos diariamente em linguagem coloquial, livre e envolvente. O exercício de uma estética popular na ficção jornalística, que incorporava a oratória e a frase feita, o mau gosto e os excessos – Nelson dizia que o trópico determinava a exuberância brasileira –, foi transposto para o teatro e também para as *confissões* e crônicas de futebol.

Mantido em relativo esquecimento durante longos anos após a morte de Nelson, em 1980, talvez em razão das polêmicas e do desconforto que sua obra e suas opiniões sempre provocaram em diferentes grupos de intelectuais, o conjunto de crônicas, memórias e contos, originariamente publicados em jornais e revistas, está sendo redescoberto graças às compilações e relançamentos promovidos pelo jornalista Ruy Castro, em parceria com a editora paulista Companhia das Letras, desde o início dos anos 1990.

Figura controvertida também por suas posições políticas, a tensão entre intelectuais e cultura popular se fez presente em toda a sua obra, inclusive nas crônicas de futebol, atividade que Nelson cultivou como um verdadeiro ganha-pão. Escreveu-as entre 1955 e 1959 na revista *Manchete Esportiva* e no jornal *O Globo*, entre 1962 e 1978. Publicou-as, esporadicamente, no *Jornal dos Sports*. Nelas, as discussões sobre o caráter nacional brasileiro ganharam espaço e destaque. Nelson discorreu sistematicamente sobre o significado do futebol no Brasil e de como uma nação inteira se identificava com esse jogo, podendo mesmo ser *explicada* por meio dele. Talvez sem perceber ou mesmo sem pretensão de formular teorias sobre o assunto, Nelson construiu uma interpretação da brasilidade pelo futebol.

Na tentativa de recuperá-la, selecionamos as crônicas de Nelson Rodrigues publicadas no período compreendido entre 1955, anterior, portanto, à Copa de 1958, a primeira conquistada pelo Brasil, e o final de 1970, sob o impacto do tricampeonato mundial. O objetivo não é estudar exaustivamente sua obra, e sim perceber os meandros da construção de seu ideário nacionalista, forjado por paradoxos, contradições e, talvez, por uma lucidez *avant la lettre*.

Futebol como drama

Por problemas decorrentes de uma tuberculose contraída quando contava cerca de vinte anos de idade, Nelson Rodrigues perdeu 30% da visão em 1940. Afastou qualquer possibilidade de usar óculos – não queria ser chamado de *caixa d'óculos*. Logo percebeu que seria difícil acompanhar um jogo de futebol ao vivo, mas, mesmo assim, não deixou de frequentar estádios, religiosamente, todo domingo à tarde. Talvez essa deficiência visual, que o fazia acompanhar os lances com dificuldade e reter apenas impressões da partida, tenha contribuído ainda mais para aguçar sua imaginação. Vultos correndo, manifestações de satisfação ou de desagrado das torcidas, além da presença de alguma pessoa que lhe *irradiasse* o jogo: parece que isso já era suficiente para Nelson compor um quadro do que havia sido a partida. Depois, bastava confiar em sua intuição e dar asas à imaginação. Na verdade, era um exímio *captador* das emoções no estádio.

Discutia lances polêmicos como quem presenciara os fatos, porém, muitas vezes, declarava ter acompanhado a transmissão do jogo apenas pelo rádio. Ou seja, sua imaginação trabalhava e preenchia as lacunas daquilo que não vira.

Para ele, o fato em si, a jogada tal como ocorrera não importava tanto. O jogo funcionava mais como pretexto para discutir e abordar questões que considerava importantes. O jogo era o elemento desencadeador de uma narrativa que transcendia os fatos.

Aliando seu talento de dramaturgo à paixão pelo futebol, Nelson Rodrigues – ardoroso torcedor do Fluminense – escreveu crônicas que são verdadeiras narrativas épicas, daí sua atualidade e o prazer que sua leitura proporciona. Publicadas em jornais e revistas, ultrapassaram o mero objetivo de informar fatos ocorridos na semana: elas são relatos propriamente ditos, no sentido das narrativas definidas por Walter Benjamin (1983, p.61):

> O mérito da informação reduz-se ao instante em que era nova. Vive apenas nesse instante, precisa entregar-se inteiramente a ele, e, sem perda de tempo, comprometer-se com ele. Com a narrativa é diferente: ela não se exaure. Conserva coesa a

sua força e é capaz de desdobramento mesmo depois de passado muito tempo.

Em suas crônicas, Nelson Rodrigues quase desliga o futebol da vida real e o coloca numa dimensão de eternidade. Transforma pessoas em personagens fascinantes, quase heróis míticos. Mesmo que o leitor não tenha muita informação sobre elas, acaba inevitavelmente atraído por seus dramas pessoais. É que Nelson "se apega particularmente aos mistérios insondáveis da aventura humana, ao sentido metafísico da finitude e suas implicações éticas, à razão de ser da passagem terrena" (Magaldi, 1992, p.191).

Apesar de sua inesgotável imaginação, Nelson Rodrigues se definia como objetivo, isento e imparcial. Era um obstinado por explicações e definições, que chegaram a fazer fama, como *óbvio ululante* e muitas outras. Atacava a *objetividade burra* do brasileiro, principalmente quando o assunto era futebol. Segundo ele, era preciso ver além do mero resultado do jogo, analisá-lo de vários ângulos. Com isso, queria criticar sobretudo a imprensa que dificilmente reconhecia os méritos dos jogadores brasileiros. Em meio às críticas, dava corpo às suas concepções sobre o futebol e seu rico universo:

> Certo e brilhante confrade dizia-me ontem que "futebol é a bola". Não há juízo mais inexato, mais utópico, mais irrealístico. O colega esvazia o futebol como um pneu, e repito: retira do futebol tudo o que ele tem de misterioso e de patético. A mais sórdida pelada é de uma complexidade shakespeariana. Às vezes, num córner mal ou bem batido, há um toque evidentíssimo do sobrenatural. Eu diria ao ilustre confrade ainda o seguinte: – em futebol, o pior cego é o que só vê a bola ... Se o jogo fosse só a bola, está certo. Mas há o ser humano por trás da bola, e digo mais: – a bola é um reles, um ínfimo, um ridículo detalhe. O que procuramos no futebol é o drama, é a tragédia, é o horror, é a compaixão. (*O Globo*, 18.11.1963)

Sobre as transmissões radiofônicas de partidas de futebol, Nelson elogiava a emoção ininterrupta capaz de levar o torcedor-ouvinte à exaustão emocional. Tudo isso porque o locutor acrescentava fantasia aos lances, dando emoção e dramaticidade até mesmo a partidas chochas. Atento aos recursos utilizados pelo meio de comunicação mais popular à época, Nelson recorria à mesma fórmula do sucesso em suas crônicas.

Em agosto de 1957, sua coluna em *Manchete Esportiva* passou a chamar-se "Meu personagem da semana". Nela, o futebol seria tratado como teatro, como drama:

> Adolfo Bloch sugere que eu escolha "o meu personagem" de cada semana. É uma boa ideia e que tem a considerável vantagem de unir futebol e teatro. Para os bobos, não existe a menor relação entre uma coisa e outra. Ilusão. Existe, sim. O futebol vive dos seus instantes dramáticos e um jogo só adquire grandeza quando oferece uma teatralidade autêntica. Pode ser uma pelada. Mas se há dramatismo, ela cresce, desmedidamente. (*Manchete Esportiva*, 24.8.1957)

Em 1958, havia um sentimento difuso entre torcedores e jornalistas de que os jogadores de futebol brasileiros *tremiam* quando enfrentavam estrangeiros e de que o Brasil só ganharia a Copa do Mundo no dia de São Nunca. Nas crônicas que publicava em *Manchete Esportiva*, Nelson Rodrigues era uma voz isolada contra a unanimidade. Acusava, com frequência, radialistas e jornalistas de desmerecerem os valores do futebol brasileiro. Os colegas riam de Nelson. Mas ele não perdia a oportunidade de criticar radialistas e jornalistas e também de explicar o que considerava ser o papel da imprensa. Dizia que o jornalista deveria dramatizar o evento, retirar dele o máximo possível. Para isso, deveria usar a imaginação: "Ora, o jornalista que tem o culto do fato é profissionalmente um fracassado. Sim, amigos, o fato em si mesmo vale pouco ou nada. O que lhe dá autoridade é o acréscimo da imaginação..." (ibidem, 31.3.1956).

O papel do jornalista seria semelhante ao do poeta, de alguém que se coloca como observador dos fatos; uma espécie de presença onisciente, porém dando a eles cor e emoção:

> Houve um tempo, no passado do homem, em que o fato tinha, sempre, um Camões, um Homero, um Dante à mão. Por outras palavras: – o poeta era o repórter que dava ao fato o seu canto específico. Hoje, nós temos tudo: – jornal, rádio e televisão. O que nos falta é, justamente, a capacidade de admirar, de cobrir o acontecimento com o nosso espanto. (ibidem, 12.5.1956)

As crônicas de Nelson também trazem reflexões bem-humoradas sobre os jogos da semana ou de outros eventos esportivos. Além de apaixonado e exagerado, consegue ser extremamente crítico. No firme propósito de analisar objetivamente os fatos, chega a conclusões originais, construídas ao longo de várias crônicas.

As imagens que cria são engraçadas, irônicas e, geralmente, hiperdimensionam a repercussão dos fatos que está discutindo. Trata-se de um recurso estilístico que parece ajudá-lo em questões recorrentes, como as definições e análises do *homem brasileiro* e de suas características pessoais. Nesse caminho, por vezes, dá demonstrações de patriotismo e de preocupações nacionalistas.

Sem o recurso do videoteipe, jornalistas e radialistas eram praticamente as únicas *testemunhas oculares* do fato, e suas análises e opiniões continuariam soberanas e incontestáveis por mais alguns anos. Daí Nelson afirmar que os jornalistas costumavam escrever sem se darem conta da autoridade que tinham. Com seu pessimismo, na medida em que sempre esperava uma derrota da seleção, a imprensa era injusta com os jogadores e com o próprio futebol brasileiro (cf. ibidem, 16.6.1957). Nelson questionava o direito às críticas dos colegas jornalistas esportivos, pois, segundo ele, era preciso reconhecer o valor dos jogadores mesmo nas derrotas: esse seria o papel da imprensa. Tentando desvendar o problema, dava, então, sua explicação: o jornalismo esportivo de rádio, jornal e televisão reproduzia sentimentos e atitudes que eram generalizados. Na verdade, os próprios jornalistas esportivos seriam um retrato vivo daquele *homem brasileiro*, apresentado por alguns ideólogos como inferior e incapaz, fruto de sucessivas misturas raciais. O jornalista, tal qual esse brasileiro, era um ser descrente e frequentemente tomado por uma incontrolável tendência à autonegação (cf. ibidem, 9.2.1957). Os jornalistas tendiam a apontar sempre os defeitos e nunca as virtudes de uma equipe, mesmo na derrota. Diante disso, Nelson pregava a necessidade de analisar todas as condições nas quais se realizara a partida antes de emitir generalizações apressadas.

Em 1957, insistia na necessidade de redimir o passado. Na base do ataque intempestivo dos jornalistas esportivos aos jogadores brasileiros, estaria sempre em questão, segundo ele, o *fracasso* de 1950. Além disso, jornalistas e radialistas também teriam mandado uma imagem distorcida do jogo Brasil 2 x Hungria 4, pelas quartas de final da Copa de 1954, ao não reconhecerem a boa atuação da equipe nacional e o já difundido prestígio internacional do futebol brasileiro. Isso tudo – concluía o cronista com base em suas observações – porque o brasileiro sentia um ufanismo às avessas: "O brasileiro gosta muito de ignorar as próprias virtudes e exaltar as próprias deficiências, numa inversão do chamado ufanismo. Sim, amigos: – somos uns Narcisos às avessas, que cospem na própria imagem" (ibidem, 26.1.1957).

Para Nelson Rodrigues, o universo do futebol se oferecia como palco ao desfile dos dilemas, das frustrações e dos dramas do *homem brasileiro*. Cabia ao cronista postar-se diante dele, observar seus movimentos e eternizá-los sob a forma de literatura.

Nos anos que se seguiram à Copa de 1950, o insucesso da seleção brasileira foi atribuído à instabilidade emocional dos jogadores e, por extensão, da própria nação brasileira. A fusão de raças, ou seja, a mestiçagem nacional, estaria na base dessa instabilidade emocional, que, nesse caso, faria os instintos sobrepujarem a razão. Ou seja, momentaneamente, a tão decantada mestiçagem deixara de ser positiva e passara a enxergar apenas seus aspectos negativos; ela impedia que a nação brasileira atingisse o reconhecimento e o respeito internacionais.

A imprensa esportiva, por sua vez, alardeou que o que faltava aos brasileiros era maior garra, disposição para a luta e vontade de vencer. Nelson concordava com a associação entre o fracasso de 1950 e a instabilidade emocional do jogador brasileiro, mas divergia quanto à identificação de suas causas: atribuía a responsabilidade à falta de consciência nacional, à falta de convicção do brasileiro quanto às suas reais potencialidades. Para ele, se o Brasil tinha o melhor futebol do mundo, só seria preciso que os próprios brasileiros se convencessem disso.

Acreditava que a história de um país e de um povo se escrevesse também por meio do futebol. Porém, aumentando sua importância, o cronista queria mostrar que um acontecimento esportivo poderia ser interpretado como o mito de origem de uma sociedade e de uma cultura: "Cada povo tem a sua irremediável catástrofe nacional, algo assim como uma Hiroshima. A nossa catástrofe, a nossa Hiroshima, foi a derrota frente ao Uruguai, em 1950" (*Realidade*, junho de 1966).

Ainda assim, segundo Nelson, o destino trágico que dera origem ao mito do fracasso de 1950 teria sido revivido no confronto com a forte seleção da Hungria em 1954 – a grande favorita da Copa da Suíça –, para o qual os brasileiros teriam entrado em campo praticamente derrotados. Diante disso, entendia-se por que o *espectro* de 1950 preocupava sobremaneira os torcedores e a imprensa esportiva às vésperas da Copa de 1958: o período ritual se aproximava.

Também Nelson Rodrigues se ocupou do destino trágico em suas crônicas de futebol, destino que, aliás, permeia sua obra ficcional de forma absolutamente cruel e implacável com seus protagonistas que, invariavelmente, não conseguem fugir a seus desígnios. Nas crônicas de futebol, no entanto, Nelson mostrou como o *homem brasileiro* deveria lutar contra esse destino, tendo por ponto de partida a tomada de consciência de sua natureza e de seus problemas.

Futebol como paradigma do caráter brasileiro

Procedendo a uma leitura sistemática das crônicas de Nelson Rodrigues, pode-se observar como certas ideias e concepções foram sendo tecidas lentamente, levando-o a conclusões mais bem fundamentadas como aquelas, entre outras, referentes ao caráter brasileiro. Para o cronista, na medida em que o brasileiro se conhecesse melhor, que soubesse identificar suas qualidades e seus defeitos e superasse estes últimos, alcançaria a vitória não apenas no futebol, mas em todos os campos de atividade, e, ainda, o Brasil obteria o reconhecimento internacional como nação portadora de uma identidade própria. Acreditava que a vitória e a derrota traduziam a alma de um povo. Por isso, quando se quisesse conhecê-la a fundo, a simples observação das reações dos torcedores num jogo poderia trazer revelações valiosas: "Se vocês querem conhecer um povo, examinem o seu comportamento na vitória e na derrota" (*O Globo*, 17.6.1969).

Talvez por isso, a derrota na Copa do Mundo de 1950 seja um assunto recorrente em suas crônicas. Nelson sempre voltava a ela, sobretudo para ilustrar alguma ideia que estivesse defendendo sobre o caráter do *homem brasileiro*. Antes da Copa de 1958, ele usava as imagens de 1950 para demonstrar como o futebolista não deveria ser ou como poderia se inspirar nos briosos vizinhos uruguaios.

Em 1956, o tema mais frequente nas crônicas é a humilhação. A princípio, Nelson Rodrigues afirmava que o brasileiro precisava ser humilhado; depois, dizia que a humilhação impelia à ação e, por fim, concluía que estava cansado de tanta humilhação. Haveria, portanto, necessidade de mudar: "Por mais doce e cordial que seja a nossa esportividade, já começamos a rosnar contra a humilhação de tantos resultados negativos" (*Manchete Esportiva*, 5.5.1956).

A propósito de um amistoso realizado no Maracanã, cujo resultado foi Brasil 2 x Uruguai 0, e no qual os uruguaios se revoltaram contra o juiz por causa de um pênalti marcado a favor do Brasil, Nelson comenta:

> Outra reflexão que o episódio de ontem comporta: – nós somos uns anjos, uns bucólicos, uns idílicos. Em Buenos Aires perdemos, no apito, um sul-americano que, tecnicamente, era nosso. E longe de espancar o árbitro, os nossos jogadores, locutores e jornalistas se deram ao luxo de apanhar de sabre. Vejam vocês: – de sabre! O Chico saiu de maca e quase de rabecão. Em Montevidéu, porque o Vasco teve o descaro de vencer o Peñarol, os locutores brasileiros foram apedrejados como adúlteras bíblicas. Aqui Obdulio Varela pôde ganhar o Mundial no grito e, ontem, nós vimos a Celeste dizimar, devastar, ceifar a pescoções um juiz brasileiro. Eu, então, numa melancolia digna de Casemiro de Abreu, digo a um companheiro: – "Foi por isso que eles ganharam a Copa de 50!". (ibidem, 30.6.1956)

O brasileiro, habitante de uma terra paradisíaca, seria dócil e sem maldade, como os índios descritos nos relatos de viajantes do período colonial ou nos romances de José de Alencar. Para Nelson, enquanto os brasileiros eram idealizadores e sonhadores, os uruguaios, ao contrário, buscavam a vitória com todo o empenho possível, mesmo que, para isso, tivessem de recorrer à violência. Diante desses diferentes comportamentos, Nelson Rodrigues chegava à conclusão de que o brasileiro era humilhado porque era humilde e, a partir dessa constatação, resolveu empreender uma busca sistemática às raízes de tanta humildade.

A princípio, buscou explicações emocionais e psíquicas, pois, em sua opinião, o medo e o trauma de 1950 rondavam as cabeças de todos os jogadores e também da imprensa esportiva. Enquanto o brasileiro não superasse esse trauma – dizia –, seria difícil obter sucesso não apenas no futebol, mas em todos os ramos de atividade. Nelson foi o primeiro a reconhecer a necessidade de manter um psicólogo para os jogadores de futebol. Afinal, não bastava cuidar apenas das dores físicas, era preciso cuidar também das dores da alma. Sua sugestão vingou, pois João Carvalhaes, um sociólogo licenciado em psicologia, integrou-se à comissão técnica que acompanhou a seleção de 1958. Sua função era aplicar testes psicotécnicos aos jogadores, tal como fazia com os candidatos a motorista e cobrador dos ônibus e bondes da Companhia Municipal de Transportes Coletivos de São Paulo (CMTC), onde trabalhava.

De fato, o futebol brasileiro tem tudo, menos o seu psicanalista. Cuida-se da integridade das canelas, mas ninguém se lembra de preservar a saúde interior, o delicadíssimo equilíbrio emocional do jogador. E, no entanto, vamos e venhamos: – já é tempo de atribuir-se ao craque uma alma, que talvez seja precária, talvez perecível, mas que é incontestável.

Só não existe um especialista para resguardar a lancinante fragilidade psíquica dos times. Em consequência, o jogador brasileiro é sempre um pobre ser em crise.

Para nós, o futebol não se traduz em termos técnicos e táticos, mas puramente emocionais. Basta lembrar o que foi o jogo Brasil x Hungria, que perdemos no Mundial da Suíça. Eu disse "perdemos" e por quê? Pela superioridade técnica dos adversários? Absolutamente. Creio mesmo que, em técnica, brilho, agilidade mental, somos imbatíveis. Eis a verdade: – antes do jogo com os húngaros, estávamos derrotados emocionalmente. Repito: – fomos derrotados por uma dessas tremedeiras obtusas, irracionais e gratuitas. Por que esse medo de bicho, esse pânico selvagem, por quê? Ninguém saberia dizê-lo.

E não era uma pane individual: – era um afogamento coletivo. Naufragaram, ali, os jogadores, os torcedores, o chefe da delegação, o técnico, o massagista ... Foi nossa alma que ruiu face à Hungria, foi a nossa alma que ruiu face ao Uruguai.

E aqui pergunto: – que entende de alma um técnico de futebol? ... teríamos sido campeões do mundo, naquele momento, se o escrete houvesse frequentado, previamente, por uns cinco anos, o seu psicanalista ... só um Freud explicaria a derrota do Brasil frente à Hungria, do Brasil frente ao Uruguai e, em suma, qualquer derrota do homem brasileiro no futebol ou fora dele. (ibidem, 7.4.1956)

Nelson dizia que o brasileiro sofria de um ufanismo invertido, pois desconfiava de seus próprios méritos. Um dos sintomas característicos desse mal seria o amor à derrota e uma tendência incontrolável à autonegação. Sendo assim, era preciso restaurar a fé no futebol brasileiro, uma vez que, com moral, o escrete nacional ganharia autoridade e gana. Com confiança, o jogador brasileiro tornar-se-ia imbatível.

Por ocasião de uma série de vitórias internacionais, em julho de 1956, de clubes e também da seleção, Nelson Rodrigues interpretou esses fatos como prova da afirmação do *homem brasileiro*, motivo suficiente para inaugurar uma fase de otimismo no país: o brasileiro se realizava, pelo menos, no futebol. Mas ser o melhor em alguma coisa implicava responsabilidade, e o brasileiro tinha vergonha de ser o maior. O futebol nacional deveria continuar fiel às suas características e não se deixar guiar por moldes estrangeiros. O jogador não deveria renunciar às suas características inatas. A receita do sucesso estaria na fidelidade às particularidades do brasileiro. A vitória deveria ser buscada a partir da valorização de suas singularidades. Por essas opiniões, pode-se concluir que Nelson era um nacionalista convicto.

Via o futebol como paradigma do homem e do povo brasileiro. Sobre a derrota, por 3 x 0, do Brasil contra a Argentina, pelo Sul-Americano de 1957, dizia:

As grandes derrotas internacionais têm a seguinte consequência trágica: implica todos nós e cada um de nós. Nós as sofremos na carne e na alma. Note-se que não me refiro ao fracasso técnico e tático. Qualquer time pode jogar pedrinhas. Mas o que realmente avilta é o colapso do material humano. Nós fracassamos como alma, como vontade, como fé, como coragem. Fomos incapazes de um esgar de desespero. Repetia-se, em Lima, o fenômeno já observado em tantas ocasiões: a queda, não do jogador, mas do homem brasileiro. (ibidem, 13.4.1957)

Para o cronista, momentos como esses deveriam ser tomados como ícones da maneira incorreta de se portar diante de problemas de toda ordem. Na seleção, via-se um autorretrato do inseguro brasileiro que precisava estar consciente de si e de suas dificuldades para poder superá-las.

Ainda em 1957, Nelson animou-se com belas vitórias do Brasil em amistosos internacionais e acabou revendo o que escrevera meses antes:

> De fato, no sul-americano, o scratch foi, por uma série de motivos, uma caricatura de si mesmo, uma paródia do futebol brasileiro. Não logramos nem metade do rendimento que seria de esperar.

Sobre duas vitórias majestosas contra Portugal e Argentina, dizia:

> Essas duas vitórias, de tanta categoria, num espaço de 48 horas, dão uma medida de potencialidade do futebol brasileiro. O Brasil tem um plantel fabuloso que permite a formação de vários scratchs, capazes de feitos notabilíssimos no plano do esporte nacional. Imaginem se esse potencial estupendo tivesse uma organização à altura de sua qualidade. O Brasil ainda não se tornou campeão do mundo de teimoso que é. (ibidem, 22.6.1957)

Nelson dava muita importância às vitórias internacionais, pois estas, quando conquistadas, tinham ampla repercussão, se não mundial, pelo menos não restrita ao Brasil. Na verdade, estava preocupado com a divulgação de uma imagem da nação e do *homem brasileiro* no exterior, com a definição de uma identidade nacional em termos mundiais e em oposição a outras identidades nacionais, com a definição de um espaço digno para o Brasil entre as grandes nações. Daí, segundo o cronista, a necessidade constante de identificação de características peculiares do brasileiro.

Já em 1958, mudou um pouco o eixo e a tônica do seu discurso. Afirmava que potencial e talento o brasileiro tinha, mas faltava-lhe *organização*, conclusão a que chegaram também Lins do Rego e Mário Filho, como se viu nos capítulos anteriores. Se havia talentos de sobra, a culpa pelas derrotas ou pelo insucesso deveria ser atribuída a um fator externo, de organização, e não de responsabilidade do jogador. Nelson deixava de atribuir o fracasso à fragilidade emocional do futebolista e passava a associá-lo ao mal gerenciamento e à má organização da estrutura administrativa do futebol brasileiro, corroborando, de certa forma, a opinião de Holanda (1995) quanto à *tibieza do espírito de organização* no brasileiro.

No primeiro semestre de 1958, Nelson Rodrigues voltou a atacar a imprensa esportiva que, segundo ele, só enxergava os insucessos e não elogiava a fibra dos jogadores. Isso ocorreria porque o brasileiro gostava de se autoflagelar e de se menosprezar. Na verdade, vergonha de ser o melhor. Considerava que, desde 1950, o brasileiro estaria com as emoções trocadas, pois chorava na vitória e ria na derrota. Nesta última, o torcedor via a confirmação da sua inferioridade e, por isso, vinha tratando a seleção a pontapés: "O revés de 50, como se sabe, cravou na nossa carne e na nossa alma uma dor de cotovelo imortal" (*Manchete Esportiva*, 7.6.1958). Para superar esse quadro, o jogador brasileiro precisaria recuperar sua autoconfiança.

Quanto a esse aspecto, no entanto, nem tudo estava perdido. Nelson reconhecia no garoto Pelé todos os atributos que faltavam ao jogador brasileiro: era um verdadeiro rei e se portava como tal, pois tinha convicção da sua superioridade. E lançava um desafio:

> Na Suécia, ele não tremerá de ninguém. Há de olhar os húngaros, os ingleses os russos de alto a baixo. Não se inferiorizará diante de ninguém. E é dessa atitude viril e mesmo insolente que precisamos. Sim, amigos: – aposto minha cabeça como Pelé vai achar todos os nossos adversários uns pernas de pau. (ibidem, 8.3.1958)

Numa série de jogos preparatórios para a Copa de 1958, o Brasil venceu e depois empatou com o Paraguai. A imprensa atribuiu a vitória mais ao fracasso paraguaio que ao empenho brasileiro. Nelson não se conteve com tamanha demonstração de que o brasileiro continuava com as emoções trocadas, alegrando-se com derrotas e empates, pois via nessas atitudes a confirmação da inferioridade brasileira. A situação o preocupava:

> Há uma relação nítida e taxativa entre a torcida e a seleção. Um péssimo torcedor corresponde a um péssimo jogador. De resto, convém notar o seguinte: – o escrete brasileiro implica todos nós e cada um de nós. Afinal, ele traduz uma projeção de nossos defeitos e de nossas qualidades. Em 50, houve mais que o revés de onze sujeitos, houve o fracasso do homem brasileiro.
> Ora, o torcedor que nega o escrete está... xingando-se a si mesmo. (ibidem, 17.5.1958)

Diante disso, a conclusão de Nelson era definitiva: o torcedor brasileiro era um Narciso às avessas, que cuspia na própria imagem. Na última crônica publicada antes da estreia do Brasil na Copa de 1958, chegou à melhor definição do que considerava ser a razão de todo o pessimismo, do espírito derrotista do brasileiro, e que fora potencializado com a decepção de 1950 e sua associação à inferioridade do tipo humano indefinido, resultante da mistura racial: o brasileiro sofria de um irremediável *complexo de vira-latas*:

Vejam 50. Quando se fala em 50, ninguém pensa num colapso geral, numa pane coletiva. Não. O sujeito pensa em Barbosa, o sujeito descarrega em Barbosa a responsabilidade maciça, compacta, da derrota. O gol de Gigghia ficou gravado, na memória nacional, como um frango eterno. O brasileiro já se esqueceu da febre amarela, da vacina obrigatória, da Espanhola, do assassinato de Pinheiro Machado. Mas o que ele não esquece, nem a tiro, é o chamado frango de Barbosa. (ibidem, 30.5.1959)

Eis a verdade, amigos: – desde 50 que o nosso futebol tem pudor de acreditar em si mesmo.

Gostaríamos talvez de acreditar na seleção. Mas o que nos trava é o seguinte: – o pânico de uma nova e irremediável desilusão.
...

A pura, a santa verdade é a seguinte: qualquer jogador brasileiro, quando se desamarra de suas inibições e se põe em estado de graça, é algo de único em matéria de fantasia, de improvisação, de invenção. Em suma: – temos dons em excesso. E só uma coisa nos atrapalha e, por vezes, invalida as nossas qualidades. Quero aludir ao que eu poderia chamar de "complexo de vira-latas".

Por "complexo de vira-latas" entendo eu a inferioridade em que o brasileiro se coloca, voluntariamente, em face do resto do mundo. Isto em todos os setores e, sobretudo, no futebol. Dizer que nós nos julgamos "os maiores" é uma cínica inverdade... Já na citada vergonha de 50, éramos superiores aos adversários. Além disso, levávamos a vantagem do empate. Pois bem: – e perdemos da maneira mais abjeta. Por um motivo muito simples: – porque Obdulio nos tratou a pontapés como se vira-latas fôssemos.

Eu vos digo: – o problema do escrete não é mais de futebol, nem de técnica, nem de tática. Absolutamente. É um problema de fé em si mesmo. O brasileiro precisa se convencer de que não é um vira-latas e que tem futebol para dar e vender, lá na Suécia. (ibidem, 31.5.1958)

A Copa de 1958 teve início e o Brasil fez boas apresentações. Nelson foi se animando, vendo realizarem-se todas as suas previsões. Durante o torneio, Garrincha tornou-se um tipo ideal de jogador brasileiro, cuja melhor qualidade, segundo o cronista, era acreditar sobretudo em si mesmo. Por obra de um mestiço de pernas tortas, o brasileiro começava a sentir-se orgulhoso de ser o que era: "E, com dois minutos e meio, tínhamos enfiado na Rússia duas bolas na trave e um gol. Aqui, em toda a extensão do território nacional, começávamos a desconfiar que é bom, que é gostoso ser brasileiro (ibidem, 21.6.1958).

De acordo com as imagens exageradas que Nelson criava, o Brasil inteiro *agonizava ao pé do rádio*, ouvindo os jogos da seleção. No instante do gol de Pelé contra o País de Gales, um urro de proporções descomunais teria sido ouvido: "Foi um desses momentos em que cada um de nós deixa de ter vergonha e passa a ter orgulho de sua condição nacional" (ibidem, 24.6.1958).

Após a vitória sobre a equipe da Suécia, que garantiu o título de campeão do mundo ao Brasil, tornou-se ainda mais eufórico. Para ele, o Brasil e o brasileiro estariam se descobrindo e acreditando em suas virtudes tanto pessoais quanto humanas:

> Graças aos 22 jogadores, que formaram a maior equipe de futebol da Terra em todos os tempos, graças a esses jogadores, dizia eu, o Brasil descobriu-se a si mesmo ... Os 5 x 2 lá fora, contra tudo e contra todos, são um maravilhoso triunfo vital de todos nós e de cada um de nós. Do presidente da República ao apanhador de papel, do ministro do Supremo ao pé-rapado, todos aqui percebemos o seguinte: – é chato ser brasileiro!
> Já ninguém tem mais vergonha de sua condição nacional ... O povo já não se julga mais um vira-latas. Sim, amigos: – o brasileiro tem de si mesmo uma nova imagem. Ele já se vê na generosa totalidade de suas imensas virtudes pessoais e humanas.
> Vejam como tudo mudou. A vitória passará a influir em todas as nossas relações com o mundo. Eu pergunto: – que éramos nós? Uns humildes.
> E vou mais além: – diziam de nós que éramos a flor de três raças tristes. A partir do título mundial, começamos a achar que

a nossa tristeza é uma piada fracassada. Afirmava-se também que éramos feios. Mentira! Ou, pelo menos, o triunfo embelezou--nos. Na pior das hipóteses, somos uns ex-buchos. (ibidem, 12.7.1958)

Se, em 1950, o país assistira a um *suicídio nacional*, em 1958, o que se viu foi um verdadeiro *pileque cívico*. Segundo a imaginação fértil de Nelson Rodrigues, a seleção nacional fora capaz de transformar o brasileiro em patriota de plantão. Em resumo, o vira-latas começava a superar-se e a assumir outra identidade: a de vencedor orgulhoso dos seus feitos e de si próprio. Para o cronista e dramaturgo, a conquista da Taça Jules Rimet derrubara, também, as ideias sobre a tristeza brasileira, sistematizadas por Paulo Prado (1994), que, na verdade, sempre fora descrita por ideólogos ou por estrangeiros, sem conferir se era assim, de fato, que se sentia o comum dos brasileiros (cf. Matos, 1999).

Ruy Castro (1992), em *O anjo pornográfico*, levanta uma hipótese bastante instigante sobre as relações entre o ideário nacionalista do governo Juscelino Kubitschek e a euforia patriótica que se seguiu à conquista da Copa do Mundo de 1958 pelo Brasil. Para Castro, o otimismo e o triunfalismo do período JK teriam começado exatamente com a vitória da seleção brasileira, quando seu mandato já ia pela metade. Apesar de suas aparições ao lado dos campeões mundiais, no retorno da Suécia, não se pode esquecer o quanto Juscelino procurou associar sua imagem ao futebol, mesmo antes da Copa, estando sempre presente à tribuna de honra do Maracanã em jogos internacionais, imagem posteriormente reforçada pelas fotos tiradas *ao pé do rádio*, durante a Copa de 1958, e nos convites feitos ao pai de Garrincha, à noiva do jogador Vavá e à esposa de Didi para ouvirem, em sua companhia, no Palácio do Catete, as transmissões dos jogos do Brasil.

Pela euforia que emana das crônicas de Nelson, seria possível pensar que a responsabilidade pelo otimismo, em que mergulhara o país, teria sido daquela seleção imortal. No entanto, numa crônica publicada em fevereiro de 1961, na revista *Brasil em Marcha* (cf. Rodrigues, 1996, p.19ss.), fazia uma verdadeira elegia a JK, a quem atribuía o renascimento do *homem brasileiro*. Para o cronista, JK era o melhor presidente que poderia ter o *novo Brasil*, pois resumia todas as qualidades do *novo brasileiro*: era um *cafajeste dionisíaco* e *genial*, que encarnava, como nenhum outro dirigente, o tão decantado caráter malandro – síntese da civilidade à brasileira:

> Ninguém mais antipresidencial. Ele trouxe a gargalhada para a presidência. Nenhum outro chefe de Estado, no Brasil, teve essa capacidade de rir – e nos momentos mais inoportunos, menos indicados. Dir-se-ia que tinha sempre um riso no bolso, riso que ele puxava escandalosamente, nas cerimônias mais enfáticas.
> Os outros presidentes têm sempre a rigidez de quem ouve o hino nacional. Cada qual se comporta como se fosse a estátua de si mesmo. Não Juscelino. Quando ele tirou os sapatos para Kim Novak (que achado genial! que piada michelangesca!), ele foi o antipresidente, o cafajeste dionisíaco. O novo Brasil é justamente isso: – um presidente que tira os sapatos de uma beleza mundial.
> Cafajeste dionisíaco, cafajeste genial! Não me falem de boas maneiras. E o pior dos brasileiros é o que se supõe um lorde inglês. Aqui um chefe de Estado, para representar legitimamente o povo, há de ser, antes de mais nada, um cafajeste da cartola aos sapatos.
> Lançam a inflação na cara de Juscelino. Mas o Brasil estava de tanga, estava de folha de parreira, ou pior: – com um barbante em cima do umbigo. Todo o Nordeste lambia rapadura. E vamos e venhamos: – para um povo que lambe rapadura, que sentido têm os artigos do professor Gudin? Sempre existiram os Gudin e o povo sempre lambeu rapadura. Ao passo que o Brasil só conheceu um Juscelino ... Ele prometia fazer cinquenta anos em cinco. Mas fez mais, muito mais. Conseguiu, em cinco anos, o que não se conseguira em quatro séculos e quebrados: salvar o homem brasileiro. Há quatrocentos anos (e mais) que o brasi-

leiro era, pessoal e humanamente, um vencido, um liquidado, um total pobre-diabo.

    Eu poderia falar em Furnas, Três Marias, estradas, Brasília, indústria automobilística, mas não é isso o que importa. Amigos, o que importa é o que Juscelino fez do homem brasileiro. Deu-lhe uma nova e violenta dimensão interior. Sacudiu, dentro de nós, insuspeitadas potencialidades. A partir de Juscelino, surge um novo brasileiro. Aí é que está o importante, o monumental, o eterno na obra do ex-presidente. Ele potencializou o homem do Brasil. (*Brasil em Marcha*, 10.2.1961)

    A julgar pelas crônicas de Nelson Rodrigues, o clima de *pileque cívico* inaugurado com a Copa de 1958 ter-se-ia estendido até a de 1962 e atingido índices ainda mais elevados depois dela. Após a Copa da Suécia, o futebol brasileiro esteve em alta, e mesmo clubes pequenos ou de pouca projeção passaram a fazer incontáveis excursões internacionais, apelidadas de *caça-níqueis*. A vitória no futebol realmente promoveu uma divulgação imediata do Brasil no exterior – de acordo com os sonhos de Nelson Rodrigues – e continuaria a promovê-lo durante muitos anos, ainda que sua imagem também fosse sempre associada a problemas sociais, como as inúmeras favelas e a seca no Nordeste.

Euforia e orgulho nacional

    Com o fim de *Manchete Esportiva* em 1959, Nelson Rodrigues só voltou à crônica de futebol em 1962, agora em *O Globo* e com toda a força, na coluna "À sombra das chuteiras imortais". Nesse ano de Copa do Mundo, o orgulho nacional e uma ufania desmedida povoavam suas crônicas. Mas a certeza na vitória e na superioridade do futebol brasileiro não era exclusividade sua. Dessa feita, toda a imprensa partilhava a mesma certeza.

"Com brasileiro, não há quem possa!"

O Brasil vivia dias mais agitados sob o regime parlamentarista, instituído por uma Emenda Constitucional poucos dias após a renúncia de Jânio Quadros à Presidência da República, em agosto de 1961. O país inteiro se perguntava sobre os rumos que tomaria o populismo a partir de então. No campo cultural, o *povão* era o destaque nos Centros Populares de Cultura (os CPCs), nos teatros, nos cinemas e nas músicas. Além dos setores de direita, intelectuais engajados, partidos de esquerda e organismos ligados ao movimento estudantil levantavam a bandeira do nacionalismo (cf. *Nosso Século*, 1980).

Dias antes do início da Copa do Mundo de 1962, realizada no Chile, Nelson Rodrigues afirmava que o *inimigo* não amedrontava mais o torcedor brasileiro, afinal, um bicampeão não podia depender da atuação dos outros. Ao contrário, sua força viria da autoconfiança e da determinação pela vitória. Havia uma crença generalizada de que o Brasil era, de fato e indubitavelmente, o melhor; prova suficiente para o cronista acreditar que o brasileiro adquirira uma segurança inabalável.

A comemoração pela vitória sobre a Espanha, aos olhos de Nelson, foi unanimidade nacional. Com o placar de 2 gols a 1, a seleção brasileira classificara-se para as quartas de final e se aproximava do bicampeonato. O brasileiro teria perdido o equilíbrio. Porém, na loucura pela vitória, cobrara lucidez e a covardia se extinguira.

"Amigos, era ali ou nunca. Setenta e cinco milhões de brasileiros precisavam mais do gol que todo o Nordeste de água e pão" (*O Globo*, 7.6.1962). Em outras palavras, Nelson dizia que a importância simbólica do futebol para o brasileiro era sobretudo moral. Uma derrota do Brasil na Copa poderia significar o retorno à condição de vira-latas; por isso, o brasileiro precisava provar, de novo, que era o melhor para reafirmar-se moralmente. Qualquer deslize poderia colocar em dúvida sua superioridade e a confiança recém-adquirida.

Começou a batalha e cada brasileiro estava abraçado, atracado ao seu radiozinho de pilha.
[A Espanha abre o placar e vence na primeira etapa do jogo.]
Amigos, durante os 45 minutos o fracasso do Brasil doeu mais, aqui, que a humilhação de Canudos. Cada um de nós sentiu-se direta e pessoalmente degradado.
...
Veio o segundo tempo. Setenta e cinco milhões de almas a meio pau ... E, de repente, ocorre o milagre: – o Brasil se descobre a si mesmo ... Então, começou o olé ... A partir do segundo gol, algo mudou no destino do Brasil. Este começou a ser grande potência. E, hoje, acordamos, todos, com a fronte erguida e fatal de profetas ... O Brasil venceu. Somos milhões de reis. (*Fatos & Fotos*, 16.6.1962; cf. Rodrigues, 1994b, p.73ss.)

Acreditando interpretar a vontade do brasileiro, Nelson afirmava que este queria ganhar sempre de goleada e jogando bonito, dando um *show* de bola, exibindo ao máximo e escancaradamente suas qualidades, para que a vitória fosse cabal. E, se necessário, tripudiando sobre o adversário. Afinal, o que é o *olé* senão uma forma de humilhação? Nisso, o brasileiro teria muita experiência, como no episódio das *Touradas em Madri*, descrito de forma épica por Mário Filho.

Uma vez conquistado o bicampeonato, o brasileiro transformou-se, nas crônicas, num homem genial que só exibia qualidades. A vitória teria operado essa transformação: doravante, o brasileiro era um novo ser, orgulhoso de seus feitos, confiante em sua capacidade criadora, patriota e com uma luz extremamente radiante. Isso tudo – garantia o cronista – porque a seleção nacional era a imagem do *homem brasileiro*:

Amigos, estamos atolados na mais brutal euforia ... E, a partir da vitória, sumiram os imbecis, e repito: – não há mais idiotas nesta terra ... Somos 75 milhões de reis.

Outrora o brasileiro era um inibido até para chupar Chicabon. Agora não. Cada um de nós foi investido de uma vidência deslumbrante. Nós sentíamos o bi, nós o apalpávamos, nós o farejávamos. E, a partir de ontem, vejam como a simples crioulinha favelada tem todo o élan, todo o ímpeto, toda a luz de uma Joana d'Arc. De repente, todas as esquinas, todos os botecos, todas as ruas estão consteladas de Joanas d'Arc. E os homens parecem formidáveis como se cada um fosse um são Jorge a pé, um são Jorge infante, maravilhosamente infante.

Nunca um povo teve uma certeza tão violenta e tão possessa. O escrete tinha de vencer porque não era somente o escrete, era também o homem brasileiro. (*O Globo*, 18.6.1962)

O brasileiro anda por aí com ares de dragão de Pedro Américo. É a epopeia ventando nas nossas caras. Invisíveis cornetas soam por todo o território nacional. Somos uma nação de 75 milhões de almas eretas como lanças. (*Fatos & Fotos*, 23.6.1962; cf. Rodrigues, 1994b, p.76)

A partida final entre Brasil e Tchecoslováquia teria significado, aos olhos de Nelson, uma batalha simbólica entre róseos europeus e brasileiros feios e tortos, estes últimos representados de forma notável por Mané Garrincha. Mané teria divulgado mundialmente *um traço decisivo do caráter brasileiro*: a molecagem livre, inesperada, ágil e criadora. A molecagem, composta pela combinação de ingenuidade e esperteza e que já vinha sendo associada ao caráter nacional brasileiro desde o modernismo – *Macunaíma* (Andrade, s. d.), entre outras coisas, também era moleque –, foi retomada positivamente. Ela seria, então, a síntese da brasilidade:

a Europa podia imitar o nosso jogo e nunca a nossa qualidade humana ... o brasileiro não se parece com ninguém, nem com os sul-americanos. Repito: o brasileiro é uma nova experiência humana. O homem do Brasil entra na história com um elemento inédito, revolucionário e criador: a molecagem.

Esse toque de molecagem brasileira é que deu à vitória uma inconcebível luz. (*Fatos & Fotos*, junho 1962; cf. Rodrigues, 1994b, p.80ss.)

Nelson exultava de otimismo e alegria. O vira-latas, o tipo racial indefinido e feio, que se transformara em ser capaz, era um moleque de alma e dono de uma *alegria insopitável e gratuita*. Com esses atributos, vinha conquistando o mundo – assegurava o cronista –, querendo acreditar que o Brasil entrara para o rol das grandes nações por meio das conquistas de seu futebol. Com uma identidade definida e reconhecida, o país teria conquistado uma espécie de *cidadania* internacional. Naquele momento, via a concretização do projeto que idealizara para a nação.

O brasileiro tem caráter?

Após a conquista do bicampeonato mundial de futebol, no Chile, Nelson não economizou palavras para descrever e exaltar a *honra* do brasileiro, duas vezes campeão do mundo. Seu raciocínio conduzia-o a conclusão semelhante à de Euclides da Cunha (1983) sobre o sertanejo sofrido, mas resistente às condições adversas de sua terra e capaz de lançar-se contra um exército armado para defendê-la. O brasileiro seria, antes de tudo, um forte:

> Amigos, a única miséria orgulhosa é a brasileira ... Pois o pobre-diabo brasileiro conserva, no meio da subnutrição mais hedionda, todas as suas potencialidades intactas. Basta que alguém provoque a sua honra. Ele ressuscitará como um Lázaro da miséria; e, na sua ressurreição, há de ser capaz de chupar a carótida de reis. (*Manchete*, 1º.12.1962; cf. Rodrigues, 1994b, p.84)

A argumentação de Nelson ia no sentido de mostrar que a honra, para o brasileiro, seria uma questão central, por isso o episódio de 1950 continuava incomodando-o profundamente: sua honra ficara abalada e, consequentemente, sua hombridade e virilidade. Em 1963, a questão veio novamente à tona e, durante toda a década, estaria presente nas crônicas de Nelson Rodrigues. A impressão que se tem, ao revisitar e acompanhar o desenrolar dos argumentos, é que, mesmo ganhando dez copas do mundo, a suposta bofetada de Obdulio em Bigode, naquele fatídico 16 de julho, jamais seria esquecida. Ela havia se transformado numa espécie de *mito fundador do futebol brasileiro*.

Era concepção corrente, sobretudo após 1950, que o brasileiro era bom de bola, mas frouxo como homem. Essa convicção evidencia a cultura do revide, da demonstração de valentia que faz parte do universo masculino e, por extensão, do universo do futebol; prova do *machismo* não apenas do futebol, mas também de Nelson Rodrigues.

E o machismo de Nelson fica fortalecido depois da Copa de 1962, conquistada pelo Brasil – em sua opinião – com indiscutível agilidade e ousadia; em suma, com a já difundida *molecagem* nacional. A partir de então, passou a defender e a valorizar a vingança e o uso da violência em campo pelos jogadores brasileiros. Dada a posição que o futebol alcançara neste rincão dos trópicos, não *deveria levar desaforo para casa*. Dizia que dar *botinadas* faz parte do jogo e *botinada com botinada se paga*:

> Amigos, vocês se lembram da vergonha de 50. Foi uma humilhação pior que a de Canudos. O uruguaio Obdulio ganhou de nosso escrete no grito e no dedo na cara. Não me venham dizer que o escrete é apenas um time. Não. Se uma equipe entra em campo com o nome do Brasil e tendo por fundo musical o hino pátrio – é como se fosse a pátria em calções e chuteiras, a dar botinadas e a receber botinadas.
>
> Pois bem. Depois da experiência bíblica de 50, passamos a rosnar, por todas as esquinas e por todos os botecos do continente, o seguinte juízo final sobre nós: – "O brasileiro é bom de bola, mas frouxo como homem". É o que diziam, sim, de nós, com feroz sarcasmo, os craques da Argentina e os craques do Uruguai. Até que vem aquele famoso Campeonato Sul-Americano de 1959. Há o jogo Brasil x Uruguai. E, de repente, estoura um sururu monstruoso. Brigaram até as cadeiras.

Foi uma página de Walter Scott. O próprio Chinesinho, com o seu tamanho de anão de Velásquez, levou e deu bordoada. Lindo, lindo foi quando Didi tomou distância, correu e saltou. Por um momento ele se tornou leve, elástico, acrobático. E enfiou duas chuteiras em flor na cara do inimigo. Quando parou a guerra e continuou o jogo, demos um banho de bola. Ora, há uma nítida relação entre a passividade de 50 e a agressividade do tal Sul--Americano. As duas coisas estão ligadas e uma justifica a outra. (*O Globo*, 18.11.1963)

Nelson comparava uma partida de futebol a uma guerra entre nações inimigas, e a seleção ao próprio exército nacional. Em vez do uniforme de guerra das corporações militares, a seleção vestia camisas e calções com as cores do pavilhão nacional: era *a pátria em calções e chuteiras*, nas batalhas simbólicas travadas nos gramados de futebol.

Empregando um vocabulário que lembrava os embates militares – pátria, nação, hino etc. –, parecia anunciar, ainda em 1963, a *nova era* que só teria início em abril de 1964: uma cultura militar que pregaria o amor à pátria, aos valores, à história, aos heróis e aos símbolos nacionais e que marcaria a formação de toda uma geração. Na verdade, suas crônicas exprimem a importância crescente do pensamento e do poder militar não apenas no Brasil, mas em toda a América Latina, naqueles anos 1960 (cf. Oliveira, 1986).

Por toda essa década, Nelson Rodrigues voltaria aos temas da derrota de 1950, da humildade, da passividade e da falta de reação do jogador nacional. No entanto, de acordo com suas novas concepções, para superar o complexo de inferioridade e a excessiva humildade, não bastaria ao brasileiro empregar a molecagem hereditária: o recurso à cultura machista dos campos de futebol também seria lícito. Mas a questão não seria tão simples. Estabelecidos os dilemas entre molecagem *versus* virilidade e entre cordialidade *versus* cinismo, Nelson Rodrigues abria caminho para incorrer numa série de contradições e defesas paradoxais. Por vezes, a cordialidade do brasileiro seria associada à frouxidão de caráter, comprometendo inclusive a esperteza e a inteligência próprias da molecagem. Porém, até o final da década, a molecagem e a cordialidade acabariam somando mais pontos nessa disputa.

Seis de junho de 1965. Estádio Municipal do Maracanã. Brasil e Alemanha disputavam partida amistosa. Em campo, perfilavam-se os jogadores-representantes de duas nações amigas. Contudo...

> Havia um abismo físico entre as duas seleções. De um lado, os alemães, fortes, apolíneos, sólidos e compactos como havaianos de filme. De outro lado, os nossos, subnutridos, mal-acabados. Muito bem. Começa o jogo e, desde o primeiro minuto, os visitantes baixaram o cacete. (*O Globo*, 9.6.1965)

Segundo Nelson, diante da aparente inferioridade física do brasileiro, teria vindo à tona o insuperável dilema nacional: matar ou morrer? Para não sair perdendo, o brasileiro poderia colocar sua já famosa *molecagem* em ação, uma mistura de esperteza, agilidade e inteligência. E foi o que Pelé fez, além de distribuir algumas *botinadas*:

> Até que houve o lance supremo. Bola dividida, e Pelé e adversário vão disputá-la. Vejam bem o contraste, que é importantíssimo: um, pobre negro brasileiro; outro, louro, truculento, wagneriano. Criou-se para Pelé o dilema hamletiano: ou ele ou eu ... o justo, o correto, o legítimo é que a perna quebrada fosse do brasileiro retinto. Mas Pelé não pensou assim. E como o crioulo é posterior a d. João VI, tratou de se defender.
>
> Mais esperto, mais ágil, mais inteligente, mais moleque, sobreviveu. Ao passo que o adversário sofreu uma fratura ... E se o fraturado fosse Pelé? Toda a imprensa ... diria que fora "sem querer". Pois parte considerável da nossa imprensa convencionou que todos os alemães só têm boas intenções. Ao passo que o nosso Pelé é uma víbora de túmulo de faraó. (ibidem, 9.6.1965)

Na visão do cronista e dramaturgo, Pelé, por sua atuação ao mesmo tempo sublime e viril, era motivo de orgulho nacional, pois resgatara a dignidade do brasileiro não apenas para o futebol, mas para a vida como um todo. Seu segredo? Era apenas homem e apenas brasileiro. Ao enfrentar os nobres alemães, tal como fizera em outras ocasiões, Pelé ignorara a secular humildade *de babar na gravata*, que Nelson Rodrigues abominava e que ainda identificava em algumas pessoas. Para a imensa alegria do cronista, Pelé valorizara o que lhe era próprio, sem se deixar intimidar pela suposta superioridade do estrangeiro. Cônscio de suas qualidades, foi à luta e cuidou de se defender da violência do adversário.

No ano seguinte, a atuação da seleção brasileira na Copa da Inglaterra, que passou à história como o *Campeonato Mundial da Violência* (Duarte, 1990, p.163), ficaria muito aquém das expectativas de Nelson Rodrigues. O jogo violento dos adversários tirou Pelé da Copa, com uma grave contusão. Indignado com a postura *cerimoniosa* e *leal* dos brasileiros, que não teriam esboçado uma tentativa sequer de revide, deixou de exaltar a molecagem e passou a enxergar apenas defeitos na humildade demonstrada:

> O brasileiro é um tímido, um contido, um cerimonioso.
> Foi assim em 58, foi assim em 62. Nas duas Copas, os adversários já entravam de navalha na liga.
> Ao passo que, até no "foul", o escrete verde-amarelo era de uma suavidade impressionante.
> ...
> Pois o Brasil não fez um único e escasso vexame. Era de dar pena a correção dos nossos rapazes. Jogavam na bola e só na bola. Jamais o mundo vira um escrete tão doce e de uma inocência quase suicida. Um sociólogo que lá estivesse havia de fazer a constatação apiedada: – "O escrúpulo é próprio do subdesenvolvimento".
> O escrúpulo e mais: – a humildade, a lealdade, o altruísmo.
> (*O Globo*, 30.5.1966)

Na verdade, Nelson Rodrigues se desiludira com os próprios ingleses, que haviam sido beneficiados em vários momentos: a seleção inglesa só jogou no estádio de Wembley, e, coincidentemente, árbitros ingleses apitaram os jogos dos adversários mais fortes que a Inglaterra enfrentaria. Seria forçoso admitir, mas o verdadeiro inglês era o brasileiro. Para o brasileiro escrupuloso e leal, seu ideal de comportamento sempre havia sido o inglês, com seu jeito respeitoso, polido e com suas boas maneiras. Ao final da Copa de 1966, o brasileiro teria descoberto que o tão admirável caráter inglês nunca existira: ele era apenas uma projeção de seus próprios ideais e desejos:

> Outrora, o brasileiro babava de inveja e deslumbramento só de ouvir falar no inglês. Mas a verdade é bem diferente. Hoje sabemos que o único inglês da vida real é o brasileiro. Sim, qualquer favelado nosso, desdentado e negro, é um monstro de boas maneiras. (ibidem, 30.5.1966)

O cronista buscava explicações para a desclassificação do Brasil do torneio. Segundo ele, a Copa da Inglaterra havia sido roubada e todos os sul-americanos teriam sido prejudicados pela arbitragem. O *subdesenvolvido* ainda era honesto, leal, enquanto o desenvolvido, no caso o inglês, teria dado mostras de extremado cinismo. Afinal – ponderava –, fundar um império, uma civilização, teria sido impossível aos ingleses caso sentissem vergonha de recorrer à violência como um meio legítimo de dominação:

> Amigos, eis uma verdade inapelável: – só os subdesenvolvidos ainda se ruborizam. Ao passo que o grande povo é, antes de tudo, um cínico. Para fundar um império, um país precisa de um impudor sem nenhuma folha de parreira. Vejam a presente Jules Rimet. Nas barbas indignadas do mundo, a Inglaterra se prepara para ganhar no apito o caneco de ouro. (ibidem, 25.7.1966)

O *subdesenvolvido* de Nelson poderia ser associado ao *homem cordial* de Holanda (1995): seus atributos eram a lealdade, a honestidade, o altruísmo. Também era tímido e cerimonioso, capaz de envergonhar-se de suas ações. Sua postura contrastava com a dos civilizados e desenvolvidos ingleses, pois suas boas maneiras – indício de civilidade, segundo Elias (1994) – implicariam comportamentos que Nelson reprovava, como o cinismo e, talvez, a violência. Diante disso, seu discurso suscita uma questão: seria desejável alcançar a civilidade e, consequentemente, seu lado reprovável, ou seria melhor manter-se leal, honesto e subdesenvolvido, porém consciente de sua situação e de seu valor?

Encerrada a Copa de 1966, o tema preferido da imprensa esportiva e também de Nelson Rodrigues dizia respeito às diferenças entre o futebol brasileiro e o europeu, seus valores e seus defeitos. Nas ocasiões em que o Brasil se sagrou campeão mundial – em 1958 e 1962 –, as características particulares do futebol brasileiro foram exaltadas como grandes qualidades, que o diferenciavam não só dos europeus, como também dos argentinos e uruguaios. Nas derrrotas, no entanto – em 1950, 1954 e, momentaneamente, em 1966 –, o que era qualidade virou defeito, da noite para o dia. A molecagem e o individualismo perdiam sua valoração positiva e se transformavam em empecilhos à realização do homem brasileiro, uma vez que o escrete seria uma projeção dele, *a pátria em calções e chuteiras*. Apesar de defensor ardoroso da seleção, em seus momentos históricos mais difíceis, Nelson Rodrigues também se deixou levar pelas novas concepções sobre futebol que circulavam em meados dos anos 1960. Mostrou-se simpático ao revide, ao jogo duro, à lei do *olho por olho, dente por dente*. Sobre o último jogo da seleção brasileira na Copa de 1966, dizia-se que os jogadores estavam estressados e não tinham entrosamento tático. No entanto, apontava outras razões, ou melhor, *defeitos*, responsáveis pela desclassificação do Brasil: seu jogo leve, afetuoso, reverente e cerimonioso. Na opinião do cronista, enquanto o brasileiro não aprendesse a revidar as agressões sofridas, continuaria mergulhado num poço de humildade. Não bastaria mais ao brasileiro assumir sua molecagem nata para superar sua humildade e encontrar seu lugar entre as grandes nações. Doravante, ele teria de *brigar* por elas:

> E nós? Que fizemos nós? Nada. No último jogo, o Brasil apanhou sem revidar.
> Além disso, porém, a seleção brasileira acusou um defeito indesculpável e suicida. Como se sabe, esta Copa é uma selva de pé na cara. E, no entanto, vejam vocês: – o brasileiro lá apareceu com um jogo leve, afetuoso, reverente, cerimonioso. E havia um abismo entre os dois comportamentos: nós, fazendo um futebol diáfano, incorpóreo, de sílfides; os europeus, como centauros truculentos, escouceando em todas as direções. (*O Globo*, 25.7.1966)

A Copa de 1966 ficou gravada na história do futebol como a Copa do jogo duro e da falta de criatividade. Além disso, dizia-se abertamente que a anfitriã Inglaterra teria sido favorecida em diversos momentos. Em suas crônicas, Nelson demonstrava estar encantado com a eficácia da virilidade dos argentinos naquele torneio, sobretudo no episódio da expulsão do capitão da seleção argentina, Rattin, pelo árbitro alemão Kreintlein, no jogo contra a Inglaterra pelas quartas de final. Kreintlein, que não entendia espanhol, achou que o argentino o xingara e expulsou-o de campo, mas Rattin resistiu em sair. Na ocasião, no entanto, ainda não existiam os cartões amarelo e vermelho, usados para indicar as infrações dos jogadores e facilitar a comunicação entre jogadores e árbitros com idiomas diferentes. Para evitar incidentes como esse, os cartões foram introduzidos nas competições de futebol na Copa do Mundo de 1970, no México.

Para não ficar em desvantagem ante essa nova realidade do futebol – violento e sem criatividade – e que contrariava totalmente uma certa *tradição* do futebol brasileiro, o jogador teria de ser reeducado. Com isso, Nelson Rodrigues queria dizer *aprender* a jogar de outra forma, não polidamente como o brasileiro sempre fizera. Seu jogo teria de ser mais viril, a exemplo do lateral-esquerdo Rildo no jogo contra os portugueses, em 1966:

> Eis a verdade: – o que dá charme, apelo, dramatismo aos clássicos e às peladas é o "foul". A poesia do futebol está no "foul". E os jogos que fascinam o povo são os mais truculentos.
> O Brasil naufragou num mar de contusões por isso mesmo: – porque sabia apanhar e não sabia reagir. O ilustre acadêmico [Barbosa Lima Sobrinho] está rigorosamente certo. Hoje, depois do pau que levamos, aprendemos que o craque brasileiro tem de ser reeducado. Digo "reeducado" no sentido de virilizar o seu jogo.
> Amigos, o argentino que deu no juiz alemão lavou a alma de todo um povo. Pois o nosso Rildo, com suas rútilas botinadas, promoveu e reabilitou o homem brasileiro. (ibidem, 25.7.1966)

Nelson gostaria de ver mais agressividade no comportamento do brasileiro. Esse julgamento, porém, coincidia com um momento em que o Brasil estava em desvantagem no *ranking* do futebol. Também após 1950, cobrou-se de Bigode o revide do tapa de Obdulio. Em 1958 e 1962, após glamourosas vitórias, Nelson não se lembrou de cobrar um comportamento viril e exaltou a molecagem do *homem brasileiro,* capaz de vencer os *truculentos* europeus, em embates que lembravam os bíblicos Davi e Golias.

Ao criticar a boa educação do brasileiro, o cronista entrou em desacordo com pregações anteriores, tais como a que defendia a valorização das características inatas do brasileiro – molecagem, irreverência, habilidade etc. – e não a cópia do estrangeiro e de seu jogo violento. Ele próprio afirmara que o brasileiro vencia com a esperteza e não com a força física, mesmo porque era franzino de corpo e sentia uma fome milenar. O que teria mudado? Ao cobrar o revide às agressões, não estaria incitando o brasileiro a rebelar-se quanto à situação de subdesenvolvimento e de colonialismo cultural e econômico? Após a desclassificação da Copa de 1966, Nelson admitia que o brasileiro voltara a ser um vira-latas. Afirmava andar esquecido de sua real condição de subdesenvolvimento. Nesse sentido, as vitórias de 1958 e 1962 teriam sido uma grande ilusão, pois fizeram-no pensar que superara sua posição de inferioridade em relação a outros povos, enquanto a Copa de 1966 trouxera-o de volta à dura realidade. Mas o cronista encontrara uma nova receita para o sucesso e, provavelmente, para a superação do subdesenvolvimento: a adoção do cinismo. Seria possível uni-lo à molecagem e às boas maneiras?

O grande povo não pode ruborizar-se como os subdesenvolvidos. Não. Tem de ser cínico para crescer e repito: – a História prefere os cínicos.

Mas voltemos à nossa pátria, que está aberta em úlceras.

Estávamos esquecidos, sim, estávamos desmemoriados do nosso subdesenvolvimento. E, súbito, vem a frustração hedionda do tri. Ontem mesmo, eu vim para a cidade, no ônibus, com um confrade. Súbito, constato o seguinte: – o colega babava na gravata. E o pior é que não havia, ali, à mão, um guardanapo. Eu ia adverti-lo, quando descobri que todos, no coletivo, faziam o mesmo. Percebi tudo: – perdida a Copa, deu no povo essa efervescente salivação. Repito: – pende do nosso lábio a baba elástica e bovina do subdesenvolvimento. E o Otto Lara Resende bate o telefone para mim. Antes do bom-dia, disse-me ele: – "Voltamos a ser vira-latas!" (ibidem, 26.7.1966)

O *subdesenvolvido*

Finda a Segunda Guerra Mundial, os países vencedores do conflito tomaram conhecimento ou se conscientizaram de que aproximadamente três quartos da humanidade passavam fome, estavam privados de educação e de assistência à saúde e, muitas vezes, sem trabalho ou em subempregos. Essa *descoberta* da fome – tão antiga quanto a própria humanidade –, bem como seu reconhecimento oficial, deu-se em consequência de grandes transformações políticas. A independência de muitas ex-colônias trouxe à luz verdades que os estreitos elos da dominação colonial não deixavam ver ou procuravam esconder. Na verdade, admitir que suas populações viviam na miséria obrigaria o reconhecimento do fracasso da *missão civilizadora*, *álibi ideológico* da colonização desde o período das grandes navegações (Lacoste, 1966, p.11).

Ainda que o colonialismo estivesse longe do fim definitivo, uma nova visão do mundo o substituiu. O desnível entre o desenvolvimento de poucos países *ricos* e um grande número de países *pobres*, bem como suas consequências, sobretudo no âmbito político da guerra fria, despertou o interesse de geógrafos, economistas e sociólogos. É nesse contexto que surge o conceito de *subdesenvolvimento* para referir-se a condição de miséria e fome, além do aumento desordenado da população na qual se encontrava um grande número de países, levando-os a ter baixos índices de desenvolvimento econômico e social.

Muitos dos países subdesenvolvidos experimentaram revoluções internas com base em movimentos nacionalistas que resultaram em processos de independência. Quando procuraram unir forças e se agruparam em conferências e fóruns internacionais com fins reivindicativos em relação às grandes potências – dando ensejo a um processo de tomada de consciência, como previam os teóricos do subdesenvolvimento (Lacoste, 1975, p.29) –, forjou-se o conceito de *Terceiro Mundo* para dar conta dessa relativa unidade entre eles. O francês A. Sauvy definiu a nova expressão por analogia ao Terceiro Estado da França revolucionária, formado por classes e grupos sociais diferentes que congregavam a maioria da população e reivindicavam direitos até então exclusivos da nobreza e do clero, os outros *Estados* (Lacoste, 1966, p.13).

Logo, porém, o termo Terceiro Mundo ganhou outro significado, referindo-se agora à divisão dos países segundo o grau de desenvolvimento econômico e social. Assim, o Terceiro Mundo seria um terceiro conjunto de países, os subdesenvolvidos. O Primeiro Mundo ou conjunto de países seria composto pelos desenvolvidos capitalistas, e o Segundo Mundo, pelos países de regime socialista.

O subdesenvolvimento, devidamente caracterizado, deveria ser alvo de amplos esforços para sua superação. Nesse período pós-guerra, os Estados Unidos e alguns países europeus lançaram-se à procura de novos mercados para seus produtos e também de melhores condições de produção. Encontraram ambiente favorável à acolhida de empresas de capital estrangeiro na América Latina, que, por sua vez, justificava essa abertura por meio de um discurso que pregava a necessidade de vencer a miséria e o subdesenvolvimento pela via do desenvolvimento econômico. É nesse contexto que surge a *teoria da dependência* que se apresentava como uma interpretação sociológica do processo de desenvolvimento latino-americano (cf. Cardoso & Faletto, 1970).

A década de 1950 seria marcada pelo otimismo do pós-guerra e pelo mito do desenvolvimento que contagiaram o mundo a partir dos Estados Unidos. Na América Latina,

> Não eram poucos também aqueles que, no seio das elites estatais e da intelectualidade, acalentavam os sonhos de verem seus países, num futuro próximo, ingressar na fase do desenvolvimento capitalista autossustentado e eminentemente nacional. (Toledo, 1986, p.225)

No Brasil, o presidente JK afirmava que o maior inimigo do país era o subdesenvolvimento (Santos, 1997). O subdesenvolvimento se tornara a palavra de ordem daqueles psicodélicos anos 1960. Ela estava em todos os lugares, sendo chamada a justificar os problemas do país e, mesmo, servindo de inspiração a artistas e intelectuais de esquerda que se propunham tomar parte no processo de conscientização das massas de um país subdesenvolvido como o Brasil pela criação de uma arte politizada. Com essa perspectiva, Carlos Lyra e Francisco de Assis gravaram a música *O subdesenvolvido*, que integrava o disco "O povo canta", lançado naquela década pelo Centro Popular de Cultura da UNE (cf. *Nosso Século*, 1980).

O subdesenvolvimento transformou-se numa espécie de estigma, e Nelson Rodrigues fez inúmeras referências a ele em sua obra. Em meados dos anos 1960, o cronista passou a empregar o termo *subdesenvolvido* em substituição ao *vira-latas* e também ao *humilde*, que haviam sido bem caracterizados para definir o brasileiro nas crônicas que antecederam a Copa do Mundo de 1958.

Pela forma como aparece nos textos de Nelson, por vezes, o subdesenvolvimento seria motivo de orgulho, na medida em que representava o conjunto de características que definiam o brasileiro e o distinguiam, principalmente, do europeu. Em outras ocasiões, o subdesenvolvimento seria visto como uma condição hedionda e lamentável, e o brasileiro não deveria medir esforços para superá-la. De qualquer forma, a valorização positiva ou negativa do subdesenvolvimento está presente em todas as crônicas que cobrem o período posterior à Copa de 1962 até a conquista do tricampeonato mundial em 1970.

Em 1964, Nelson constatava com alegria que, finalmente, o brasileiro assumira sua identidade tropical. Em crônicas anteriores a 1958, mostrara a crença do brasileiro de que o calor o inferiorizava, possivelmente sob influência das teorias que, desde o século XVIII, associavam o progresso ao clima frio e o atraso técnico e a inferioridade cultural e moral ao clima quente. Em seu modo de ver, a mudança de perspectiva seria um indício de que o brasileiro cobrara consciência de sua realidade e de sua diferença, primeiro passo para promover sua transformação. Ao assumir a identidade tropical, assumira também a identidade de subdesenvolvido. Curiosamente, os teóricos do subdesenvolvimento haviam detectado que a grande maioria dos países nessa situação concentrava-se na zona intertropical do globo terrestre, levando-os a associar o subdesenvolvimento tecnológico e social ao clima quente:

> Amigos, ao contrário do que se pensa, o Brasil nem sempre foi um país tropical. No tempo de Machado de Assis, ou de Epitácio Pessoa, ou de Paulo de Frontin, o sujeito andava de fraque, colete, colarinho duro, polainas, o diabo. As santas e abomináveis senhoras da época se cobriam até o pescoço. Em suma: – o brasileiro vestia-se como se isto aqui fosse a Sibéria, o Alasca, sei lá.
>
> Hoje não. Procura-se um fraque e não se encontra um fraque. Os mais vestidos andam seminus. No passado, o sujeito que entrasse sem gravata num bonde – era expulso a patadas. E, agora, anda-se de biquíni nos lotações. Um sol hediondo vai derretendo as catedrais e amolecendo os obeliscos. Não há dúvida: – somos finalmente tropicais. (*O Globo*, 13.4.1964)

Nota-se que o complexo de inferioridade e a humildade que Nelson Rodrigues apontava de forma negativa coincidiam com algumas questões debatidas por intelectuais na época, sobretudo aqueles da corrente nacionalista do Instituto Superior de Estudos Brasileiros (Iseb). Os teóricos do Iseb, na senda dos debates sobre o subdesenvolvimento, afirmavam que a falta de consciência nacional, a falta de consciência crítica dos brasileiros em relação a si mesmos se explicava pela alienação (Ortiz, 1985, p.54ss.). Propunham, então, diagnosticar e agir sobre os problemas nacionais, na tentativa de superá-los por meio de soluções próprias, autóctones, e não copiadas ou importadas. Desde sua criação, em meados de 1955, o Iseb firmou-se como lugar de difusão do pensamento nacionalista, bem como de formação pós-universitária de políticos e quadros da alta administração.

Criado pelo Ministério da Educação e Cultura, tinha por função "o estudo, o ensino, a divulgação das ciências sociais com o fim de aplicar os dados destas ciências à análise e à compreensão da realidade nacional" (Garcia Júnior, 1993, p.28).

O instituto também fora consagrado à elaboração de um projeto nacional de desenvolvimento, com o objetivo de dar legitimidade a um desenvolvimento industrial autocentrado e coordenado pelo Estado. Seu período áureo coincidiu com o do governo de Juscelino Kubistchek, mas perdeu o apoio do Ministério da Educação, nos anos 1960, em razão de conflitos internos (ibidem, p.31). Após o golpe militar de 1964, quando o presidente João Goulart foi deposto por um grupo composto por militares e líderes civis conservadores, o Iseb foi fechado e vários de seus membros foram presos ou tiveram seus direitos políticos cassados.

Ainda que as teorias que marcaram essa instituição não gozassem mais do mesmo apoio governamental que haviam recebido nas gestões de JK e Jango, elas encontraram outro caminho de popularização em meio a setores progressistas e de esquerda. Se a necessidade de detectar e agir sobre os problemas nacionais, proposta pelo Iseb, seria paradoxal em relação à internacionalização da economia brasileira e à abertura do país ao capital estrangeiro no período JK, o nacionalismo que o extinto instituto divulgara não seria de todo avesso ao nacionalismo promovido pelo regime militar e que se intensificaria no final da década e nos primeiros anos do decênio seguinte. Na verdade, as teorias do Iseb se propagaram e se tornaram senso comum, independentemente do Estado brasileiro (Ortiz, 1985, p.46ss.). Foi nesse contexto que a teoria do subdesenvolvimento encontrou solo fértil à sua propagação no Brasil, na medida em que também previa a superação de uma condição de inferioridade.

Se o subdesenvolvimento tornou-se assunto recorrente e, de certa forma, era uma nova nomenclatura para as ideias sobre a humildade e a inferioridade, a influência de uma *cultura militar* se manteve nas crônicas de Nelson Rodrigues. O discurso nacionalista estava mais forte, mais inflamado. Termos como vingança, ressentimento, mácula e vigília, associados a vitória, orgulho nacional, pátria e nação lembram uma guerra, um confronto bélico. Era assim que o cronista via a *nação* se unir, pela guerra simbólica do futebol, para se vingar do Brasil 1 x Bélgica 5, ironicamente, um amistoso internacional disputado em Bruxelas em 1963. Dois anos depois, a vingança teria o Maracanã por palco e um resultado de 5 x 0 favorável ao Brasil:

> o ressentimento funda uma nação. Nunca fomos tão brasileiros, tão Brasil ... Pois bem. Houve o jogo e a mácula dos 5 x 1 foi raspada a palha de aço, do orgulho nacional. A vitória purificou a pátria ... Só interessava a vingança brasileira ... Eu disse que ninguém matou e acrescento: – também ninguém morreu. Cada brasileiro vivo ou morto, no alto da arquibancada ou no fundo de uma cova, torceu ferozmente. No momento em que o Brasil se lavava da desfeita, ninguém era defunto. Em todas as sepulturas, as ossadas, as caveiras ouviam o seu radinho de pilha.
>
> Pois valeu a pena a grande, a unânime, a ululante vigília nacional.
>
> Eis a verdade: – ao sair do estádio, o povo ia reabilitado de todas as suas frustrações. Cada um de nós era um rei Lear a arrastar pelo chão o púrpura do seu manto. (*O Globo*, 4.6.1965)

As divagações de Nelson sobre o subdesenvolvimento, na maioria das vezes, comportavam uma crítica a intelectuais, principalmente de esquerda, encarnados na figura do *sociólogo*: "Quando se quer dar uma medida da estupidez humana, diz-se e com razão: – 'Burro como um sociólogo'". O conteúdo dos ataques era invariavelmente o mesmo: os intelectuais não davam o devido valor às ricas e intensas manifestações da cultura popular relacionadas ao futebol. Pregavam a conscientização do *povão*, como se dizia, mas eram totalmente alienados com relação àquilo que lhe era significativo, às suas paixões:

Há três dias, aconteceu no Maracanã a batalha entre o Brasil e a Bélgica. Todos os brasileiros vivos e mortos estavam lá. Defuntos de algodão nas narinas atravessaram as borboletas. Tinham pulado os muros do além para torcer.
Só um brasileiro faltou: – o sociólogo. Entre cento e tantos mil patrícios, não vi uma única e escassa flor da sociologia. (ibidem, 5.6.1965)

Ora, o intelectual brasileiro que ignora o futebol é um alienado de babar na gravata. (ibidem, 25.7.1966)

Nelson criticava o *sociólogo* por não enxergar o quanto o futebol emancipava o brasileiro. O *escrete*, como se dizia à época, era um símbolo da pátria, um retrato da nação brasileira. Pelo futebol, o comum dos brasileiros sentia-se parte da nação, de uma comunidade maior à qual pertencia e estava irremediavelmente ligado:

Amigos, vamos enxergar o óbvio ululante: – cada exibição brasileira na Inglaterra será uma aventura pessoal de 80 milhões de sujeitos. Não há distância entre nós e a equipe verde-amarela, ou por outra: há uma falsa, uma distância irreal. Na verdade, estamos encarnados no escrete. (ibidem, 15.6.1966)

Por ocasião da Copa do Mundo de 1966, na Inglaterra, Nelson Rodrigues voltou a insistir na mesma questão que o preocupara antes da Copa de 1958: a imprensa e o público não apoiavam a seleção e não acreditavam naquela que partira rumo à disputa do título mundial. Profetizava, novamente, a vitória da equipe brasileira na partida final, tudo em nome do *destino*. Em contrapartida, criticava duramente a imprensa esportiva que pedia aos jogadores mais humildade nos confrontos com os adversários. Para Nelson, não fazia sentido pedir humildade a uma equipe representante de um país subdesenvolvido, pois o brasileiro já seria humilde demais. Precisava superá-la e não cultivá-la ainda mais. A postura humilde – argumentava o cronista – conduzia à inferioridade, que, por sua vez, seria um traço típico do subdesenvolvimento:

> Já o brasileiro é o impotente da admiração.
> Não sabemos admirar, não gostamos de admirar. Ou por outra: – só admiramos num terreno baldio e na presença apenas de uma cabra vadia. Ai de nós, ai de nós! Somos o povo que berra o insulto e sussurra o elogio. Mas hoje é a última noite. E a admiração tem que explodir, afinal tem que explodir. É difícil, eu sei que é difícil.
> Os pessimistas (que sempre os há) rosnam pelas esquinas e pelos botecos: – "Humildade. Humildade." Mas é uma abjeção falar em humildade no Brasil. Olhem este povo de paus de arara. Ante as riquezas do mundo, cada um de nós é um retirante de Portinari, que lambe a sua rapadura ou coça a sua sarna. A humildade tem sentido para os césares industriais dos Estados Unidos. Já o pau de arara precisa, inversamente, de mania de grandeza. (*O Globo*, 15.6.1966) [Sobre Brasil 2 x Tchecoslováquia 2, no Maracanã; último amistoso da seleção brasileira antes do embarque para a Copa da Inglaterra.]

Na visão de Nelson, orgulho e arrogância pelo valor do futebol brasileiro já caracterizariam tanto a imprensa quanto a torcida antes de 1958. No entanto, elas não admitiam isso, sobretudo depois do *trauma* de 1950. Mas depois de 1958 e 1962, o orgulho por essas conquistas se solidificara no ego nacional, acompanhado por certa dose de altivez e presunção. Diante disso, compreendia-se por que o fracasso de 1950 doera tanto na alma brasileira: seu orgulho pelo futebol fora ferido, tornando-se uma mácula eterna para aquele que, no íntimo, seria um anti-humilde. Pela forma como Nelson Rodrigues aborda esses temas, a alma brasileira parecia oscilar entre esses dois polos, e, dessa instabilidade – conforme seu raciocínio –, teriam vindo as derrotas de 1950 e 1954:

A Guerra de 39-45 interrompeu as lutas pela Copa. Quando a disputa recomeçou, veio a grande, a inesquecível humilhação.
...
Milhões de brasileiros tinham a mesma certeza fanática. O já ganhou instalara-se na alma do povo. E não queríamos uma vitória apertada. O escore pequeno seria humilhante para o nosso orgulho. Queríamos a goleada faraônica. E, por isso, quando, diante de 200 mil patrícios, o escrete fez 1 x 0, não bastou para a nossa sede e a nossa fome. Exigíamos quatro, cinco, meia dúzia. E aconteceu o que se sabe.
...
A saída do Maracanã, naquela tarde, oferecia um espetáculo dantesco. Milhares e milhares de automóveis, em gigantesca procissão, e nenhuma buzina. O já citado turista poderia fazer no seu caderninho esta anotação: – "Esse deve ser o acompanhamento do enterro de Inês de Castro". (*Realidade*, junho 1966)

Aprendemos em 50 que nada embriaga mais do que o vinho dos escores frenéticos. (*O Globo*, 13.7.1966)

O cronista continuava implacável em seus julgamentos. Para ele, ainda em 1954, o brasileiro dera demonstrações da posição de inferioridade na qual se colocava em relação ao estrangeiro. No jogo contra a Hungria, pelas quartas de final do torneio, a seleção brasileira já entrara derrotada, subjugada. Mas, segundo Nelson, aquele seria o fim de um ciclo. A partir da copa seguinte, na Suécia, o Brasil e o brasileiro seriam outros:

Há uma fotografia de nossa entrada em campo que é um lúgubre documento. O escrete está de cabeça baixa e com a cara, exatamente, a cara de derrota prévia e consentida.

Perdemos e voltamos. E não sabíamos, nem desconfiamos, que o jogo com a Hungria fora o adeus à derrota. Imperceptivelmente começamos a crescer para 1958. A Copa da Suécia foi a ressurreição do futebol brasileiro. (*Realidade*, junho 1966)

Em sua opinião, a Copa da Suécia seria um novo marco do futebol nacional, porque, depois de 1958, o brasileiro deixou de ser um vira-latas entre os homens, e o Brasil um vira-latas entre as nações. Portanto, não havia o que temer na Copa da Inglaterra. Dessa feita, porém, a seleção lutaria como um leão para conquistar definitivamente a Taça Jules Rimet para o país, pois não seriam mais apenas boas maneiras. Aprendera a lutar com garra e determinação por aquilo que lhe pertencia. E, caso necessário, também saberia dar botinadas:

> Se ganharmos na Inglaterra, a Copa será eternamente brasileira. E vamos admitir a santa e límpida verdade: – temos o melhor futebol do mundo. Nunca apareceu na terra nada que se comparasse a um Pelé, a um Garrincha. Qualquer brasileiro, vivo ou morto, já deu botinada. Ninguém merece mais a posse da Jules Rimet do que a seleção brasileira.
> E eu sei que o escrete vai jogar, na Inglaterra, de esporas e penacho como um dragão de Pedro Américo.
> O grande gol do tri está amadurecendo para o Brasil. (ibidem)

Nelson Rodrigues acreditava que, graças à vitória em 1958, o jornalismo esportivo sofrera uma reviravolta e passara a desempenhar o papel do anti-humilde. Era exatamente assim que ele se portava um ano antes da Copa de 1966. A escalação da seleção e a formação da comissão técnica continuavam sem uma definição, ao passo que os jornalistas tinham respostas a muitas dúvidas:

> Cada um de nós é o anti-humilde. Somos feitos de presunção, suficiência e infalibilidade ... Qualquer comentarista de esporte tem, no bolso, esquemas táticos deslumbrantes. Só ele sabe meios e modos de perfurar os mais sinistros ferrolhos argentinos, gregos, troianos, abissínios.
> Portanto, numa época de dúvidas lancinantes, só a crônica esportiva tem um arsenal de certezas absolutas ... E a nossa crônica de futebol me parece inteligente demais, e repito: – a inteligência da crônica esportiva chega a sufocar. (*O Globo*, 15.6.1965)

Em 1966, Nelson voltou a insistir no mesmo problema de 1958: a imprensa esportiva, ancorada em sua *presunção de estrategista*, estava contra a seleção. Segundo o cronista, apenas ele acreditava cegamente em sua capacidade, enquanto os jornalistas esportivos descarregavam diariamente suas críticas, esquecendo-se de apoiá-la.

Com a desclassificação do Brasil da Copa, todas as suas certezas ruíram, e, com pesar, constatava que o brasileiro voltara a ser um vira-latas. Chegou a afirmar que essa última derrota teria sido maior que a de 1950, já que, naquela ocasião, o Brasil ainda não tinha o orgulho de bicampeão mundial. Sugeria uma explicação para esse retorno à inferioridade nas entrelinhas de suas crônicas: na verdade, ao brasileiro só interessava a vitória. Seu orgulho nunca suportaria a derrota, fosse bicampeão mundial ou não. Isso porque, em se tratando de futebol, o Brasil deveria ser sempre o melhor, uma vez que esse esporte se tornara, havia muito tempo, um ícone da brasilidade, um de seus valores mais caros. Tal qual a imprensa esportiva e o torcedor comum, Nelson media-se pelos resultados do Brasil no futebol, daí a instabilidade nos julgamentos acerca do caráter nacional. Dependendo da vitória ou da derrota, os traços marcantes da brasilidade seriam valorizados positiva ou negativamente, como se observa neste trecho:

> Amigos, eis 80 milhões de brasileiros numa humilhação feroz. Eu diria que a vergonha de 50 foi mais amena, mais cordial. Naquela ocasião, não tínhamos o bicampeonato. Ainda não se instalara em nosso futebol o mito Pelé. Ah, o brasileiro de 50 era um humilde de babar na gravata. Quando passava a carrocinha de cachorro, cada um de nós tinha medo de ser laçado também.
>
> Mas hoje, não. Ou por outra: – até ontem, o brasileiro poderia avançar até o limite extremo da ribalta e anunciar, de fronte erguida: – "Sou bicampeão". E de repente, o duplo título começa a ficar antigo, obsoleto, espectral, como se não significasse mais nada. (ibidem, 20.7.1966)

"Com brasileiro, não há quem possa!"

O que seria necessário para não retornar à condição de inferioridade, ou melhor, para evitar o sentimento de frustração após uma grande derrota no futebol como a perda de uma Copa do Mundo? Por que o brasileiro precisa ser sempre o primeiro em tudo? Por que um segundo lugar nunca lhe interessa? Nelson Rodrigues tinha lá sua dose de razão quando dizia que o brasileiro sofria de um insuperável complexo de vira-latas ou, então, que era um Narciso às avessas. Mas acreditava que o Brasil teria uma alma grande, uma vocação para a grandeza, mas a realidade econômica e social lhe mostrava sempre que precisaria superar muitos obstáculos para conquistar a posição elevada, tão almejada e sonhada. Caso contrário, o *gigante pela própria natureza* continuaria *deitado eternamente em berço esplêndido*, sem despertar para sua magnitude. Mas o fato é que a seleção brasileira fora desclassificada da Copa da Inglaterra, e, aos olhos do cronista, isso teria sido obra de um complô contra o futebol sul-americano. Diante disso, Nelson conclamava o brasileiro subdesenvolvido a protestar caso se sentisse prejudicado, a lutar por aquilo que considerava justo. Sua dignidade deveria vir de sua indignação. E, segundo ele, uma das qualidades do subdesenvolvido seria sua capacidade de se envergonhar de atos desonestos:

> Amigos, o mínimo que se pode esperar do subdesenvolvido é o protesto. Ele tem de espernear, tem de subir pelas paredes, tem de se pendurar no lustre. Sua dignidade depende de sua indignação. Ou ele, na sua ira, dá arrancos de cachorro atropelado, ou temos de chorar pela sua alma.
>
> E vamos e venhamos, nada mais abjeto do que o subdesenvolvimento consentido, confesso e até radiante ... o cinismo é próprio dos grandes povos.
>
> Mas aqui começa o nosso subdesenvolvimento, com todas as suas nuanças. O normal é que nós, paus de arara, estivéssemos vociferando contra a iniquidade. Um subdesenvolvido não pode manter a sua dignidade sem o protesto. É o protesto, repito, que o salva, que o redime e que o potencializa. (ibidem, 3.8.1966)

Amigos, é um equívoco funesto pensar que a última Copa está morta e enterrada. As grandes humilhações nacionais são temas permanentes e obsessivos. Assim como não esquecemos Canudos, nem esquecemos 50, assim continuamos atrelados à vergonha de 66. Daqui a duzentos anos, a derrota ainda será uma ferida a chorar sangue, e repito: – sangue vivo e perene.
...
Ora, tamanha desfaçatez não seria exequível no Brasil e explico: – o povo subdesenvolvido ainda se ruboriza. (ibidem, 12.10.1966)

Ainda indignado com a violência da Copa da Inglaterra e com a passividade demonstrada pelos jogadores brasileiros, Nelson também se pôs a criticar duramente a postura da imprensa que cobrava do torcedor o fato de não saber perder. Voltando-se contra vários cronistas contemporâneos seus, rejeitava os pedidos de humildade, pois, para ele, o brasileiro já vivia cotidianamente a derrota. Mais que a superação da miséria e da fome, a superação do subdesenvolvimento implicava a superação de um *comportamento espiritual*, qual seja, a não aceitação da condição de derrotado, de vítima. O fim da condição de subdesenvolvimento viria de uma mudança de consciência e de postura no enfrentamento dos problemas. Pelas ideias que Nelson Rodrigues defendia, o pensamento do Iseb parecia ter sobrevivido ao fim daquela instituição e continuava vivo:

> Então eu vi que a tragédia do subdesenvolvimento não é só a miséria ou a fome, ou as criancinhas apodrecendo. Não. Talvez seja um certo comportamento espiritual. O sujeito é roubado, ofendido, humilhado e não se reconhece nem o direito de ser vítima...
> Pelé foi exterminado a coices, por trás, e a tal mesa-redonda [da TV] não estranha, não vê nada de inusitado? O time da Argentina, antes de jogar com a Inglaterra, foi advertido e ameaçado. E essa coação miserável, deslavada, não impressiona o sr. Alberto da Gama Malcher? O sr. Rui Porto fala em "rispidez".

Foi, por acaso, ríspido o assassinato de Pelé? E o pior vocês não sabem! No fim, levanta-se alguém, deplorando a histeria do brasileiro, que só sabe ganhar e não sabe perder.

Oh, meu Deus do céu! Virgem Santíssima! Nós já somos um povo que não faz outra coisa senão perder! Olhem a nossa cara. Reparem: – é a cara da derrota. Afinal de contas, o que é o subdesenvolvimento se não a derrota cotidiana, a humilhação de cada dia e de cada hora? E é uma ignomínia que venha alguém dizer a esse povo desesperado: – "Vá perdendo! Continue perdendo! Aprenda a perder!". (ibidem, 3.8.1966)

Admildo Chirol, técnico do Botafogo e futuro preparador físico da seleção brasileira em 1970, declarara, ainda em 1966, que os técnicos brasileiros começavam a encantar-se pelas novidades do futebol europeu. Em sua opinião, o *coletivismo* seria a nova realidade do futebol mundial e modelo a ser universalmente seguido. Para Chirol, o Brasil deveria ter abertura suficiente para enxergar e adotar as práticas dos novos tempos. Nelson Rodrigues opôs-se totalmente à pregação do *coletivismo* e defendeu a manutenção do caráter individualista e/ou personalista do futebol brasileiro. Isso porque, segundo o cronista, no Brasil, o craque era quem, de fato, decidia uma partida. Fora assim no passado e – esperava ele – seria assim no futuro, para a glória brasileira. Além disso, a má organização dos trabalhos de preparação da seleção para a copa e a *incompetência* e a *burrice* da comissão técnica, como dizia, haviam sido as responsáveis pela derrota na Inglaterra.

A oposição de Nelson ao coletivismo também comportaria uma crítica, naquele momento, ao futebol dos países de regime comunista, sobretudo à mística do fim das liberdades e das diferenças individuais. Quanto a isso, parecia concordar com a ideia tão cara a Georg Simmel (1986) de que quanto mais rica fosse a participação do indivíduo na vida social, mais forte seria sua independência e o brilho de sua personalidade. Caso se adotasse o coletivismo, que fim teriam os fosforescentes futebolistas nacionais? Conseguiria o coletivismo se sobrepor ao individualismo do jogador brasileiro e fazê-lo jogar para a equipe? Se o novo sistema de jogo alcançasse o sucesso desejado, isso poderia significar a própria morte do futebol brasileiro, na medida em que o feriria em sua essência: a liberdade criadora, fruto de um individualismo personalista:

> Diz ele [Admildo Chirol] que a Copa do Mundo de 66 veio trazer o "futebol brasileiro à realidade". Ao ouvir falar em "realidade", poderíamos perguntar: – "Qual delas?". E, então, Chirol explica a "sua" realidade. Diz textualmente: – "O personalismo não é mais concebido dentro de uma equipe, e sim o coletivismo". Percebe-se que, ao falar assim, o simpático treinador vibra de certeza inapelável e eterna.
>
> Nada de estrelas, de homem-chave, de vedetismo. Todos iguais entre si como soldadinhos de chumbo. E assim vai a entrevista, ressoante da palavra encantadora: – "Coletivismo, coletivismo". Cabe então a pergunta: – será isso possível? Não estará o caro Chirol correndo o risco de se envenenar a si mesmo e ao time com uma utopia fatal? ...
>
> A Copa não valeu como teste, e, repito: – o futebol brasileiro lá não esteve. Apenas testou-se a inépcia, a incompetência e a burrice da nossa Comissão Técnica. Fomos derrotados, não pelo "coletivismo" dos outros, mas pela burrice dos nossos dirigentes.
>
> Em futebol, como em tudo o mais, o craque é decisivo. Evidente que os onze são indispensáveis. Mas o que leva público e faz bilheteria é o craque. Eu diria que, no time de Pelé, só ele existe e o resto é paisagem. Em 62, já os europeus faziam o seu coletivismo. Pois bem. O nosso Mané, com um piparote, desmontou todo o coletivismo do inimigo. Num instante, a estrutura do futebol solidário esfarelou-se.
>
> No dia em que desaparecerem os pelés, os garrinchas, as estrelas, enfim, será a morte do futebol brasileiro. E, além disso, no dia em que desaparecerem as dessemelhanças individuais – será a morte do próprio homem. (ibidem, 4.8.1966)

Por um lado, o cronista defendia a atitude personalista do jogador brasileiro e rejeitava a adoção dos padrões de jogo estrangeiros, que valorizavam o conjunto em detrimento do indivíduo. Por outro, criticava a postura leal e humilde do futebolista brasileiro, em oposição ao cinismo inglês. Afinal, onde queria chegar? Em sua opinião, enquanto a lealdade e a humildade, por vezes, poderiam ser prejudiciais, a *molecagem* e o *personalismo* do brasileiro distinguiam-no do resto do mundo e já o tinham feito alcançar a vitória. Ao contrário de Sérgio Buarque de Holanda (1995) que via no personalismo e na cordialidade valores que não pertenciam à modernidade, Nelson Rodrigues fazia deles o fator decisivo da vitória do Brasil. Em resumo, acreditava que o brasileiro não precisaria mudar radicalmente ou imitar o estrangeiro para vencer. Bastaria a ele cobrar consciência de seus defeitos e trabalhar para dar mais brilho às suas virtudes, ainda que, dependendo da situação, as virtudes se transformassem em defeitos. A receita de Nelson para o sucesso seria uma boa dose de nacionalismo:

> Amigos, não há catástrofe sem uma linguagem própria. Deve ter sido assim em 1918; assim em Hiroshima; e, agora, com a Copa da Inglaterra. A desgraça do escrete trouxe todo um elenco de expressões novas. Eram palavras que pareciam mortas, enterradas, e que são exumadas nos bate-papos.
> Coletivismo é uma delas. Solidariedade, outra. Nos botecos, retretas e velórios, fala-se em futebol coletivista, em futebol solidário. E, nas redações e nos clubes, o sujeito só esbarra e só tropeça em coletivistas furibundos. Antes da tragédia, "solidariedade" era o que havia de mais raro, seja como palavra, seja como sentimento. E, hoje, o futebol solidário tem paladinos ululantes.
> O futebol brasileiro sempre viveu de estrelas solitárias. Os outros são indispensáveis como coadjuvantes preciosíssimos. Mas quem decide a sorte das batalhas é o craque.
> E o brasileiro, que come mal há mil anos, não tem massa física para as correrias delirantes. Por dentro, possuímos tudo o

que falta ao craque germânico ou britânico ou seja: – a fantasia, o "élan" criador, a molecagem, a malandragem, a paixão.

Não deveria existir nem o problema. É óbvio que o futebol brasileiro tem de continuar fiel a si mesmo. Mas o fato concreto é que a crônica está dividida: – de um lado, a soldadesca do futebol-força, ou coletivista, ou solidário; de outro lado, os que se opõe, à decomposição do belo, incomparável futebol brasileiro.

...

O pior é que as bobagens estão soltas. E os cronistas ficam repetindo as palavras mágicas pelo puro prazer auditivo. Sim, um vendaval de burrice varre o futebol brasileiro. (ibidem, 5.8.1966)

A polêmica em torno das teorias do coletivismo e do futebol solidário duraria, ainda, muito tempo, e só chegaria à seleção brasileira após a Copa de 1970. A exemplo do que já ocorria com as instituições políticas do país, os militares também foram ocupando cargos na CBD. O chefe da delegação brasileira, em 1970, era o major-brigadeiro Jeronymo Bastos, e o supervisor técnico, o capitão Cláudio Coutinho. Pouco antes da Copa de 1974, João Havellange foi eleito presidente da Fifa, o primeiro presidente não europeu da entidade. Abandonava, então, a presidência da CBD, cargo que ocupara de 1958 a 1974, sendo substituído pelo almirante Heleno Nunes.

Rumo ao Tri

A partir de 1969, o discurso de Nelson Rodrigues tentava, com frequência, associar a nação brasileira ao futebol. A Copa do Mundo exigiria, de todos os brasileiros, demonstração de civismo abnegado. A nação se uniria em torno da seleção, mesmo os que não gostavam ou não entendiam de futebol. Essa seria a ideia que o próprio governo tentaria vender antes, durante e, principalmente, depois da Copa do Mundo de 1970. E para mostrar o quão crucial seria a seleção para os brasileiros, Nelson comentou os resultados de uma pesquisa realizada pelo Ibope, em 1969, que apontara serem mulheres 50% dos leitores de sua crônica de futebol:

> Todavia, há um momento em que todos entendem de futebol e gostam de futebol. É quando está em causa o destino do escrete. Na hora de seleção, até a grã-fina das narinas de cadáver adquire uma súbita clarividência.
>
> Podemos dividir os nossos assuntos em "interessantes" e "vitais". Um dos assuntos "vitais" do Brasil é a seleção. (ibidem, 14.4.1969)

A imprensa criticava o jogo duro do meia Gerson na seleção, enquanto o técnico João Saldanha, insensível às críticas, declarava que seu ideal era montar um *escrete de feras*. Nelson o apoiava. Afinal – dizia o cronista –, a humilhação de 1950 só seria varrida da memória brasileira com um time de bravos.

> Eis o que eu queria dizer à Guanabara, a São Paulo, Rio Grande, Alagoas, Pernambuco e a todo o Brasil: – o João está maravilhosamente certo. O "escrete de feras" é uma velha utopia de todos os brasileiros, inclusive a grã-fina das narinas de cadáver. A humilhação de 50, jamais cicatrizada, ainda pinga sangue. Todo escrete tem a sua fera. Naquela ocasião, a fera estava do outro lado e chamava-se Obdulio Varela. O escrete do João terá onze Obdulinhos. (ibidem, 14.4.1969)

A Copa do México se aproximava, e, durante os preparativos, Nelson Rodrigues acreditava ver aflorar o sentimento de inferioridade do brasileiro, o que não seria um bom sinal, pois, para o cronista, pior que os problemas sociais que existiam no país, seria o estado de espírito em que o brasileiro se colocava sempre que se confrontava com um estrangeiro. E além da inferioridade, o brasileiro demonstrava profunda falta de autoestima. Comentando a partida amistosa entre Brasil e Inglaterra, realizada dias antes no Maracanã, com a vitória brasileira por 2 x 1, Nelson dizia:

> Terminou o primeiro tempo com o marcador de 1 x 0 a favor da Inglaterra. O Brasil dera-se ao luxo de perder um pênalti. Na fila do café, um sujeito me agarra e diz: "No segundo tempo a Inglaterra vai melhorar e o Brasil vai abrir o bico". Entendi o raciocínio do fulano: como há por aqui o Nordeste, o Amazonas, a mortalidade infantil, teríamos mais dez minutos de fôlego, se tanto.
> Após o segundo gol do Brasil, o homem da arquibancada exultou, mas não a imprensa. O inglês portou-se com um "admirável descaro". (ibidem, 17.6.1969)

Mais uma vez, o cronista apresentava o inglês como um referencial para o brasileiro, que deveria inspirar-se nos valores e defeitos daqueles e, sobretudo, não levar desaforo para casa. Foi isso que se esperou da seleção de 1950, mas o tapa sem o revide ficara incomodando a honra brasileira. Esperava-se que isso não se repetisse na seleção treinada por João Saldanha, e que nela o jogo viril fosse encarado com naturalidade. Ainda preso às emoções da Copa de 1966, Nelson reafirmava que a Inglaterra vencera graças a seu comportamento descarado e sem escrúpulos. E se o Brasil conseguira vencer em 1958 e 1962, fora apenas em virtude de seus escrúpulos, de sua bondade e boa educação, que só um subdesenvolvido poderia ter. Mas considerava que esse comportamento nem sempre daria bons resultados, porque, na "Jules Rimet", tudo seria possível, "menos uma boa ação". Para o cronista, o brasileiro deveria deixar de lado a bondade inata do subdesenvolvido e se defender. Por isso, o destemor de Saldanha, visto por muitos como um defeito, poderia se transformar na qualidade que levaria o Brasil à conquista do tri.

> De mais a mais, só os subdesenvolvidos têm escrúpulos. O inglês é um grande povo. Na guerra, salvou o mundo com a sua

resistência. Mas em 66 a Inglaterra foi de um descaro empolgante. Manipulou juízes, baixou o pau, fez horrores e ganhou. Portanto, com as suas qualidades o inglês salvou o mundo; com seus defeitos, ganhou a taça.

Mais outro defeito do João: – doutrinou o escrete para não levar desaforo para casa. Os lorpas, os pascácios, os bovinos hão de perguntar: – "E a esportividade?". Respondo que, na Copa, a esportividade é uma piada de necrotério. Dirão que em 58 e 62 fomos bonzinhos. Mas os demais concorrentes fizeram o diabo. E nós fomos bonzinhos graças ao nosso bom subdesenvolvimento ... Creiam que, com os defeitos de "João Sem Medo", o Brasil ganhará a Copa. (ibidem, 6.11.1969)

O bravo João Saldanha, no entanto, foi substituído por Mário Jorge Lobo Zagalo praticamente às portas da Copa, em março de 1970. Nesse ano, assim como em 1958, 1962 e 1966, Nelson bradava aos pessimistas que a seleção estaria deixando o exílio ao partir rumo à Copa. Como em outras ocasiões, Nelson tinha a certeza da vitória, contra o espírito derrotista do povo e, principalmente, da imprensa. Mais uma vez, a Copa servia de pretexto para desencadear uma discussão sobre o caráter do brasileiro e sua falta de autoestima. Nelson não se cansava de apontar os defeitos do brasileiro e a posição de inferioridade em que se colocava ao defrontar-se com o estrangeiro. E isso se devia a uma razão muito simples, segundo o cronista: o subdesenvolvido não queria olhar para sua própria imagem. Preferia ignorar sua feiúra a ter de assumi-la ou tentar repará-la como numa cirurgia plástica:

> admiramos mais os defeitos dos ingleses do que as virtudes brasileiras.
> Perguntará o leitor, em sua espessa ingenuidade: – "O brasileiro não gosta do brasileiro?". Exatamente: – o brasileiro não gosta do brasileiro. Ou por outra: – o subdesenvolvido não gosta do subdesenvolvido.

Lembrei-me desse conhecido, que assim se aviltava, ao ouvir uma mesa-redonda numa de nossas emissoras. O assunto era o escrete. Ora, o escrete é feito à nossa imagem. E os cronistas reunidos não fizeram outra coisa senão cuspir, como Narciso às avessas, na própria imagem. Negaram a seleção, negaram o jogador, negaram o técnico, negaram o preparador, negaram o médico, negaram tudo. Justo seria que terminassem assim: – "E, agora, com licença, porque vamos urrar no bosque mais próximo!"

Seremos campeões de 70, conquistaremos para sempre o caneco, porque somos melhores. Mas isso seria pouco. Além de melhores, levamos para o México as vaias ainda não cicatrizadas.

Vou ao aeroporto dizer aos nossos jogadores: – "Vocês já são campeões do mundo". (ibidem, 1º.5.1970)

"Por que o Brasil não gosta do Brasil e por que nos falta um mínimo de autoestima?" O próprio Nelson respondia a essa pergunta, referindo-se à Passeata dos 100 Mil, organizada por várias tendências do movimento estudantil em 1968, no centro do Rio de Janeiro (cf. *Nosso Século*, 1980; Ventura, 1988). Para ele, a passeata havia sido uma manifestação da burguesia. Nela não havia negros, operários, torcedores do Flamengo ou barnabés. Nos discursos, falou-se na China, em Cuba, na Rússia e no Vietnã, menos no Brasil. Em sua opinião, a falta de autoestima do brasileiro se revelara totalmente naquele ato público. Por que o brasileiro se ocupava desses casos internacionais quando o Nordeste, por exemplo, clamava por socorro? Somente a valorização da cultura popular ajudaria na solução dos problemas nacionais – garantia o cronista. E continuava sua pregação: os intelectuais, em vez de fecharem os olhos às manifestações de júbilo pelas conquistas no futebol, deveriam tomá-las como fonte de inspiração para a aquisição de confiança na capacidade de o brasileiro superar suas dificuldades, uma vez que o futebol poderia desempenhar um papel importante na recuperação de sua autoestima.

> Há um momento, todavia, em que todos se lembram do Brasil, em que 90 milhões de brasileiros descobrem o Brasil. Aí está o milagre do escrete. Fora as esquerdas, que acham o futebol o ópio do povo, fora as esquerdas, dizia eu, todos os outros brasileiros se juntam em torno da seleção. É, então, um pretexto, uma razão de autoestima. E cada vitória compensa o povo de velhas frustrações, jamais cicatrizadas. (*O Globo*, 10.6.1970)

Nessa mesma crônica, Nelson definia o *entendido*, uma espécie de personagem que passara a ter presença constante em seus textos desde a Copa de 1966. O *entendido* admirava o futebol estrangeiro e renegava o brasileiro. Era o típico subdesenvolvido que não gostava de si. Mas a campanha que a seleção ia realizando no México, para Nelson, acabaria convencendo o *entendido* de que o *futebol subdesenvolvido* era o mais bonito do mundo. Com isso, Nelson queria mostrar que havia valor no suposto *atraso* brasileiro:

> O que é o "entendido"? Veremos se posso caracterizá-lo. É o cronista que esteve, em 66, na Inglaterra, e voltou com a seguinte descoberta: – o futebol europeu em geral e o inglês em particular eram muito melhores do que o nosso. Estávamos atrasados de quarenta anos para mais. Quanto à velocidade, era uma invenção europeia. Os brasileiros andavam de velocípede e os europeus a jato. O "entendido" afirmava mais: – os times de lá não deixavam jogar. Essa foi genial. Imaginem vocês um time jogando e o adversário assistindo, como numa frisa de teatro. Por outro lado, o preparo físico dos europeus era esmagador. Como se não bastasse tudo o mais, ainda descobriu o "entendido": – o futebol moderno não é bonito, não quer ser bonito e escorraçou o belo e artístico de suas cogitações. Bonito e artístico é o futebol subdesenvolvido de Brasil e outros. (ibidem, 10.6.1970)

A festa do povo, nas ruas, após a vitória da seleção brasileira por 4 a 1 contra a Tchecoslováquia, pela primeira fase da Copa de 1970, teria mostrado aos pessimistas que tudo o que havia sido negado antes do início do torneio tornara-se qualidade, beleza, motivo de distinção e orgulho do brasileiro no exterior. Dessa forma, Nelson insistia na importância das manifestações populares ligadas ao futebol para a conquista de uma unidade e de uma identidade nacionais:

> Que fez esse escrete que saiu daqui vaiado e repito: – esse escrete que se fez de vaias? Um jogo prodigiosamente articulado, sim, harmonioso, plástico, belo. Era uma música, meu Deus.
> E, por isso, entendo que a cidade se levantasse em gigantesca apoteose. Aquele corso dos velhos carnavais voltou. As buzinas estavam de uma formidável histeria. Um turista que por aqui passasse e visse 5 milhões de sujeitos urrando havia de anotar no seu caderninho: – "Esta cidade enlouqueceu!". E, realmente, ficamos loucos. As pessoas se olhavam na rua e diziam umas para as outras: – "Somos brasileiros!". Ruiu, por terra, a sinistra impostura do futebol europeu.
> Choviam papel picado das sacadas, e listas telefônicas. Serpentinas, confete ... Todos os automóveis incendiados de bandeiras.
> No México, fizemos jogadas que foram, para o futebol mundial, momentos de eternidade.
> E a alma da rua voou pelos ares. Eu vi a grã-fina das narinas de cadáver cair de joelhos, no meio da rua, e estrebuchar como uma víbora agonizante. (ibidem, 4.6.1970)

Apesar das boas exibições da seleção brasileira, a imprensa esportiva continuava apontando as falhas, que, para Nelson Rodrigues, eram mínimas. Nas crônicas publicadas durante a competição no México, pôde manifestar todo seu nacionalismo: "Amanhã jogaremos com a Inglaterra. Eu sei que a Inglaterra é grande. Mas nós somos maiores, porque somos Brasil, imensamente Brasil, eternamente Brasil" (ibidem, 6.6.1970).

Para ele, graças à TV, inaugurava-se uma nova era nas relações entre o público torcedor e a imprensa esportiva, tanto de rádio quanto de jornal. Em seu modo de ver, as inovações tecnológicas punham em xeque a influência da imprensa esportiva sobre a opinião do torcedor. O videoteipe e as transmissões de jogos ao vivo haviam chegado para convencer o povo de que o brasileiro era o verdadeiro *dono da bola*. O torcedor estaria, então, livre da visão pessimista e, por vezes, unilateral do jornalista, na medida em que poderia acompanhar o jogo e tirar dele suas próprias conclusões que poderiam ser contrárias às daquele. Isso tudo contribuiria para a adoção de uma postura mais otimista por parte do torcedor, que poderia conferir a superioridade do futebol brasileiro com seus próprios olhos:

> Amigos, está cada vez mais largo e cada vez mais fundo o abismo que se cavou entre o povo e a crônica. Antigamente, as coisas eram mais simples e mais amenas. Quando o Brasil jogava lá fora, tínhamos de aceitar a imagem que nos ofereciam os cronistas. A partir do videotape, porém, tudo mudou como num milagre.
>
> Foi assim na etapa da classificação. Era o tempo ainda do João Saldanha. E meus bons colegas arrasavam o escrete. Não deixavam pedra sobre pedra. O pobre torcedor, atracado ao radinho de pilha, ou ao jornal do dia seguinte, concluía, apavorado: – "Temos um escrete de pernas de pau!". Ao mesmo tempo, acontecia uma coisa singularíssima. Embora jogando pedrinhas, os brasileiros é que faziam os gols, os brasileiros é que ganhavam as partidas, os brasileiros é que davam as goleadas.
>
> Todavia, desfez-se o mistério com o primeiro videotape. Dava-se o seguinte: – a partida transmitida para aqui só existia na imaginação dos excelentes rapazes. Em verdade, o Brasil era o senhor da partida, rei em campo, dono das jogadas. (ibidem, 16.6.1970)

A fé e a crença no brasileiro, adquiridas pelo futebol, deveriam orientar todo um povo na aquisição de autoestima – garantia Nelson. A seleção, lançando mão de uma série de símbolos nacionais, representaria a pátria e, assim, seria capaz de promover um sentimento de união nacional. Pelos feitos da seleção, a nação iria adquirir a autoestima necessária para o resgate moral do brasileiro.

Meu Deus, não sejamos cegos. O escrete tem outras dimensões vitais decisivas. Por exemplo: – o gol contra a Inglaterra. Um lance perfeito, irretocável. Tostão driblou três ingleses, Pelé enganou mais três e Jairzinho liquidou o sétimo inglês. E naquele instante Tostão driblava por nós, Pelé enganava por nós, Jairzinho marcava por nós. Portanto, e aqui vai o óbvio: – o escrete realiza o brasileiro e o compensa de velhas humilhações jamais cicatrizadas.

Não posso olhar sem uma compassiva ironia os que negam qualquer relação entre o escrete e a pátria. Semanas atrás o Antônio do Passo teria dito: – "Não vamos misturar o escrete com o nome, a bandeira e o hino da pátria".

O que salvou o nosso Passo foi a ingenuidade. Pois o escrete não é outra coisa senão a pátria. Se não é a pátria, que fazem as bandeiras, sim, as bandeiras, que pendem das janelas? Ou será o querido Passo menos patriota do que as janelas? E o hino? Por que tocam o hino diante do escrete perfilado? E ainda mais: – por que o escrete está vestido de verde e amarelo?

Por que perdemos em 50? Porque o Uruguai era uma pátria e nós um time. (ibidem, 17.6.1970)

Segundo Nelson, dizia-se que o brasileiro não tinha caráter, o que seria mais uma demonstração da falta de autoestima do brasileiro. E acrescentava: a humildade deveria ser encarada como um defeito e não como uma qualidade. Isso tudo porque a conquista de dois campeonatos mundiais ainda não havia sido suficiente para superar a *dor* de 1950 e o sentimento de inferioridade que a derrota cravara na alma nacional. O humilde ou o subdesenvolvido – dizia o cronista – tinha um imenso potencial a ser descoberto. E a Copa de 1970 vinha provar ao próprio brasileiro, definitivamente, que a dor da derrota e o complexo de inferioridade eram coisas do passado:

> Eis a opinião dos brasileiros sobre os outros brasileiros: – não temos caráter. Se ele fosse mais compassivo, diria: – "O brasileiro é um mau-caráter". Vocês entenderam? O mau-caráter

tem caráter, mau embora, mas tem. Ao passo que, segundo meu colega, o brasileiro não tem nenhum.

Essa falta de autoestima tem sido a vergonha, sim, tem sido a desventura de todo um povo. Ganhamos em 58, ganhamos em 62. Depois da Suécia e do Chile, seria normal que retocássemos um pouco a nossa imagem. Mas há os recalcitrantes ... E por todas as esquinas e por todos os botecos há patrícios vendendo impotência e frustração.

Chamo os nossos jogadores de paus-de-arara sem nenhuma intenção restritiva. O pau-de-arara é um tipo social, humano, econômico, psicológico tão válido como outro qualquer. Tem potencialidades inéditas, valores ainda não realizados.

Diziam que os europeus não deixam jogar. Pois bem: – quando se trata do Brasil, todo mundo o deixa jogar.

O espectro de 50 está mais enterrado do que sapo de Macumba. (ibidem, 20.6.1970)

Quando a Copa do México estava perto do fim, Nelson Rodrigues voltou a valorizar as qualidades do futebol brasileiro, as características natas do jogador nacional. Não falava mais em *jogo violento* e em *dar botinadas* como uma necessidade. Teria voltado atrás em suas ideias sobre o revide e o uso da violência em campo? Ou deixava-se encantar pelo chamado *futebol-arte*, jogado com a bola no pé, andando em campo e sem as correrias frenéticas dos europeus?

Por que os ingleses não nos impediram de jogar? ... O leitor há de perguntar: "Mas como, se os 'entendidos' diziam que o futebol brasileiro estava mais obsoleto do que o guarda-chuva do senador Paulo de Frontin?". Realmente, os "entendidos" tudo fizeram para acabar com o nosso craque. Queriam que nós imitássemos os defeitos europeus. Queriam tirar do nosso futebol toda a magia, toda a beleza, toda a plasticidade, toda a imaginação. Faziam a apologia do futebol feio. Era como se estivessem apresentando o corcunda de Notre Dame como um padrão de graça e eugenia.

> Observem agora o que o escrete fez por nós. Há pouco tempo o brasileiro tinha uma certa vergonha de ser brasileiro ... Agora não. Agora acontece esta coisa espantosa: – todo mundo quer ser brasileiro. O país foi invadido por brasileiros, ocupado por brasileiros.
> Apenas 24 horas nos separam da finalíssima. Quem jogará por nós é o melhor escrete da Copa. Enquanto os outros dão botinadas, o brasileiro faz a arte que os "entendidos" negam e renegam. (ibidem, 20.6.1970)

A partida final foi um espetáculo de bola, com a seleção brasileira vencendo a italiana por 4 x 1. Na visão do cronista, o Brasil ganhou por suas características próprias, por sua *morosidade genial*, atributo que lembrava as ideias sobre o torpor dos trópicos e a passividade de Jeca Tatu. Mas a morosidade, aqui, não seria um fator negativo. Talvez, Nelson quisesse dizer que o brasileiro vencera por suas qualidades e também, ou inclusive, por seus defeitos. Teria sido a vitória do subdesenvolvido consciente de sua diferença? Nelson garantia que, além dele próprio, apenas algumas pessoas e mais o presidente Médici – por quem tinha uma admiração especial e chamava de presidente com perfil de efígie de moeda, por aparentar firmeza e personalidade – acreditavam na seleção. Mas, após a vitória, o número de patriotas crescera desmedidamente:

> Raríssimos acreditavam no Brasil. Um deles era o presidente, que me dizia: – "Vamos ganhar, vamos ganhar" – e que, ainda no sábado, dava o seu palpite para a finalíssima: – "Brasil 4 x 1 Itália". Mas os "entendidos" juravam que o futebol brasileiro estava atrasado trinta anos. E a famosa velocidade europeia? Essa velocidade existia entre eles, e para eles. Mas o Brasil ganhou de todo mundo andando, simplesmente andando. Com a nossa morosidade genial nós enterramos a velocidade burra dos nossos adversários.
> Que ele seria nosso [o "caneco"] estava escrito há 6 mil anos. Nunca uma seleção fez, na história do futebol, uma jornada tão perfeita como o Brasil em 70.

"Com brasileiro, não há quem possa!"

Amigos, glória eterna aos tricampeões mundiais. Graças a esse escrete, o brasileiro não tem mais vergonha de ser patriota. Somos 90 milhões de brasileiros, de esporas e penacho, como os Dragões de Pedro Américo. (ibidem, 22.6.1970)

Na leitura do eufórico Nelson Rodrigues, o mundo reconhecia o incontestável valor do futebol três vezes campeão do mundo. Todas as ideias sobre o coletivismo ou contra o individualismo do futebol brasileiro teriam ruído após a Copa de 1970. O *homem brasileiro* surpreendera os *entendidos*, certos jornalistas esportivos que se diziam donos da verdade e que viviam negando a qualidade e a capacidade da seleção. Pelo menos até a Copa seguinte, o cronista resolvera o dilema do *homem brasileiro*: vencera o *moleque*, o artista negro e *morosamente genial*:

> Mas não era só a multidão. Também a imprensa, fora algumas exceções, dizia horrores do técnico, do time, dos jogadores. Houve, então, a celebérrima vigília cívica.
> Desde 66 que os nossos entendidos punham nas nuvens o futebol europeu e, em especial, o inglês. Os nossos adversários tinham uma esmagadora superioridade física, tática e técnica. A velocidade europeia era exaltada como a musa do futebol moderno. Mas enquanto os outros só tinham virtudes, os nossos só tinham defeitos.
> Todavia, ninguém contava com o homem brasileiro.
> ...
> Em resumo: – a Copa do México desmontou a gigantesca impostura que a maioria criara em torno do futebol europeu. Os virtuosos, os estilistas, éramos nós; nós, os goleadores; nós, os inventores. E a famosa velocidade? Meu Deus, ganhamos andando. Previa-se que os europeus não nos deixariam jogar. Eles é que não viram a bola. Deixamos para os alemães e ingleses as correrias irracionais. "Jogar de primeira, sempre de primeira", recomendava Di Stéfano. Como é que um jogador de tão clarividente métier pode dizer bobagem tamanha?
> O Brasil não jogou de primeira, a não ser quando era eventualmente obrigatório. Mas Gerson parou o jogo, quantas vezes?

Levava cinco minutos com a bola nos pés. E quando soltava, em profundidade, era sempre um passe preciso e mortal. Quanto à superioridade física dos europeus, vamos chorar de rir. Eu próprio cheguei a atribuir-lhes uma saúde de vacas premiadas. No México, verificamos que as vacas premiadas, de fitinha e medalha no pescoço, éramos nós. Por fim, quando entrávamos em campo, já a bola nos reconhecia e vinha lamber-nos as botas como uma cadelinha amestrada.

Pelé, maravilhosamente negro, poderia erguer o gesto, gritando: – "Deus deu-me sangue de Otelo para ter ciúmes da minha pátria". E assim, brancos ou pretos, somos 90 milhões de otelos incendiados de ciúme pela pátria. (*Revista Brasileira de Relações Públicas*, julho-agosto 1970; cf. Rodrigues, 1994b, p.158ss.)

Vitória do patriotismo

Nas crônicas de Nelson Rodrigues, o futebol adquire um espírito empreendedor e de acordo com o projeto modernizador e desenvolvimentista concebido para o Brasil nos anos 1950, que atingiu o ápice durante o governo populista de Juscelino Kubitschek (1956-1961) e se caracterizou pela internacionalização da economia brasileira. Foi um momento em que se procurou fabricar um ideário nacionalista para diagnosticar e agir sobre os problemas nacionais. A interpretação do Iseb sobre esses problemas repercutiu por vários setores da sociedade, popularizou-se, estando presente, naquele momento, em todas as discussões sobre cultura brasileira. Daí encontrarmos reflexos dela inclusive nas crônicas de Nelson Rodrigues, sobretudo considerando que ele não tinha amigos ou conhecidos entre os membros do extinto instituto, do qual fizeram parte Hélio Jaguaribe, Nelson Werneck Sodré, Guerreiro Ramos e Cândido Mendes, entre outros.

Nelson vinculava o sucesso ou o insucesso no futebol não apenas ao jogo propriamente dito, mas também à noção de *destino* da nação brasileira. Para ele, o destino do país estaria vinculado aos pés e à consciência de jogadores e torcedores. Transformar o acaso em destino: segundo Benedict Anderson (1989, p.20), é nisso que consiste a mágica do nacionalismo, e Nelson Rodrigues era um nacionalista ferrenho. Para ele, fatores como a capacidade de organização, o uso da técnica aliada à astúcia e à determinação pela vitória, o sentimento de nação, o equilíbrio emocional e a constituição de uma *alma brasileira* deveriam compor o rol das aspirações daqueles que haviam sido *predestinados* a vencer, pois, se os brasileiros tinham *dons em excesso*, deveriam ser os melhores. Faltava-lhes apenas a consciência disso.

Os textos de Nelson Rodrigues insistem na existência de um dilema intrínseco ao brasileiro, que, segundo ele, seria proveniente da insegurança que sentia não apenas nos campos de futebol, mas em todos os aspectos de sua vida. Dilema do qual o próprio cronista não conseguia se livrar e que fazia seu discurso oscilar, conforme as circunstâncias, entre a valorização dos aspectos positivos ou negativos da mistura de raças que dera origem ao *povo* brasileiro. Afinal, o homem nascido neste rincão dos trópicos seria um vira-latas ou um moleque genial?

A identidade nacional, em Nelson, inclui os elementos da molecagem, da esperteza e da agilidade, associadas, sobretudo, ao negro e ao mulato. Também agrega a ela a fragilidade emocional e a insegurança. A humildade, reconhecida por ele como um importante traço do caráter nacional, é também encarada como um grave defeito moral a ser corrigido, pois acabava desdobrando-se em posturas negativas, como o complexo de inferioridade e a falta de autoestima. Em certos momentos, ela poderia ser comparada à *carência de orgulho racial* que Holanda (1995) identificava no brasileiro.

Nas crônicas escritas nos anos 1960, o termo humilde, aplicado ao brasileiro, é substituído pelo *subdesenvolvido*, cujos atributos seriam, em termos físicos, a pobreza e a feiúra; e, em termos morais, a capacidade de envergonhar-se, o medo de olhar para sua própria imagem e uma tendência quase incontrolável de admirar e copiar o estrangeiro. O que seria reprovável no comportamento do brasileiro subdesenvolvido e o que seria louvável? Ele era bom e puro, mas carecia de certa dose de cinismo, que, no entanto, era um comportamento reprovável. Mas fora pelo cinismo que a Inglaterra construíra uma vasta civilização e, também, conquistara a Copa do Mundo de 1966. O brasileiro queria ser grande seguindo esse mesmo caminho? Queria ser civilizado como a cínica Inglaterra? Queria situar-se entre as nações desenvolvidas, copiando-as integralmente, inclusive em seus erros, ou poderia conseguir o respeito e a cidadania internacionais por meio de uma nova experiência social civilizadora?

Ao defender o lado bom da condição de subdesenvolvimento, Nelson Rodrigues abria uma discussão interessante. O Brasil ocupava, de fato, naqueles anos 1960, uma posição inferior, em termos de desenvolvimento econômico, tecnológico e social, em comparação a outros países. Mas sugeria que não se devia pensar numa evolução linear, no sentido do domínio da técnica e do progresso social, como um caminho único a ser seguido por todas as nações. Pelas indicações de Nelson, seria possível colocar a questão nos seguintes termos: o *subdesenvolvido* ou o inferior, segundo o padrão de desenvolvimento tecnológico, não necessariamente é inferior em termos morais e cognitivos. Nesse sentido, estaria dizendo que, desse ponto de vista, o brasileiro teria chances de igualar-se ao europeu ou mesmo superá-lo.

Aos olhos de Nelson, a união nacional que se realizava por intermédio da seleção de futebol, bem como das alegres manifestações populares após vitórias importantes, deveria servir de modelo e estímulo à construção da nação brasileira.

Após o golpe militar de 1964, Nelson Rodrigues assumiu uma postura simpática ao novo regime. Anticomunista declarado, continuava tendo muito espaço na mídia, ao contrário de outros escritores. A convite do presidente Médici, assistiu ao jogo entre São Paulo e Porto, de Portugal, na tribuna de honra do estádio do Morumbi, e pegou uma carona no avião presidencial até o Rio de Janeiro (Castro, 1992, p.389). No entanto, sua relação com os militares seria absolutamente conflituosa desde a prisão e a tortura de seu filho Nelsinho, em 1972, que atuava na guerrilha urbana. A partir de então, várias de suas peças teatrais foram proibidas pela censura. Em razão da relativa proximidade com os militares, intermediou a libertação de vários jovens presos políticos. No entanto, não conseguiu soltar seu próprio filho, apesar de todos os apelos dirigidos aos militares e também aqueles divulgados nos meios de comunicação. Nelsinho só foi libertado em 1979, muito tempo depois da anistia, junto com os últimos treze presos políticos cariocas.

Sempre às voltas com concepções ambíguas e, por vezes, contraditórias, Nelson Rodrigues, no entanto, permaneceu fiel às suas ideias até as últimas crônicas, escritas pouco antes de sua morte, em dezembro de 1980. Nelas, insistiu na necessidade da recuperação moral do futebol brasileiro diante das inúmeras derrotas internacionais sofridas nos anos 1970, e que, em sua opinião, abalavam o prestígio dos tricampeões mundiais.

**ESCREVE
Nelson Rodrigues**

LIÇÃO DO PERU

Sim, amigos: vivemos, em Lima, a grande tragédia do futebol brasileiro, em todos os tempos. Qual delas? perguntarão. Eu explico. Refiro-me à nossa incapacidade de fazer gols. Se o Brasil não é, ainda, campeão mundial, se não venceu tôdas as suas partidas internacionais, é, simplesmente, porque não sabe finalizar. Reexaminem todos os nossos jogos aqui e no exterior. E vejam o seguinte: o craque brasileiro é insuperável, único, quase divino, até o momento de concluir. Enquanto não chega na área do adversário, êle faz o que quer da bola, improvisa, inventa jogadas geniais. Mas quando se vê diante dos três paus e lhe basta empurrar, apenas empurrar, eis que o domina e o asfixia a mais tréda e torva inibição emocional. Ou manda o couro por cima, ou pelos lados ou, então, atrasa para o goleiro adversário. Assim se explica que nem sempre o domínio de um time brasileiro se traduza em gols. Às vêzes, dominamos os noventa minutos em vão, quer dizer, sem marcar nada. E não cabe a menor dúvida de que o futebol brasileiro é o que perde mais gols no mundo. Daí a ternura da multidão pelos artilheiros. Nós gostamos dos construtores de placar, mesmo que o seu futebol seja primário ou discutível. Ainda agora, no Sul-Americano, funcionou, como nunca, a nossa impotência frente ao arco inimigo. Não me venham falar das goleadas que infligimos ao Equador etc. Os 9x0 pouco exprimem, se considerarmos o desnível dos contendores. De fato, o Brasil só observa um certo contrôle emocional quando enfrenta um perna-de-pau nato e hereditário. Então, sim, adquire uma euforia que vai do comêço do ataque à sua finalização. Mas se jogamos com um Uruguai, mesmo desfalcado, ou uma Argentina, em ponto de bala, não acertamos com o pé. Vejam o jôgo de sábado com o Peru. O franciscano empate de 1x1 não diz o que foi o jôgo, não dá uma imagem fiel da peleja. Na verdade, exercemos, ao longo dos 90 minutos, um domínio compacto. Mas a importância da peleja, o feito recente do Peru sôbre o adversário, o fato de o jôgo em Lima, tudo isso traumatizou o selecionado. Desta feita, tivemos gana, tivemos garra. Mas a chamada superioridade técnica e territorial apenas nos livrou da derrota. Conseguimos um empate modestíssimo e por quê? Apenas por isso: porque continuamos a ser o futebol que perde mais gols neste século. Referem os locutores e os telegramas às vêzes inumeráveis em que, por uma finalização ingênua, perdemos tentos certos. Uma vez, foi Evaristo que, na pequena área, inteiramente só, deu um chutinho de cambaxirra, para que o goleiro contrário o recolhesse, com cínica tranquilidade. Joel também fartou-se de estragar oportunidades incríveis. Era o descontrôle, quase histérico, que ocorre ao atacante brasileiro na hora da decisão. Por outro lado, como se não bastasse esta deficiência nata e hereditária, houve, em Lima, uma agravante: o nítido e indiscutível fracasso da direção, que não soube dar, ao selecionado, a estrutura necessária. Conservou-se, ao máximo, a formação Zizinho-Didi, que poderia funcionar contra adversários menos categorizados, mas que era de todo contra-indicada nos jogos com os uruguaios e os argentinos. Manteve-se um Edson, que não apresentava condição de jôgo, e deixou-se uma muralha como Belini na cêrca. Um jogador decisivo como Garrincha, que se caracteriza pela penetração e velocidade, só jogou na partida final. Conclusão – nos cotejos que, realmente, decidiriam o certame, o ataque brasileiro era um sossêgo, um repouso, para o antagonista. Do ponto de vista tático, fomos de uma falta de imaginação, de eficiência, que dava pena. Temos que admitir a gritante, a irrecusável verdade: fracassamos em Lima, inclusive no empate com o Peru. Vamos ver se, domingo, aqui, ungido pela torcida, estimulado pela presença colossal do Maracanã, o selecionado terá mais sorte.

FIGURA 9 – A crônica de Nelson Rodrigues em *Manchete Esportiva*, antes de ser batizada de "Meu personagem da semana".

"Com brasileiro, não há quem possa!"

FIGURA 10 – Nelson Rodrigues com os filhos Joffre e Nelsinho, nas cadeiras do Maracanã (Acervo da revista *Manchete*).

FIGURA 11 – Capa da inovadora *Manchete Esportiva*.

FIGURA 12 – A convite do presidente JK, Miriam, noiva de Vavá (em pé), e Guiomar, esposa de Didi (sentada, à esquerda), ouvem jogo da seleção brasileira no Palácio do Catete, no Rio de Janeiro. De costas, estão dona Sarah Kubitschek e a filha Maria Stella (Acervo de *Manchete Esportiva*, Jader Neves).

4
Com brasileiro, não há quem possa?

José Lins do Rego, Mário Filho e Nelson Rodrigues se impuseram a tarefa de refletir sobre a identidade nacional, ainda que informal e despretensiosamente, debruçando-se sobre o microcosmo do futebol. Por que se entregaram a esse trabalho e qual seria o sentido da identidade nacional que emanava de suas crônicas? Concluída a incursão por seus textos e esquadrinhados seus discursos, gostaria de arrolar considerações que sua leitura me sugeriu.

No Brasil, costuma-se avaliar a sociedade e suas instituições pelo desempenho da seleção de futebol, sobretudo em épocas de Copa do Mundo, quando o que se tem, de fato, são nações reunidas num confronto no âmbito do esporte. Se a seleção vai bem, há mais otimismo e tende-se a valorizar o potencial do *povo brasileiro*, sintetizado na imagem do herói pleno de atributos que se convencionou reconhecer como tipicamente nacionais. Se, ao contrário, sobrevém uma derrota, os valores anteriormente exaltados são então interpretados como contendo os germes do insucesso.

O clima que antecede e cerca a realização de uma Copa do Mundo é de grande nacionalismo. Invariavelmente, há uma música-tema que evoca a ideia da unidade nacional, mostrando que a nação se une do Oiapoque ao Chuí, atenta a cada jogada da seleção em frente à tela da televisão. O país para, literalmente, para acompanhar os movimentos dos *onze canarinhos* em gramados estrangeiros, como se a própria soberania nacional estivesse em jogo. Lojas, bancos, empresas e repartições públicas são fechadas. Para aqueles que não gostam e/ou não entendem nada de futebol, o feriado compulsório lhes oferece apenas duas possibilidades: ou se deixam contagiar pela festa que absorve a todos ou se entregam a alguma atividade solitária na hora do jogo, o que os condena, inevitavelmente, à exclusão das rodas de conversa no dia seguinte.

A associação entre seleção brasileira de futebol e unidade nacional possui raízes antigas e profundas, que remetem a um discurso nacionalista e à ideia de *brasilidade*. Ela é anterior, inclusive, às crônicas analisadas aqui e que, por sua vez, também contribuíram em grande parte para que a associação futebol-brasilidade se firmasse em definitivo. Ainda hoje, frases e trechos dessas crônicas estão presentes em inúmeros artigos, livros, programas jornalísticos e filmes, como referências *cults*, sempre que se quer falar na relação entre futebol e identidade nacional brasileira, sobretudo depois das recentes reedições de textos que só tinham vindo a público em jornais e revistas. Se ainda agora essas crônicas são lembradas quando se trata de questões relativas à identidade nacional, é porque continuam plenas de sentido, porque os problemas que abordam, de alguma forma, são ainda bastante atuais. Tornaram-se verdadeiros clássicos, como na definição de Italo Calvino (1994, p.11), porque não *terminaram de dizer aquilo que tinham para dizer*. O ponto central de suas especulações – *quem é o brasileiro?* – renasce numa época em que a palavra de ordem é *globalização*, conceito que alude à imagem do contato com o outro e do confronto entre sociedades dominadoras e dominadas – uma espécie de colonialismo pós-moderno. Em quinhentos anos de história, talvez a postura antropofágica tenha obrigado o brasileiro a refletir continuamente sobre sua identidade cultural, ante o desafio constante de incorporar a cultura do outro sem perder a integridade.

No começo dos anos 1950, o nacionalismo se inseria num processo de construção do capitalismo no país. A industrialização ganhara força durante a Segunda Guerra Mundial; as cidades cresciam e se modernizavam. José Lins do Rego mostrava-se preocupado com o nascimento da nação. Para ele, a Copa do Mundo de 1950 seria como uma cerimônia de batismo, em que a nação brasileira seria apresentada à comunidade internacional. Nação una, cuja soberania seria como um *prolongamento da liberdade individual de cidadania* (Saliba, 1991, p.54). Disso decorria sua preocupação com a unidade nacional e a superação das divergências regionais, registradas em suas crônicas pelas disputas entre paulistas e cariocas. As antigas concepções *regionalistas* que estiveram presentes em seus romances do açúcar já não tinham mais lugar em suas crônicas. Zé Lins, agora, buscava a universalidade.

Zé Lins enfatizava aquilo que seria característico do brasileiro, observando suas reações durante uma partida de futebol. Por meio desse esporte, acreditava ser possível compor um *retrato psicológico* do povo brasileiro, trabalho que realizou por meio de várias crônicas-fotogramas, inspirando-se, com certeza, no ensaio *Retrato do Brasil* (Prado, 1997) – cujo autor conhecera pessoalmente por intermédio de Gilberto Freyre – e também nos muitos outros retratos que se produziram sobre o Brasil entre os anos 1930 e 1940. O foco de sua atenção recaía sobre o futebol e sua complexa rede de relações sociais, por meio da qual podia avaliar o caráter que resultara da *mestiçagem* e da tolerância raciais: Zé Lins encontrava no brasileiro a virilidade sem beirar a violência, porém acrescida de uma grande dose de civilidade, expressa em boas maneiras e espírito esportivo, comportamentos-ideais que associava ao brasileiro e que julgava necessários à inclusão numa comunidade moderna, urbana e industrializada. A definição de traços comuns ao brasileiro, aquilo que o fazia único de norte a sul do país, seria fundamental na formação da nacionalidade e esta seria um requisito básico à conquista da tão desejada civilidade. Contudo, civilidade implica a existência de uma cidadania madura, ancorada num regime democrático efetivo, como alerta Tocqueville (1977) em *A democracia na América*. Mas a democracia que dava suporte à civilidade decantada pelo autor paraibano era a chamada *democracia racial*, de cunho cultural e não político, tomada de empréstimo das formulações de Gilberto Freyre e que vinha dando sustentação ao governo e à sua política populista.

Apenas alguns anos haviam se passado desde a Copa de 1950, mas as mudanças que o Brasil e o mundo atravessavam eram tão intensas que, em meados daquela década, o nacionalismo dos cronistas já se inseria em outro contexto histórico. Época em que o mundo se dividia entre capitalistas e comunistas, que competiam pela hegemonia global e pela partilha de um terceiro bloco de países, os subdesenvolvidos. O otimismo era um sentimento mundial, refletindo a prosperidade do pós-guerra. No Brasil, estava em curso um processo de desenvolvimento econômico acelerado, amparado pela promessa dos *50 anos em 5* do programa de governo de JK. O Brasil procurava vencer o subdesenvolvimento e o atraso pela via do desenvolvimento econômico; encontrar sua *verdadeira* identidade, a fim de posicionar-se num mundo polarizado. A grande influência dos Estados Unidos no país, que ia da economia à cultura, acentuava o caráter de defesa do patrimônio cultural brasileiro presente nos discursos nacionalistas. Nesse cenário, o que Mário Filho e Nelson Rodrigues enfatizavam era a insegurança do brasileiro dificultando ou interferindo em seu sucesso. Haveria um complexo de inferioridade que Mário chamava de *complexo de ser brasileiro* e Nelson, de *complexo de vira-latas*. O conceito de

Nelson remete claramente à ideia de que a inferioridade sentida pelo brasileiro seria relativa a um tipo racial indefinido, numa referência às teorias raciais de meados do século passado, do determinismo biológico e climático; enquanto, pelo conceito de Mário, brasileiro seria sinônimo de mestiço e, portanto, inferior. Dessa postura, decorria uma série de outras, como a *tremedeira* ou covardia para Mário, a *humildade* e o *ufanismo às avessas* para Nelson. Em ambos os casos, o que queriam deixar patentes eram a insegurança e a instabilidade emocional do brasileiro. Na medida em que promoviam a consciência delas, esperavam uma mudança de postura.

Mário Filho era *fenomenológico*: não propunha caracterizações absolutas e ia modificando a ênfase nos conceitos que aplicava à descrição da brasilidade, ao sabor de novos sucessos e insucessos futebolísticos. Como um analista social, mostrava como o brasileiro adotara posturas ambíguas em épocas e momentos diferentes. Ele não seria totalmente covarde, pois também havia dado demonstrações de valentia. Também não seria apenas humilde, pois, quando tomado por orgulho e vaidade, tripudiara sobre o adversário. Tais atitudes seriam colocadas a descoberto como resultado de seu método de investigação que consistia em *levantar o véu* – expressão também empregada por Paulo Prado em *Retrato do Brasil* – que encobria a alma brasileira, a fim de conhecê-la melhor em todas as suas singularidades e nuances. Como Sérgio Buarque de Holanda, em *Raízes do Brasil*, Mário Filho elabora uma leitura tipológica do brasileiro, definindo-o por meio de pares de opostos, que, todavia, não se excluem e, sim, complementam-se. Decerto, teria lido os dois ensaios e trocado ideias com seus autores nos encontros na Livraria José Olympio. Algo da discussão e da leitura teria sido incorporado a seus próprios escritos.

Mário sublinha os sentimentos de fragilidade psicológica do brasileiro, o derrotismo, a falta de confiança e os compara a fatos do passado que demonstravam exatamente o oposto;

momentos em que o brasileiro superara todas as previsões pessimistas e a falta de perspectivas de uma gente fadada ao insucesso. Em sua opinião, o resgate do brasileiro viria quando este deixasse de dar ouvidos aos prognósticos sombrios, olhasse para seu passado e adotasse uma postura positiva diante de seus problemas. O resultado seria o nascimento de um povo e de uma nação maduros. Ao término de sua investigação, chega a um diagnóstico positivo: depois de descobrir as origens quase míticas de certos comportamentos – o pecado original –, Mário Filho antevê a redenção do brasileiro nos sucessos obtidos no futebol, a partir dos anos 1950.

Dramático e dialético, Nelson Rodrigues saiu em busca das raízes da excessiva humildade que acreditava existir no brasileiro, e, nesse percurso, concluiu que ele vivia um dilema permanente e insolúvel: reconhecia a origem multirracial, mas oscilava entre sua valorização positiva – *moleque genial* – ou negativa – *vira-latas*, *subdesenvolvido* –, em geral associadas à vitória e à derrota experimentadas na prática esportiva. Mário Filho já havia decantado as qualidades brasileiríssimas de Garrincha quando Nelson Rodrigues vislumbrou nele o tipo ideal do jogador brasileiro, mestiço, ágil e feio. O que era depreciativo no passado se tornara motivo de orgulho e de elevado amor próprio. Para Nelson, a partir do bicampeonato mundial de futebol, o brasileiro, que sempre se considerara feio, teria assumido sua feiúra, sua miséria, sua mulatice, e passara a enxergar valores únicos nesses atributos. Em resumo, a receita do sucesso brasileiro viria de soluções autóctones.

Certos aspectos foram objeto da atenção dos três cronistas. Pouco antes da Copa de 1958, Nelson Rodrigues, Mário Filho e mesmo Lins do Rego, nas poucas crônicas que escreveu nesse período, identificavam a origem do insucesso do futebol brasileiro na falta de organização de suas instituições e dirigentes, observação que poderia remeter à *tibieza do espírito de organização* no brasileiro, também apontado por Sérgio Buarque de

Holanda (1995); problemas decorrentes do personalismo exagerado e da frouxidão das instituições.

Sobrepondo-se às diferenças internas, as comparações entre brasileiros e estrangeiros – sul-americanos e europeus – chegavam a ser obsessivas. Tratava-se de um recurso metodológico comum aos ideólogos do caráter nacional, como se pôde observar nas comparações entre o brasileiro e outros *povos tristes* – alemão e inglês – feitas por Paulo Prado. Quando a comparação era feita entre brasileiros e europeus ou norte-americanos, o sentido da diferença era negativo: enxergava-se a inferioridade brasileira. Ao contrário, quando a comparação punha lado a lado brasileiros e latino-americanos, como uruguaios, argentinos, peruanos etc., o sentido da diferença era positivo. O brasileiro seria superior a seus vizinhos. As comparações com estes iam sempre no sentido de mostrar seus defeitos em oposição às qualidades do brasileiro. Parecia haver uma disputa velada entre esses países e o Brasil para mostrar a superioridade brasileira, e, com esse intuito, os cronistas abusavam das comparações.

Condenavam a imitação do estrangeiro, postura que julgavam frequente no brasileiro. Para eles, em vez de copiar o que considerava valioso no estrangeiro, o brasileiro deveria aprender a valorizar seus aspectos positivos, o que tinha de melhor. Das comparações brotavam sentimentos de inferioridade ou superioridade. Por vezes, afirmavam que comportamentos estrangeiros tidos por exemplares eram, na verdade, tão idealizados que, quando os brasileiros deparavam com eles, sentiam-se decepcionados, já que o retrato que haviam elaborado não correspondia à realidade. Assim, de consideração em consideração, os cronistas construíam a imagem ideal da nação.

Contrariando a tese da tristeza brasileira de Paulo Prado, os cronistas mostravam um brasileiro alegre. Por vezes, transmitiam a imagem de um povo um tanto apático, associada à insegurança, à *covardia* e à *humildade,* mas nada que os fizesse crer na existência de uma tristeza metafísica ou atávica. Talvez a vibração e a alegria absolutamente contagiantes e frequentes nos estádios de futebol tenha-os ajudado a chegar a essa formulação. Até mesmo Zé Lins que mostrara ao brasileiro, numa série de romances, a amargura e a tristeza do caboclo do Nordeste não encontrava um grama dela em meio aos torcedores do Flamengo.

Zé Lins, Mário e Nelson ponderavam sobre cada uma das condutas encontradas no brasileiro. Insuflavam algumas e rejeitavam outras. Definiam um critério de pertencimento à nação idealizada. Nesse sentido, além de conter reflexões sobre a identidade nacional, pode-se afirmar que as crônicas de futebol eram portadoras de um projeto para a nação brasileira que se imaginava grande e vitoriosa, como o brasileiro se sentia nos dias das gloriosas conquistas de seu *futebol-arte*, sinônimo da criatividade, agilidade, malícia e alegria de um povo, cuja imagem máxima seria a do capitão Bellini levantando a Taça Jules Rimet. Vitorioso e imbatível no futebol, o brasileiro também se definia por meio dele, como dizia a marcha de Wagner Maugeri Sobrinho, Vítor Dago e Lauro Müller, eternizada na voz dos Titulares do Ritmo e incansavelmente tocada nas rádios de todo o país naquele ano de 1958 (Castro, 1997, p.185):

> A Taça do Mundo é nossa
> Com brasileiro, não há quem possa
> Ê-êta esquadrão de ouro
> *É bom no samba, é bom no couro!*
> O brasileiro lá no estrangeiro,
> mostrou o futebol como é.
> Levanta a Taça do Mundo,
> *sambando com a bola no pé.* Olé!

Esqueciam-se, no entanto, de que tais associações haviam resultado de um longo processo de construção, pelo qual eram naturalizadas as características culturais empregadas na formulação da imagem ideal do brasileiro e da nação.

Pregavam uma identidade mestiça. Se, por um lado, apontavam os defeitos derivados da mestiçagem como um empecilho ao pleno desenvolvimento do brasileiro, por outro, e segundo seu ponto de vista, mostravam que, por intermédio dela, o Brasil e o brasileiro alcançariam uma posição de destaque. A cordialidade, por exemplo, poderia ser alçada à categoria de elemento definidor do padrão de sociabilidade maduro do brasileiro, desde que mesclada e aprimorada com a incorporação de certa dose de civilidade.

George Avelino Filho (1987, p.40) relaciona a ausência de um fecho programático em *Raízes do Brasil* à

> crença – bem modernista – na capacidade de transformarmos nosso atraso em relação às nações mais civilizadas em vantagem, aproveitando o atraso como possibilidade de seguir um caminho diferente do daquelas nações, de forma que o desenvolvimento econômico, social e político se faça sem a esterilização das relações sociais.

Nesse sentido, se a cordialidade já não existiria em sua forma pura, em virtude da crescente urbanização, também não fora substituída pela civilidade. Talvez uma cordialidade melhorada, aliada a outros atributos, consistisse na receita do desenvolvimento brasileiro. Mas esse raciocínio sugere uma questão: a civilidade seria, de fato, um bem a ser desejado?

Norbert Elias (1994) enfatiza que o condicionamento promovido pela civilização foi e continua sendo caro, pois, à medida que o homem se civiliza, aumenta sobremaneira o peso de sua responsabilidade. Também Freud insistia na ideia de que quanto mais se caminha no sentido da civilização, mais o homem se afasta da natureza e ganha infelicidade. Com base nessas considerações, pode-se dizer que os cronistas vislumbravam um projeto de civilização diferente do modelo ocidental, fundada sob uma nova ordem social e um novo contrato, como em Rousseau (1981), que preservasse o *estado de natureza* do brasileiro e o impedisse de incidir nos mesmos pecados de outros povos? Seus discursos enfatizavam que o brasileiro encontraria soluções próprias para seus problemas e, por essa via, alcançaria o *status* de nação autônoma. Projeto para a nação que Darcy Ribeiro (1995, p.448ss.), mais de trinta anos depois, continuava defendendo como atual e em processo de efetivação:

> Na verdade das coisas, o que somos é uma nova Roma. Uma Roma tardia e tropical. O Brasil é já a maior das nações neolatinas, pela magnitude populacional, e começa a sê-lo também por sua criatividade artística e cultural. Precisa agora sê-lo no domínio da tecnologia da futura civilização, para se fazer uma potência econômica, de progresso autossustentado. Estamos nos construindo na luta para florescer amanhã como uma nova civilização, mestiça e tropical, orgulhosa de si mesma. Mais alegre, porque mais sofrida. Melhor, porque incorpora em si mais humanidades. Mais generosa, porque aberta à convivência com todas as raças e todas as culturas e porque assentada na mais bela e luminosa província da Terra.

Por que é importante estudá-los, do ponto de vista da identidade, hoje? José Lins do Rego, Mário Filho e Nelson Rodrigues deram sua parcela de contribuição na difusão das ideologias sobre o caráter e a identidade, originariamente elaboradas por um grupo de ensaístas. Noções que se incorporaram à maneira de pensar e de refletir sobre a relação entre futebol e Brasil ou futebol e brasileiro, construídas em doses homeopáticas, quase que imperceptíveis, diariamente em suas crônicas. Em sintonia com os desejos e as emoções de uma sociedade, "descobrindo os fantasmas comunitários", os cronistas produziram textos pelos quais tentavam "apontá-los e esconjurá-los ritualisticamente" (Sevcenko, 1989, p.247). Visões que se perpetuaram e que, hoje, ajudam a compreender certos tipos de comportamento e de posturas que não são mais questionadas, como o *jeitinho brasileiro*, a *lei de Gerson*, a instabilidade emocional, a não aceitação da derrota e a crença na superioridade inabalável do futebol brasileiro. Posturas que, eventualmente, são chamadas a explicar tanto o fracasso da seleção brasileira na final da Copa do Mundo de 1998 quanto as denúncias quase diárias de corrupção nas instituições políticas e administrativas.

As influências das obras de ensaístas como Sérgio Buarque de Holanda, Gilberto Freyre e Paulo Prado são muito marcantes nos escritos dos autores em foco. Eles próprios colocavam-se na posição de especuladores sobre o caráter nacional. Só que, na medida em que escreviam sobre futebol e em veículos de comunicação de grande circulação, voltados para o torcedor de futebol, estavam retraduzindo e divulgando certas ideias e conceitos sobre a identidade nacional, às quais o grande público não teria acesso de outra forma.

Outra consideração que a análise das crônicas sugere diz respeito ao espaço de atuação do intelectual na sociedade, como lembram os trabalhos de Mônica Velloso (1996) Heloísa Pontes (1996) e Décio de Almeida Prado (1997). Entre os anos 1930 e 1940, tem-se a ampliação da rede de ensino básico e a criação de importantes universidades no Brasil, o que fez crescer, consideravelmente, o número potencial de leitores. Na esteira desse processo, surgiram as primeiras editoras do país e multiplicaram-se os títulos de jornais e revistas. Zé Lins, Mário e Nelson não eram intelectuais ligados às universidades. Pertenciam a um grupo de intelectuais radicados no Rio de Janeiro, então o Distrito Federal e centro irradiador de cultura para o restante do país. Seus espaços de sociabilidade e atuação eram os cafés, as livrarias, as tribunas de imprensa dos estádios, as instituições diretivas do esporte, as redações dos jornais. Também tinham bom trânsito pelo gabinete da presidência da República. Desses lugares, observavam e refletiam sobre o Brasil. Estavam mais perto do público e tinham um poder de formação de opinião muito maior que os intelectuais ligados à academia. Não eram detentores de um saber institucional, mas não devem ser desmerecidos por isso. A seu modo e de outros lugares sociais, produziram suas interpretações sobre o Brasil e chamaram a atenção dos acadêmicos para uma série de fenômenos sociais que lhes passavam despercebidos, seja por pertencerem a círculos sociais que os distanciavam da cultura popular seja por simples preconceito. Nelson criticava o *sociólogo*, aquele que tinha explicações prontas para todos os fenômenos sociais, mas que era de uma miopia atroz em relação a manifestações populares como o futebol. Zé Lins, por sua vez, era frequentemente censurado, por intelectuais mais conservadores, por seu envolvimento e atuação em entidades esportivas.

Conhecer as raízes, desvelar a alma, compor retratos do Brasil eram as tarefas que os cronistas de futebol se arrogavam, consciente ou inconscientemente, enquanto comentavam fatos do futebol, ainda que não trouxessem a primeiro plano essa formulação. Queriam conhecer o Brasil, desvendar o funcionamento de seu organismo social para descobrir a origem de seus males e propor-lhes soluções; superar o atraso por uma via própria e nova, sem copiar o europeu ou o americano, e, sobretudo, sem reproduzir os seus erros. No entanto, quando a seleção vencia, os problemas se desfaziam e o que era defeito se transformava em razão do sucesso. As dificuldades eram esquecidas, até que outra Copa se aproximasse, quando surgiam novas ocasiões de retomar a reflexão sobre a identidade e o caráter nacionais; novas oportunidades para fazer chegar à consciência popular as caracterizações propostas sobre a identidade de um povo.

A conquista da Copa de 1958 veio, de certa forma, confirmar o desejo e o projeto dos cronistas. Nas copas que se seguiram, à primeira demonstração de dúvida quanto ao potencial da seleção de futebol, Nelson Rodrigues voltava a insistir no dilema do homem brasileiro, totalmente inseguro de si, em contraposição à confiança absoluta do cronista nele. Entre o final dos anos 1960 e o começo dos 1970, uma nova onda de ufania era vendida ao país pelos governos militares que queriam passar à população a imagem de que o *milagre* (econômico) *brasileiro* seria a redenção nacional. As conquistas do futebol brasileiro, geradas num período de democracia populista, renderam créditos ao regime militar e foram aplicadas à construção de uma determinada visão de identidade nacional. À *marchinha* de 1958, que combinava futebol e samba/carnaval como elementos definidores da nacionalidade, contrapunha-se o *hino* de 1970, composto por Miguel Gustavo, cuja letra insistia na ideia de que a seleção promovia a unidade nacional. Algumas de suas frases, inclusive, foram adotadas como lema do governo. Eram sinais de um novo tempo...

> 90 milhões em ação
> Pra frente, Brasil,
> do meu coração.
> Todos juntos, vamos
> Pra frente, Brasil
> Salve a seleção
> De repente é aquela corrente pra frente
> Parece que todo o Brasil deu a mão
> Juntos ligados na mesma emoção
> Tudo é um só coração
> Todos juntos, vamos
> Pra frente, Brasil, Brasil
> Salve a seleção!

Independentemente do regime político, o futebol era reconhecido como um paradigma da identidade nacional. Nesse novo contexto, a conquista do tricampeonato mundial selava, definitivamente, a emergência do *Homem Brasileiro* que não seria páreo para ninguém. Com ele, tinha-se o coroamento dos ideais da brasilidade partilhados por Nelson Rodrigues, Lins do Rego e Mário Filho e que, sem dúvida, fizeram brilhar os olhos dos militares que estavam no comando do país e que tentavam, a todo custo, consolidar a imagem da unidade nacional e de um país pujante e promissor, que caminhava a passos largos rumo ao futuro, conquanto escondessem debaixo do tapete questões como a liberdade de expressão, de associação e a prática da tortura. Como resultado da trajetória de sucessos do futebol brasileiro, toda a humildade e insegurança, anteriormente apontadas, teriam se transformado em motivo de orgulho e vaidade, sentimentos que nem mesmo os longos 24 anos sem vencer outra copa foram capazes de suplantar.

A década de 1970 também foi crucial para a consolidação do futebol como *mania* nacional e também da imagem do Brasil como *país do futebol*. É a partir desse período que o futebol ultrapassa domínios mais locais – a realização do primeiro campeonato brasileiro de futebol, reunindo clubes de todo o país, só ocorre em 1971 – e se torna, explicitamente, um fator de agenciamento de interesses políticos, econômicos e sociais mais abrangentes. Pela loteria esportiva, por exemplo, criada em junho de 1970, pela popularização da televisão e pelas transmissões de jogos ao vivo – a Copa do México inaugurou a tecnologia das transmissões via satélite –, o futebol se transforma em grande investimento e polo para a obtenção de recursos governamentais e benefícios políticos.

A crônica ajudou a perpetuar no imaginário popular tanto a *tragédia* de 1950 quanto a *glória* de 1958 e o *êxtase do Tri* em 1970. O discurso acalorado dos cronistas sedimentou, no imaginário sobre o futebol, tanto o silêncio sepulcral da multidão deixando o Maracanã, em 16 de julho de 1950, como a ideia eufórica de que o futebol é *coisa nossa* e de que, nesse terreno, ninguém consegue suplantar o brasileiro. A memória que, hoje, se retém desses fatos foi, em grande parte, formada por imagens e reflexões elaboradas por esses cronistas. Ideias que mobilizaram as atenções de uma época e que participaram do processo de construção da identidade nacional. Ideias que, preservadas em jornais e revistas, puderam ser revisitadas como vozes do passado que, contudo, ainda ecoam em nossos dias.

"Com brasileiro, não há quem possa!"

FIGURA 13 – Bellini levanta a Taça Jules Rimet, na Suécia: o Brasil estava no topo do mundo (Agência *Jornal do Brasil*, Braz Bezerra).

Referências bibliográficas

Livros, artigos e teses

ALCÂNTARA MACHADO, A. de. Corinthians (2) vs. Palestra (1). In: _____. *Novelas paulistanas*. São Paulo: Edusp; Belo Horizonte: Itatiaia, 1988

AMADO, G. Bacharelismo esportivo. In: _____. *Os inocentes do Leblon*. Crônicas. Rio de Janeiro: Globo, 1946

ANDERSON, B. *Nação e consciência nacional*. São Paulo: Ática, 1989.

ANDRADE, M. de. *Macunaíma. O herói sem nenhum caráter*. São Paulo: Círculo do Livro, s. d. (1.ed. 1928).

_____. Primeiro de Maio. In: _____. *Contos novos*. Belo Horizonte: Itatiaia, 1983.

ANDRADE, O. de. Carta a um torcida. In: _____. *Ponta de lança*. Rio de Janeiro: Civilização Brasileira, 1972.

ANTUNES, F. M. R. F. *Futebol de fábrica em São Paulo*. São Paulo, 1992. Dissertação (Mestrado em Sociologia) – Faculdade de Filosofia, Letras e Ciências Humanas, Universidade de São Paulo.

_____. Do velódromo ao Pacaembu: o movimento esportivo em São Paulo e a trajetória do futebol. *Cidade*, Revista do Departamento do Patrimônio Histórico/SMC, ano V, n.5, jan. 1998.

ASSAF, R., MARTINS, C. *Fla x Flu. O jogo do século*. Rio de Janeiro: Letras e Expressões, 1999.

AVELINO FILHO, G. As raízes de *Raízes do Brasil*. *Novos Estudos Cebrap*, v.18, p.33-41, 1987.

_____. Cordialidade e civilidade em *Raízes do Brasil*. *Revista Brasileira de Ciências Sociais*, v.5, n.12, p.5-14, fev. 1990.

AZEVEDO, F. de A evolução do esporte no Brasil (1822-1922). In:
_____. *Da educação física*: o que ela é, o que tem sido e o que deveria ser. São Paulo: Melhoramentos, 1953.

BANDEIRA, M. Honved. *Jornal dos Sports*, Rio de Janeiro, 17 jan. 1957.

BARBOSA, L. *O jeitinho brasileiro*. A arte de ser mais igual que os outros. Rio de Janeiro: Campus, 1992.

BASTOS, E. R. Gilberto Freyre e a questão nacional. In: MORAES, R., ANTUNES, R., FERRANTE, V. B. (Org.) *Inteligência brasileira*. São Paulo: Brasiliense, 1986.

BATESON, G. *La cérémonie du Naven*. Paris: Les Éditions de Minuit, 1971.

BENJAMIN, W. (1983). O narrador. Considerações sobre a obra de Nikolai Leskov. In: *Benjamin, Habermas, Horkheimer, Adorno*. 2.ed. São Paulo: Abril, 1983. (Coleção Os pensadores).

BERTOLLI FILHO, C., MEIHY, J. C. S. B. Monteiro Lobato e o futebol: um projeto para a elite urbana do começo do século. In: MEIHY, J. C. S. B., WITTER, J. S. *Futebol e cultura*. Coletânea de estudos. São Paulo: Imesp, Daesp, 1982.

BOURDIEU, P. Como é possível ser esportivo? In: _____. *Questões de sociologia*. Rio de Janeiro: Marco Zero, 1983.

_____. Programa para uma sociologia do esporte. In: _____. *Coisas ditas*. São Paulo: Brasiliense, 1990.

CABRAL, S. Brasileirão ao vivo. *Multicanal. Guia de Programação*, ago. 1995. p.16.

CALDAS, W. *O pontapé inicial*. Memória do futebol brasileiro (1894-1933). São Paulo: Ibrasa, 1990.

CALDAS, W. Aspectos sociopolíticos do futebol brasileiro. *Revista USP. Dossiê Futebol*, n.22, jun.-jul.-ago. 1994.

CALVINO, I. *Por que ler os clássicos?* São Paulo: Companhia das Letras, 1994.

CAMPOS, P. M. Descanso de futebol. In: RAMOS, R. *A palavra é... futebol*. São Paulo: Scipione, 1990.

CANDIDO, A. *Literatura e sociedade*. 5.ed. São Paulo: Ed. Nacional, 1976.
_____. A vida ao rés-do-chão. In: CANDIDO, A. et al. *A crônica*. O gênero, sua fixação e suas transformações no Brasil. Campinas:

Editora da Unicamp; Rio de Janeiro: Fundação Casa de Rui Barbosa, 1992.

CARDOSO, F. H., FALETTO, E. *Dependência e desenvolvimento na América Latina*. Ensaio de interpretação sociológica. Rio de Janeiro: Jorge Zahar, 1970.

CARDOSO, M. R. Moda da crônica: frívola e cruel. In CANDIDO, A. et al. *A crônica*. O gênero, sua fixação e suas transformações no Brasil. Campinas: Editora da Unicamp; Rio de Janeiro: Fundação Casa de Rui Barbosa, 1992.

CASTRO, R. *O anjo pornográfico*. A vida de Nelson Rodrigues. São Paulo: Companhia das Letras, 1992. (7ª reimpressão).

_____. *Estrela solitária*. Um brasileiro chamado Garrincha. São Paulo: Companhia das Letras, 1995.

_____. *Chega de saudade*. A história e as histórias da Bossa Nova. 2.ed. São Paulo: Companhia das Letras, 1997. (7ª reimpressão).

CAVALCANTI, L. (Org.) *Modernistas na repartição*. Rio de Janeiro: Editora UFRJ, Paço Imperial, Tempo Brasileiro, 1993.

COSTA, A. da. *O tigre do futebol*. Uma viagem nos tempos de Arthur Friedenreich. São Paulo: DBA, 1999.

COUTINHO, A. *Formas da literatura*. Rio de Janeiro: Bloch, 1984.

COUTINHO, E. *Zelins, flamengo até morrer!* Rio de Janeiro: Edição do Autor, s. d.

_____. José Lins do Rego, futebol e vida: a emoção flamengo. In: BEZERRA, A., COUTINHO, E. (Org.) *José Lins do Rego*. Fortuna crítica. Rio de Janeiro: Civilização Brasileira, João Pessoa: Funesc, 1991.

_____. Zé Lins, flamengo até morrer! *D. O. Leitura (São Paulo)*, v.9, n.106, mar. 1991.

CUNHA, E. da. *Os sertões*. Porto: Lello & Irmão, 1983.

DA MATTA, R. *Carnavais, malandros e heróis*. Para uma sociologia do dilema brasileiro.3.ed. Rio de Janeiro: Jorge Zahar, 1981.

_____. Futebol: ópio do povo *versus* drama de justiça social. *Novos Estudos Cebrap (São Paulo)*, v.1, n.4, p.54-60, nov. 1982.

_____. Antropologia do óbvio. *Revista USP. Dossiê Futebol*, n.22, jun.--jul.-ago. 1994.

DEFRANCE, J. *Sociologie du sport*. Paris: La Découverte, 1995.

DUARTE, O. *Todas as Copas do Mundo*. São Paulo: McGraw Hill, 1990.

DUNNING, E. La dinámica del deporte moderno: Notas sobre la búsqueda de triunfos y la importancia social del deporte. In: ELIAS,

N., DUNNING, E. *Deporte y ocio en el processo de la civilización*. Madrid: Fondo de Cultura Económica, 1992.

DURKHEIM, E. *As regras do método sociológico*. São Paulo: Abril Cultural, 1978. (Coleção Os pensadores).

ELIADE, M. *Mito e realidade*. São Paulo: Perspectiva, 1972.

_____. *El mito del eterno retorno*. Arquetipos y repetición. 4.ed. Madrid: Alianza, Emecé, 1982.

ELIAS, N. *O processo civilizador*. Uma história dos costumes. Rio de Janeiro: Jorge Zahar, 1994. v.I.

ELIAS, N., DUNNING, E. *Deporte y ocio en el proceso de la civilización*. Madrid: Fondo de Cultura Económica, 1992.

ESTEVES, P. L. M. L. Cordialidade e familismo amoral: os dilemas da modernização. *Revista Brasileira de Ciências Sociais*, v.13, n·36, p.97-107, fev.1998.

FONSECA, P. C. D. *Vargas: o capitalismo em construção (1906-1954)*. São Paulo: Brasiliense, 1987.

FREYRE, G. *Sociologia*. Rio de Janeiro: J. Olympio, 1945.

_____. *Casa-grande & Senzala*. 20.ed. Rio de Janeiro: J. Olympio, 1950. (1.ed. 1933).

_____. Prefácio à primeira edição. In: RODRIGUES FILHO, M. *O negro no futebol brasileiro*. 2.ed. Rio de Janeiro: Civilização Brasileira, 1964. (1.ed. 1947)

_____. Recordando José Lins do Rego. In: BEZERRA, A., COUTINHO, E. (Org.) *José Lins do Rego*. Fortuna crítica. Rio de Janeiro: Civilização Brasileira, João Pessoa: Funesc, 1991.

GARCIA JÚNIOR, A. Les intellectuels et la conscience nationale au Brésil. *Actes de la Recherche en Sciences Sociales*, n.98, p.20-33, juin 1993.

GEBAUER, G. Le nouveau nationalisme sportif. *Actes de la Recherche en Sciences Sociales*, n.103, p.104-7, juin 1994.

GIULIANOTTI, R. *Sociologia do futebol*. Dimensões históricas e socioculturais do esporte das multidões. São Paulo: Nova Alexandria, 2002.

GLANVILLE, B. *The Sunday Times*. History of the World Cup. London: Times Newspaper Limited, 1973.

HABERMAS, J. *Para a reconstrução do materialismo histórico*. São Paulo: Brasiliense, 1983.

HOBSBAWM, E. A produção em massa de tradições: Europa, 1870 a 1914. In: HOBSBAWM, E., RANGER, T. (Org.) *A invenção das tradições*. Rio de Janeiro: Paz e Terra, 1984.

HOBSBAWM, E. *Nações e nacionalismos desde 1780*. Rio de Janeiro: Paz e Terra, 1991.

_____. *Era dos extremos*. O breve século XX. 1914-1991. 2.ed. São Paulo: Companhia das Letras, 1996.

HOLANDA, S. B. de. *Raízes do Brasil*. 26.ed. São Paulo: Companhia das Letras, 1995. (1.ed. 1936).

LACOSTE, Y. *Geografia do subdesenvolvimento*. São Paulo: Difel, Edusp, 1966.

_____. *Os países subdesenvolvidos*. São Paulo: Difel, 1975.

LEITE, D. M. (1959). Caráter nacional brasileiro. Descrição das características psicológicas do brasileiro através de ideologias e estereótipos. *Boletim da Faculdade de Filosofia, Ciências e Letras – USP (São Paulo)*, n.230, 1959. (Psicologia, n. 7).

_____. *O caráter nacional brasileiro*. São Paulo: Pioneira, 1969. (6.ed. revista. São Paulo: Editora Unesp, 2002).

LESSA, O. O Esperança Football Club. In: RAMOS, R. (Org.) *A palavra é... futebol*. São Paulo: Scipione, 1990.

LEVER, J. *La locura por el fútbol*. México: Fondo de Cultura Económica, 1985.

LIMA BARRETO, A. H. de. *Feiras e mafuás* (artigos e crônicas). São Paulo, Rio de Janeiro: Mérito, 1953.

LINS DO REGO, E. José Lins do Rego, meu pai. *Ciência & Trópico (Recife)*, Fundação Joaquim Nabuco, v.10, n.2, p.193-202, jul.--dez. 1982.

LINS DO REGO, J. Fôlego e classe. In: _____. *Poesia e vida*. Rio de Janeiro: Universal, 1945.

_____. O caráter do brasileiro. In: _____. *O vulcão e a fonte*. Rio de Janeiro: Edições O Cruzeiro, 1958.

_____. *Água-mãe*. 11.ed. Rio de Janeiro: J. Olympio, 1993. (1.ed. 1941)

LOPES, J. S. L. A vitória do futebol que incorporou a pelada. A invenção do jornalismo esportivo e a entrada dos negros no futebol brasileiro. *Revista USP. Dossiê Futebol*, n.22, jun.-jul.-ago. 1994.

_____. Esporte, emoção e conflito social. *Mana*, v.1, n.1, p.141-65, 1995.

LOPES, J. S. L., FAGUER, J.-P. L'invention du style brésilien. Sport, journalisme et politique au Brésil. *Actes de la Recherche en Sciences Sociales. Les enjeux du football*, v.103, p.27-35, juin 1994.

MAGALDI, S. *Nelson Rodrigues: dramaturgia e encenações*. 2.ed. São Paulo: Perspectiva, 1992.

MATOS, O. A triste utopia. *Rumos. Os caminhos do Brasil em debate*. Publicação da Comissão Nacional para as comemorações do V

Centenário do Descobrimento do Brasil. Ano I, n.1, dez. 1998-jan. 1999.

MATTOS, C. *Cem anos de paixão*. Uma mitologia carioca no futebol. Rio de Janeiro: Rocco, 1997.

MEISL, W. Uruguai, campeão do mundo; mas o Brasil, melhor team do mundo. *Jornal dos Sports*, Rio de Janeiro, 18 jul. 1950.

MICELI, S. P. de B. *Intelectuais e classe dirigente no Brasil*. São Paulo: Difel, 1979.

MILLIET, S. A obra de José Lins do Rego. In: BEZERRA, A., COUTINHO, E. (Org.) *José Lins do Rego*. Fortuna crítica. Rio de Janeiro, João Pessoa: Civilização Brasileira, Ed. Funesc, 1990.

MONTEIRO LOBATO, J. B. *Urupês*. São Paulo: Brasiliense, 1961.

MORIN, E. *Meus demônios*. Rio de Janeiro: Bertrand Brasil, 1997.

MOURA, G. de A. *O Rio corre para o Maracanã*. Rio de Janeiro: Fundação Getúlio Vargas, 1998.

NEVES, M. de S. (1992). Uma escrita no tempo. In: CANDIDO, A. et al. *A crônica*. O gênero, sua fixação e suas transformações no Brasil. Campinas: Editora da Unicamp; Rio de Janeiro: Fundação Casa de Rui Barbosa.

NOGUEIRA, A., SOARES, J., MUYLAERT, R. *A Copa que ninguém viu e a que não queremos lembrar*. São Paulo: Companhia das Letras, 1994.

NOGUEIRA, O. A sociologia no Brasil. In: FERRI, M. G., MOTOYAMA, S. (Coord.) *História das ciências no Brasil*. São Paulo: Edusp, EPU, 1981

NOSSO SÉCULO. São Paulo: Abril Cultural, 1980. v.4 e 5.

OLIVEIRA, E. R. de. Forças Armadas: pensamento e ação política. In: MORAES, R., ANTUNES, R., FERRANTE, V. B. (Org.) *Inteligência brasileira*. São Paulo: Brasiliense, 1986.

OLIVEN, R. G. O nacional e o regional na construção da identidade brasileira. *Revista Brasileira de Ciências Sociais*, v.1, n.2, p.68-74, out. 1986.

ORTIZ, R. *Cultura brasileira e identidade nacional*. São Paulo: Brasiliense, 1985.

_____. *A moderna tradição brasileira*. Cultura brasileira e indústria cultural. São Paulo: Brasiliense, 1988.

PATUSCA, A. *Os reis do futebol*. São Paulo: Edição do Autor, 1976.

PERDIGÃO, P. *Anatomia de uma derrota*. Porto Alegre: L&PM, 1986.

PEREIRA DE QUEIROZ, M. I. Cientistas sociais e o autoconhecimento da cultura brasileira através do tempo. *Cadernos CERU (São Paulo)*, n.13, set. 1980.

PONTES, H. Retratos do Brasil: editores, editoras e "Coleções Brasiliana" nas décadas de 30, 40 e 50. In: MICELI, S. (Org.) *História das ciências sociais no Brasil*. São Paulo: Vértice, Idesp, 1989.

_____. *Destinos mistos*: o grupo Clima no sistema cultural paulista (1940-1968). São Paulo, 1996. Tese (Doutorado em Sociologia) – Faculdade de Filosofia, Letras e Ciências Humanas, Universidade de São Paulo.

PRADO, D. de A. *Seres, coisas, lugares*. São Paulo: Companhia das Letras, 1997.

PRADO, P. *Retrato do Brasil*. Ensaio sobre a tristeza brasileira. 8.ed. São Paulo: Companhia das Letras, 1997. (1.ed. 1928).

RAMOS, G. Linhas tortas. In: RAMOS, R. (Org.) *A palavra é... futebol*. São Paulo: Scipione, 1990.

RIBEIRO, A. *O Diamante eterno*. Biografia de Leônidas da Silva. Rio de Janeiro: Gryphus, 1999.

RIBEIRO, D. *O povo brasileiro*. A formação e o sentido do Brasil. São Paulo: Companhia das Letras, 1995.

RODRIGUES, N. O homem fluvial (Prefácio). In: RODRIGUES FILHO, M. *O sapo de Arubinha*. Os anos de sonho do futebol brasileiro. São Paulo: Companhia das Letras, 1994a.

_____. *A pátria em chuteiras*: novas crônicas de futebol. São Paulo: Companhia das Letras, 1994b.

_____. *O reacionário*. São Paulo: Companhia das Letras, 1995.

_____. *O remador de Ben-Hur*. Confissões culturais. São Paulo: Companhia das Letras, 1996.

RODRIGUES FILHO, M. *O negro no futebol brasileiro*. 2.ed. Rio de Janeiro: Civilização Brasileira, 1964. (1.ed. 1947)

_____. *O sapo de Arubinha*. Os anos de sonho do futebol brasileiro. São Paulo: Companhia das Letras, 1994.

ROUSSEAU, J.-J. *Do contrato social*. São Paulo: Hemus, 1981.

SALDANHA, J. *Histórias do futebol*. 3.ed. Rio de Janeiro: Revan, 1994.

SALIBA, E. T. *As utopias românticas*. São Paulo: Brasiliense, 1991.

SANSOT, P. Quel salut attendre du sport? In: RIVIÈRE, C., PIETTE, A. (Org.) *Nouvelles idoles, nouveaux cultes*. Dérives de la sacralité. Paris: L'Harmattan, 1990.

SANTOS, J. F. dos. *1958: o ano que não devia terminar*. Rio de Janeiro: Record, 1997.

SANTOS, J. R. dos. *História política do futebol brasileiro*. São Paulo: Brasiliense, 1981.

SANTOS, N. *Minha bola, minha vida*. Rio de Janeiro: Gryphus, 1998.
SCHWARCZ, L. M. *O espetáculo das raças*. São Paulo: Companhia das Letras, 1993.
SEBRELI, J. J. *Fútbol y masas*. Buenos Aires: Galerna, 1981.
SEVCENKO, N. *Literatura como missão*. Tensões sociais e criação cultural na Primeira República. 3.ed. São Paulo: Brasiliense, 1989.
_____. Futebol, metrópoles e desatinos. *Revista USP. Dossiê Futebol*, n.22, p.30-7, jun.- jul.-ago. 1994.
_____. As guerrilhas pela "ocultura". *Folha de S.Paulo*, São Paulo, 14 abr. 1996. Caderno Mais!, p.5.
SIMMEL, G. A determinação quantitativa dos grupos sociais. In: *Georg Simmel*. São Paulo: Ática, 1983. (Coleção Grandes Cientistas Sociais).
SIMMEL, G. *El individuo y la libertad*: ensayos de critica de la cultura. Barcelona: Ediciones Península, 1986.
SOARES, A. J. G. *Futebol, raça e nacionalidade no Brasil*: releitura da história oficial. Rio de Janeiro, 1998. Tese (Doutorado) – Universidade Gama Filho.
_____. História e a invenção de tradições no futebol brasileiro. In: HELAL, R., SOARES, A. J. G., LOVISOLO, H. *A invenção do país do futebol*: mídia, raça e idolatria. Rio de Janeiro: Mauad, 2001.
SOARES, E. *A bola no ar*. O rádio esportivo em São Paulo. São Paulo: Summus, 1994.
TAYLOR, R., JAMRICH, K. *Puskas, uma lenda do futebol*. São Paulo: DBA, 1998.
TOCQUEVILLE, A. de. *A democracia na América*. Belo Horizonte: Itatiaia; São Paulo: Edusp, 1977.
TOLEDO, C. N. Teoria e ideologia na perspectiva do Iseb. In: MORAES, R., ANTUNES, R., FERRANTE, V. B. (Org.) *Inteligência brasileira*. São Paulo: Brasiliense, 1986.
TOLEDO, L. H. de. *Torcidas organizadas de futebol*. Lazer e sociabilidade na metrópole. São Paulo, 1994. Dissertação (Mestrado em Antropologia Social) – Faculdade de Filosofia, Letras e Ciências Humanas, Universidade de São Paulo.
TOLEDO, L. H. de. *Torcidas organizadas de futebol*. Campinas: Autores Associados; São Paulo: Anpocs, 1996.
VELLOSO, M. P. *O modernismo no Rio de Janeiro*. Turunas e quixotes. Rio de Janeiro: Fundação Getúlio Vargas, 1996.
VENTURA, Z. *1968: o ano que não terminou*. A aventura de uma geração. 17.ed. Rio de Janeiro: Nova Fronteira, 1988.

VINNAI, G. *El fútbol como ideología*. Buenos Aires: Siglo Veintiuno, 1974.

VOGEL, A. O momento feliz – reflexões sobre o futebol e o ethos nacional. In: DA MATTA, R. (Org.) *Universo do futebol*. Rio de Janeiro: Pinakotheke, 1982.

WEBER, M. A "objetividade" do conhecimento nas ciências sociais. In: *Max Weber*. 2.ed. São Paulo: Ática, 1982. (Coleção Grandes Cientistas Sociais).

SILVA, T. S. da. *Zizinho: o mestre Ziza*. Rio de Janeiro: Edições Maracanã, Secretaria de Estado de Esportes e Lazer, 1985.

Jornais e revistas consultados

A Gazeta Esportiva (6.7.1950)

Brasil em Marcha

Fatos & Fotos

Jornal dos Sports [Em especial, a compilação das crônicas de José Lins do Rego, efetuada por Edilberto Coutinho e pertencente ao acervo do Núcleo Permanente de Sociologia do Futebol.] (1949 a junho de 1957)

Manchete Esportiva (1955 a 1959)

Manchete

O Cruzeiro (7.6.1958)

O Globo (1962 a 1970)

Realidade (junho de 1966)

Revista Brasileira de Relações Públicas

SOBRE O LIVRO

Formato: 14 x 21 cm
Mancha: 23,3 x 40 paicas
Tipologia: Iowan Old Style 10/14
Papel: Off-set 75 g/m² (miolo)
Cartão Supremo 250 g/m² (capa)
1ª edição: 2004
2ª reimpressão: 2012

EQUIPE DE REALIZAÇÃO

Coordenação Geral
Sidnei Simonelli

Produção Gráfica
Anderson Nobara

Edição de Texto
Nelson Luís Barbosa (Assistente Editorial)
Carlos Villarruel (Preparação de Original)
Nelson Luís Barbosa (Revisão)
Casa de Ideias (Atualização Ortográfica)

Editoração Eletrônica
Casa de Ideias (Diagramação)

Impressão e acabamento